全国交通土建高职高专规划教材

Gonglu Gongcheng Gaiyusuan

公路工程概预算

王新文　李海清　主编

王首绪［长沙理工大学］　主审

人民交通出版社

内 容 提 要

本书为全国交通土建高职高专规划教材。全书共分七章，主要内容包括：公路工程定额，定额工程量计算，公路工程概、预算，公路工程投资估算，公路工程竣工决算，公路工程投资估算、预算编制实例等。

本书作为公路工程造价和路桥类专业用教材，亦可供从事交通土建类工程技术人员参考。

图书在版编目(CIP)数据

公路工程概预算/王新文，李海清主编. —北京：人民交通出版社，2009.12

ISBN 978-7-114-08009-8

Ⅰ.公… Ⅱ.①王…②李… Ⅲ.①道路工程—概算编制②道路工程—预算编制 Ⅳ.U415.13

中国版本图书馆 CIP 数据核字(2009)第 185317 号

书　　名：全国交通土建高职高专规划教材
公路工程概预算

著 作 者：王新文　李海清

责任编辑：卢仲贤　黎小东

出版发行：人民交通出版社

地　　址：(100011)北京市朝阳区安定门外外馆斜街 3 号

网　　址：http://www.ccpress.com.cn

销售电话：(010)59757973

总 经 销：人民交通出版社发行部

经　　销：各地新华书店

印　　刷：北京盈盛恒通印刷有限公司

开　　本：787×1092　1/16

印　　张：13

字　　数：323 千

版　　次：2009 年 12 月　第 1 版

印　　次：2016 年 7 月　第 6 次印刷

书　　号：ISBN 978-7-114-08009-8

印　　数：15001-18000 册

定　　价：29.00 元

全国交通土建高职高专规划教材编审委员会

总　　序

针对高职高专教材建设与发展问题，教育部在《关于加强高职高专教材建设的若干意见》中明确指出：先用2～3年时间，解决好高职高专教材的有无问题，再用2～3年时间，推出一批特色鲜明的高质量的高职高专教育教材，形成**一纲多本、优化配套**的高职高专教育教材体系。

2001年7月，由人民交通出版社发起组织，15所交通高职院校的路桥系主任和骨干教师相聚昆明，研讨交通土建高职高专教材的建设规划，提出了28种高职高专教材的编写与出版计划。后在交通部科教司路桥工程学科委员会的具体指导下，在人民交通出版社精心安排、精心组织下，于2002年7月前完成了28种路桥专业高职高专教材出版工作。

这套教材的出版发行，首先解决了交通高职教育教材的有无问题，有力支持了路桥专业高职教育的顺利发展，也受到了全国各高职院校的普遍欢迎。

随着高职教育教学改革的深入发展、高职教学经验的丰富与积累，以及本行业有关技术标准、规范的更新，本套教材在使用了2～3轮的基础上，对教材适时进行修订是十分必要的，时机也是成熟的。

2004年8月，人民交通出版社在新疆乌鲁木齐召开了有19所交通高职院校领导、系主任、骨干教师共41人参加的教材修订研讨会。会议商定了本套教材修订的基本原则、方法和具体要求。会议决定本套教材更名为"交通土建高职高专统编教材"，并成立了以吉林交通职业技术学院张洪滨为主任委员的"交通土建高职高专统编教材编审委员会"，全面负责本套教材的修订与后续补充教材的建设工作。

2005年6月，编委会在长春召开了同属交通土建大类、与路桥专业链接紧密的"工程监理专业、工程造价专业、高等级公路维护与管理专业"主干课程教材研讨会，正式规划和启动了这三个专业教材的编写出版工作。

2005年12月，教育部高等教育司发布了"关于申报普通高等教育'十一五'国家级规划教材"选题的通知（教高司函[2005]195号），人民交通出版社积极推荐本套教材参加了"十一五"国家级规划教材选题的评选。

2006年6月，经教育部组织专家评选、网上公示，本套教材中有十五种入选为"十一五"国家级规划教材，2008年1月，又有六种教材在"十一五"国家级规划教材补报中列选，共计21种，标志着广大参与本套教材编写的教师的辛勤劳动得到了社会的认可、本套教材的编写质量得到了社会的认同。

2006年7月，交通土建高职高专统编教材编审委员会及时在银川召开会议，有24所各省区交通高职院校或开办有交通土建类专业的高等学校系部主任、专业带头人、骨干教师以及人民交通出版社领导共39位代表出席了本次会议。会议就全面落实教育部"十一五"国家级规划教材的编写工作进行了研讨。与会代表一致认为必须以入选的十五种国家级规划教材为基本标准，进一步全面提升本套教材的编写质量，编审委员会将严格按照国家级规划教材的要求审稿把关，并决定本套教材更名为**"全国交通土建高职高专规划教材"**，原编委会相应更名为**"全国交通土建高职高专规划教材编审委员会"**。以期在全国绝大多数交通高职院校和开办有交通土建类专业的高等院校的参与、统筹、规划下，本套教材中有更多的进入"十一五"国家级规划教材行列。

2007年5月，编委会在湖南长沙召开工作会议，就“十一五”国家级规划教材主参编人员的确定和教材的编写原则作出了具体安排，全面启动“十一五”国家级规划教材的编写与出版工作。

2008年4月，编委会在广东珠海召开工作会议，研讨了**“工学结合”**高职高专教材编写思路，决定在“十一五”国家级规划教材编写过程中，注重高职教学改革新方向，注重工程实践经验的引入，倡导**“工学结合”**。

本套高职高专规划教材具有以下特色：

——顺应交通高职院校人才培养模式和教学内容体系改革的要求，按照专业培养目标，进一步加强教材内容的针对性和实用性，适应学制转变，合理精简和完善内容，调整教材体系，贴近模块式教学的要求；

——实施开放式的教材编审模式，聘请高等院校知名教授和生产一线专家直接介入教材的编审工作，更加有利于对教材基本理论的严格把关，有利于反映科研生产一线的最新技术，也使得技能培训与实际密切结合；

——全面反映2003年以来的公路工程行业已颁布实施的新标准、规范；

——服务于师生、服务于教学，重点突出，逐章均配有思考题或习题，并给出本教材的参考教学大纲；

——注重学生基本素质、基本能力的培养，教材从内容上、形式上力求更加贴近实际；

——为加强学生的实际动手能力，针对《工程测量》、《道路建筑材料》等课程，本套教材特别配套有实训类辅导教材；

——为方便教学，本套教材配套有《道路工程制图多媒体教材》、《公路工程试验实训多媒体教材》、《路基路面施工与养护技术多媒体教材》、《桥涵设计多媒体教材》、《桥涵施工技术多媒体教材》、《现代道路测量仪器与技术多媒体教材》等。

本套教材的出版与修订再版，始终得到了交通部科教司路桥工程学科委员会和全国交通职教路桥专业委员会的指导与支持，凝聚了交通行业专家、教师群体的智慧和辛勤劳动。愿我们共同向精品教材的目标持续努力。

向所有关心、支持本套教材编写出版的各级领导、专家、教师、同学和朋友们致以敬意和谢意。

全国交通土建高职高专规划教材编审委员会
人民交通出版社
2008年5月

前　言

《公路工程概预算》是公路工程造价专业和路桥类专业的一门专业课，根据全国交通土建高职高专规划教材编写要求，本教材编写过程中注重采用部颁新定额和概预算编制办法，重点突出高等职业教育对高技能应用型人才培养目标和"**工学结合**"课程改革的要求，在内容设置上力求体现针对性、实用性和可操作性。

本教材共分七章，由湖北交通职业技术学院王新文和内蒙古大学交通学院李海清主编。具体编写分工如下：第一章、第四章由湖北交通职业技术学院王新文编写；第二章由吉林交通职业技术学院陈晴编写；第三章、第七章由内蒙古大学交通学院李海清编写；第五章由湖北交通职业技术学院余继凤编写；第六章由山西交通职业技术学院曹佐编写。

人民交通出版社全国交通土建高职高专规划教材编审委员会特邀长沙理工大学王首绪教授担任本书主审，王首绪教授提出了许多宝贵的修改意见和建议，在此向王首绪教授深表谢意！

本教材在编写过程中，得到了人民交通出版社卢仲贤和黎小东的精心指导和大力支持，在此表示衷心感谢！

限于编者水平有限，书中难免存在不足和疏漏，恳请广大师生和同行批评指正。

编　者

2009 年 11 月

目　　录

第一章　绪　　论

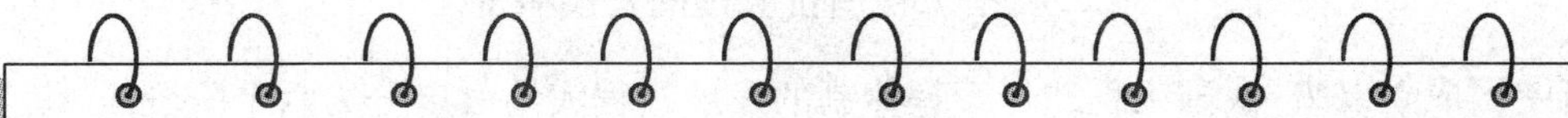

本章学习要点

本章主要介绍工程造价的含义、我国工程造价管理的发展概况以及公路工程基本建设程序和投资额测算体系。

第一节　工程造价概述

一、工程造价的含义

公路工程造价一般是指完成一个公路建设项目从立项开始到建成交付使用前预期开支或实际开支的全部费用，即该建设项目有计划地进行固定资产再生产和形成相应的无形资产、递延资产和铺底流动资金的一次性费用总和。

工程造价有两种含义：一是指建设工程投资费用或称投资额；二是指工程价格或称合同价、承包价。

工程造价的两种含义分别从不同角度把握同一事物的本质。对建设工程的投资者来说，面对市场经济条件下的工程造价就是项目投资，是“购买”项目要付出的价格，同时也是投资者在作为市场供给主体时“出售”项目时定价的基础。对于承包人和规划、设计等机构来说，工程造价是他们作为市场供给主体出售商品和劳务的价格总和，或特指范围的工程造价，如建筑安装工程造价。

工程造价的两种含义是对造价客观存在的概括。它们既是共生于一个统一体，又是相互区别的。最主要的区别在于需求主体和供给主体在市场经济中追求的经济利益不同，因而管理的性质和管理目标不同。从管理性质看，工程投资费用属于投资管理范畴，工程价格属于价格管理范畴，但二者又互相交叉。从管理目标看，作为项目投资或投资费用，投资者在进行项目决策和项目实施中，首先追求的是决策的正确性。投资是一种为实现预期收益而垫付资金的经济行为，项目决策是其中重要的一环，项目决策中投资数额的大小、功能和价格（成本）比是投资决策的最重要的依据。其次，在项目实施中完善项目功能，提高工程质量，降低投资费用，按期或提前交付使用，是投资者始终如一的追求。作为工程价格，承包人所关注的是利润，为此，追求的是较高的工程造价。不同的管理目标，反映各个主体不同的经济利益，但都要受支配价格运动的经济规律的影响和调节，他们之间的矛盾是市场的竞争机制和利益风险机制的必然反映。

区别工程造价的两种含义的理论意义在于，为投资者和以承包人为代表的供应商在工程建设领域的市场行为提供理论依据。当政府提出降低工程造价时，是站在投资者的角度充当着市场需求主体的角色；当承包人提出要提高工程造价、提高利润率并获得更多的实际利润时，则是要实现一个市场供给主体的管理目标。这是市场运行机制的必然。同时，两种含义也是对单一计划经济理论的一个否定和反思。区别两种含义的现实意义在于，为实现不同的管理目标，不断充实工程造价的管理内容，完善管理方法，更好地为实现各自的目标服务，推动经济的增长。

二、我国工程造价管理的发展概况

新中国成立以来，我国工程造价管理体制的发展过程大约可以分为六个阶段。

1. 实现国家计划下的工程预算管理制度阶段(1949～1952年)

建国初期，为适应大规模经济恢复、重建工作的需要，在工程建设方面实行了“工程预算制度”。各部门根据国家的建设计划，凭借以往同类工程建设的经验，编制工程预算作为计划拨款的依据。在工程实施期间，以各部门、各地区成立的工程局编制的工时定额手册和普工、技工两个工资序列确定的工资单价，作为计件工资的依据，以此支付工人的劳动报酬。工程竣工后，以实际的全部支出向国家报销，在这一时期，国家没有实行统一的定额标准。

在这个时期，基本建设是属于“事后算账”，实行“实报实销”的工程造价管理方式，但在“实报实销”中，要求十分严格，各工程细目的工程数量都必须与各种竣工图表所计算的数量一致，而竣工图表的编制与要求，比现行的办法还要烦琐。

2. 建立与计划经济相适应的概预算管理制度阶段(1953～1957年)

在第一个五年计划开始时，我国的工程造价管理，主要采用前苏联的高度集中的工程造价管理模式。国务院颁布了《基本建设工程设计和预算文件审核批准暂行办法》，国家建设委员会颁布了《工业与民用建设设计及预算编制暂行办法》，各专业部(委)也相继颁布了各专业工程的预算编制办法。随后，各部委又颁布了概算指标和概算编制办法，建立了全国统一的以各专业概预算定额、指标作为计价依据的，以相应的概预算编制办法作为确定工程造价构成和造价计算方法的造价管理制度和体系。同时，还规定建设项目必须进行经济调查和效益分析，制定了基本建设程序、建设项目和概预算审批权限等一系列规章制度，形成了我国在计划经济体制下建设工程造价管理制度的基础。

在“一五”时期，公路基本建设工程大都实行“承发包”制，交通部颁发了第一部部颁《公路工程预算定额》和《公路基本建设工程预算编制办法》。当时的公路建设工程大都能做到设计有概算、施工有预算、竣工有决算，在施工中十分重视经济活动(效果)分析。

在预算编制方法上，最初公路工程与民用建筑工程一样，是采用的“单位估价法”来进行编制的。由于公路建设项目的特殊性和“单位估价法”的烦琐性，后来在编制方法上作了改变，改为用“工、料分析法(又称实物量法)”来编制和确定公路工程造价，该法一直沿用至今。

3. 概预算管理制度被削弱阶段(1958～1965年)

在这一时期，由于受“左倾”思想的影响，过分强调地方和企业的作用，在中央简政放权的大背景下，许多部门的概预算与定额管理权限下放。1958年6月，工业与民用建筑行业将该行业的基本建设预算编制办法、建筑安装工程预算定额和间接费用定额交由各省(自治区、直辖市)负责进行管理，造成该行业的工程量计量规则和定额项目在全国的不统一。直到1995年，虽然建设部发布了《全国统一建筑工程基础定额》和《全国统一建筑工程预算工程量计算规则》(土建工程部分)(建标[1995]736号)，但在实际应用上仍然各地不同(用自己的地方定额)。公路工程定额和概预算管理权限虽然没有下放,但专门的概预算管理机构被撤销,设计单位概预算人员减少。在这一阶段,“只算政治账、不算经济账”,投资严重失控,尽管也采取过诸如实行“投资包干制”、“施工单位全面负责制”、“联合指挥部负责制”等组织管理措施,也取得了一定成效,但总趋势未能改变,且概预算制度被削弱。

4. 概预算管理制度受到严重破坏阶段(1966~1976年)

从1966年开始的“文化大革命”,在极“左”思潮统治下,原建立的造价管理制度被全盘否定,定额被作为“管、卡、压”的工具受到批判,预算人员改行,大量基础资料被毁。其结果是设计无概(预)算、施工无预算、竣工无决算、投资大敞口,致使许多工程项目不计经济效果、“吃大锅饭”、工期拖长、质量下降、造价增加。虽然国家的“没有概(预)算不得列入年度计划”的规定没有废除,但已名存实亡,只是将其作为“争项目、争投资”的手段,一旦项目列入投资计划,概(预)算就算完成了使命。

在此期间,公路工程定额与概预算管理工作也受到严重破坏,交通部从1964年起用三年时间组织各省力量修订完成的《公路工程预算定额》,被认为是“修正主义”的产物,不予批准执行。公路施工企业实行“经常费制度”,即企业的管理费用按企业规模核定经常费标准,工程费用按完工的实际支出核销。其实质是整个工程费用“实报实销”。1972年,为了恢复承发包制,交通部重新修订了《公路工程预算定额》,编制了《公路工程概算定额》和《公路基本建设工程概算、预算编制办法》,并于1973年颁布执行。公路工程定额和概预算的管理工作开始逐渐走上正轨。

5. 概预算管理制度恢复、重建阶段(1976~1989年)

1977年以后,国家加快了经济建设步伐,加强基本建设中的造价管理工作已刻不容缓,定额和概预算的管理工作得以加强。1983年,国家计委成立了基本建设标准定额局(1988年划归建设部,成立标准定额司)负责对造价的管理工作,随后组织制定工程建设概预算定额、费用定额等定额标准,使工程造价管理工作逐步进入规范化、标准化阶段。

为了使投资决策科学、合理,在基本建设程序中增加了项目建议书和可行性研究两个阶段;为了论证项目在技术上的可行性、经济上的合理性,规定了必须进行项目经济评价。要进行经济评价,就需要对投资额进行测算。于是标准定额局于1985年制定了《投资估算指标编制的原则和规定》、国家计委1987年颁发了《建设项目经济评价方法与参数》等文件,规范和推动了各部门对投资估算指标的研究和编制工作。1985年,中国建设工程造价管理协会成立,工程造价管理形成了由单纯政府统管转向社会团体参与管理的新格局。

公路工程定额和概预算管理工作也得到加强并有所发展,交通部1982年重新修订和颁布了《公路工程预算定额》、《公路工程概算定额》、《公路工程概预算编制办法》。1984年编制颁布了《建设项目投资估算指标》,同年成立了交通部公路工程定额站,负责组织编制全国公路工程定额,检查、监督定额的执行情况,并对定额和概预算管理工作的改革进行研究。1988年交通部要求各省(自治区、直辖市)建立公路工程定额站,以对公路工程定额和概预算工作实行统一领导、分级管理。

6. 工程造价管理体制改革发展阶段(1990年至今)

在深入进行改革开放、工程建设加速发展的大好形势下,工程造价管理体制也在不断改革、发展、完善。1992年,交通部对1982年颁布的《公路工程概算定额》、《公路工程预算定额》、《公路工程概预算编制办法》进行了修订,颁布了《公路工程概算定额》、《公路工程预算定额》、《公路工程概预算编制办法》、《交通基本建设项目竣工决算编制办法》。1996年又新颁布了《公路基本建设工程概算、预算编制办法》,并对概预算定额中的“基价”进行了修订。1984年发布了《建设项目投资估算指标》。1993年修订、颁布了《公路工程估算指标》和《公路工程投资估算编制办法》。1996年再次进行了修订,颁布了《公路工程估算指标》和《公路工程投资估算编制办法》。这些文件规定在造价编制中采用市场价,施工企业投标报价不受《编制办法》约束。造价按“定额量、市场价、控制费”的原则进行编制;在总造价中列入预备费作为造价的动态费用。工程招投标时,标底应控制在批准的总造价的相应范围内。《估算指标》采用市场价计价、总估算中要列入动态费用,这进一步提高了投资决策阶段投资估算的准确度。

1995年,交通部颁布了《公路工程造价人员资格认证管理办法》。对从事造价工作的人员资质进行了规定,对加强造价管理工作,提高造价编制质量和造价人员素质起了积极作用。

随着市场经济体制的逐步完善和国家经济的快速发展,公路投资的多元化及公路建设中新技术、新材料、新工艺的大量采用,为适应投资体制改革的新形势,交通部2007年再次修订、颁布了新的《公路工程概算定额》(JTG/T B06-01—2007)、《公路工程预算定额》(JTG/T B06-02—2007)、《公路工程机械台班费用定额》(JTG/T B06-03—2007)、《公路工程基本建设项目概算预算编制办法》(JTG B06—2007),新定额和新编制办法的颁布实施,对构建节约型公路行业,合理确定和有效控制工程造价,提高公路建设项目工程造价的编制质量,规范工程造价文件的编制具有重大意义。

第二节　公路工程基本建设程序和投资额测算体系

一、公路工程基本建设程序

1. 基本建设的定义

基本建设是国民经济各部门为了扩大再生产而进行的增加固定资产的建设工作,即把一定的建筑材料、机器设备等,通过购置、建造和安装等活动,转化为固定资产的过程。如工厂、公路、铁路、港口等工程的建设,属于基础设施基本建设,以及机具、车辆、各种设备的添置和安装。

公路基本建设是通过勘察、设计和施工,以及有关的经济活动等,将一定的建筑材料按设计要求与技术标准,使用机械设备建造成公路构造物的过程。按项目性质可分为新建、改建、扩建与重建,其中新建和改建是最主要的形式;按经济内容可分为生产性建设和非生产性建设;按项目规模可分为大型、中型和小型,大、中、小型项目是按项目建设总规模和总投资确定的,国家对建设项目的大、中、小型划分标准有明确规定。

2. 基本建设程序

基本建设程序是指基本建设项目从规划、设计、施工到竣工验收的各个阶段及其先后次序。简言之,是指基本建设全过程中必须遵循的先后顺序。这个程序是由基本建设进程的客观规律(包括自然规律和经济规律)决定。

公路基本建设受地质、水文等自然因素和物资技术条件的严格制约,同时要求按照符合既定需要和有科学根据的总体规划进行建设。它涉及面很广,需要内外协作配合的工作很多。完成一项公路建设工程,需要进行多方面的工作,其中有些是前后衔接的,有些是左右配合的,有些是互相关联的。这些工作必须按照一定的程序,依次进行,才能达到预期的目的,收到事半功倍的效果。否则工作就会失败,造成很大的经济损失,甚至在投产使用后带来长期无法弥补的缺陷。所谓"边设计、边施工"、"当年定项目,当年完工"之类的做法,都是违反基本建设程序的。

3. 公路工程基本建设程序的内容

公路工程基本建设程序的具体工作内容如下:

(1)根据公路建设的中长期规划,进行项目的预可行性研究,编制项目建议书;

(2)进行工程可行性研究,编制可行性研究报告;

(3)编制初步设计文件;

(4)编制施工图设计文件;

(5)编制项目招标文件;

(6)根据批准的项目招标文件、资格预审结果和公路建设计划,组织项目招标投标;

(7)根据国家有关规定,进行征地拆迁等施工前期准备工作,编制项目开工报告;

(8)根据批准的项目开工报告,组织项目实施,并按施工图设计进行施工;

(9)项目完工后,编制竣工图表和工程决算,办理项目验收;

(10)竣工验收合格后,组织项目后评价。

以上程序在符合审批制度的前提下,可根据具体情况,进行合理的交叉;小型项目根据具体情况,可以适当合并或减免一些程序。

二、公路工程基本建设投资额测算体系

为了对公路基本建设工程进行全面而有效的管理,在项目的各阶段都必须编制有关的经济文件,这些不同的经济文件要根据其主要内容和要求,由不同测算工作来完成。投资额按公路工程的建设程序进行分类,有如下几种:

1. 投资估算

投资估算,一般是指在投资前期(规划、项目建议书、可行性研究报告)阶段,建设单位向国家申请拟定建设项目或国家对拟定项目进行决策时,确定建设项目在规划、项目建议书、可行性研究报告等不同阶段的相应投资总额而编制的经济文件。

国家对任何一个拟建项目,都要通过对可行性研究报告的全面评审后,才能决定是否正式立项。在可行性研究中,除考虑国家经济发展上的需要和技术上的可行性外,还要考虑经济上的合理性。投资估算为投资决策提供数量依据,也是建设项目经济效益分析中确定成本的主要依据,因此,它是建设项目在投资前期,论证拟建项目在经济上是否合理的重要文件。

根据前期工作内容,公路工程投资估算可分为两类:一类是项目建议书投资估算,一类是工程可行性研究报告投资估算。交通部在1996年7月公布了《公路工程投资估算编制办法》和《公路工程估算指标》,在编制公路工程投资估算时,应按其规定执行,并应满足预可行性研究和工程可行性研究的深度要求。

2. 概算

概算又分为初步设计概算和技术设计修正概算两种。初步设计概算是指在初步设计阶段,由设计单位根据设计图纸、概算定额、各类费用定额、建设地区的自然条件和技术经济条件等资料,预先计算和确定建设项目从筹建至竣工验收的全部建设费用的经济文件;技术设计修正概算是在批准的初步设计概算文件基础上,对初步设计所定的技术方案和施工方案进一步研究修改,并补充必要的地质、水文和地质钻探资料,以提出的修正工程量为依据来进行编制的。修正概算的作用、编制依据、程序和方法与设计概算基本一致。初步设计概算(或技术设

计修正概算）是设计文件的重要组成部分，是国家确定和控制公路基本建设投资的最高限额。建设项目的总概算一经批准，在其随后的其他阶段是不能随意突破的。

3. 施工图预算

公路基本建设工程不论采用几个阶段设计，设计单位在施工图设计阶段均应编制施工图预算。施工图预算是根据施工图设计的工程量和施工方案，按照预算定额和各类费用定额所编制的反映工程造价的经济文件。它们是考核施工图设计经济合理性的依据，对于进行施工图招标的工程，施工图预算也是编制工程标底的依据。

4. 施工预算

施工预算是施工单位进行成本控制与成本核算的依据，也是施工单位进行劳动组织与安排，以及进行材料和机械管理的依据，对施工组织和施工生产有着极为重要的作用。

施工预算是指施工阶段，施工单位根据施工图计算的分项工程量、施工定额、施工组织设计或分部分项工程施工过程的设计及其他有关技术资料，通过工料分析，来计算和确定完成一个工程项目或一个单位工程或其中的分部分项工程所需的人工、材料、机械台班消耗量及其他相应费用的经济文件。

5. 标底编制

标底是一项重要的投资额测算，是评标的一个基本尺度，也是衡量投标人报价水平高低的基本指标，在招投标工作中起着关键作用。其编制一方面应遵守国家的有关规定和要求，另一方面应力求准确。标底一般以设计概算或施工图预算为基础编制，以其中的建筑安装工程费为主，且不准超过批准的概算或施工图预算。

6. 报价

报价是由投标单位根据招标文件及有关定额和招标项目所在地区的自然、社会和经济条件及施工组织方案和投标单位自身条件，计算完成招标工程所需各项费用的经济文件。报价是投标文件最重要的组成部分和主要内容，是投标工作的关键和核心，也是决定能否中标的主要依据。报价过高，中标率就会降低；报价过低，尽管中标率增加，但可能无利可图，甚至承担工程亏本的风险。因此，能否合理确定工程报价，是施工企业在投标竞争中能否获胜的前提条件。中标单位的报价，将直接成为工程承包合同价的主要基础，并对将来的施工过程起着严格的制约作用。承包单位和业主均不能随意更改报价。

报价同施工预算比较接近，但不同于施工预算。报价的费用组成和计算方法同概、预算类似，但其编制体系和要求均不同于概、预算，尤其目前招投标工作中，一般采用单价合同，因而使报价时的费用分摊与概、预算的费用计算方式有很大差别。总的看来，报价和概、预算的区别主要体现在两个方面。一是概、预算文件必须按国家有关规定进行编制，尤其是各种费用的计算，必须按规定的费率进行，不能任意修改；而报价则可根据投标单位的实际情况进行，更能体现投标单位的实际水平。二是概、预算经设计单位编完后，必须经建设单位或其主管部门审查批准后才能作为建设单位与施工单位结算工程价款的依据，而报价则可以根据投标单位对工程和招标文件的理解程度，在预算造价上下浮动，无需预先送建设单位审核。因此，报价比概、预算更复杂，也比概、预算更灵活。

报价与标底有极为密切的关系，标底同概、预算的性质很相近，编制方式也基本相同，都有较为严格的要求。报价则比标底编制要灵活，虽然二者有明显的差别，并且从不同角度来对同一工程的价值进行预测，计算结果很难相同，但又有极密切的关系。随着公路工程投资体制的改革，公路工程招投标制度的进一步完善和公路施工监理制度的推广，将会进一步加强和完善标底与报价这两种测算工作，也必然会使各方和更多的人认识这两种测算工作的重要性，从而把它们做得更好。

7. 工程结算

工程项目的建设是一个复杂的过程，涉及的单位都是一些相对独立的经济实体，有着各自的经济利益，在项目建设过程中承担着不同的工程内容。因此，无论公路工程项目采用何种方式进行建设，在建设过程中，各经济实体之间必然会发生货币收支行为。这种在项目建设过程中由于器材采购、劳务供应、施工单位已完工程的移交等经济活动而引起的货币收支行为，称为项目结算。在社会主义市场经济条件下，公路建设项目的建设过程也是一种商品的生产过程，其间所发生的一系列工作和活动最终都要通过结算来作最后评价。因此，正确而及时地组织项目结算，全面做好项目结算的各项工作，对于加速资金周转、加强经济核算，促进建设任务的完成，保证项目建设的顺利进行以及加强对项目建设过程的财政信用监督等方面都有着十分重要的意义。项目的结算过程，实际上也是组织基本建设活动，实行基本建设拨、贷款的投资过程，另外也是及时掌握项目投资活动中的动态及其变化情况的过程。项目结算是国家组织基本建设经济活动，及时掌握经济活动信息，实现固定资产再生产任务的重要手段。同时，通过结算，可以协助建设单位有计划地组织一切货币收支活动，使各企业、各单位的劳动耗费能及时得到补偿。

项目结算的主要内容包括货物结算、劳务供应结算、工程（费用）结算及其他货币资金的结算等。货物结算是指建设单位同其他经济单位之间，由于物资的采购和转移而发生的结算；劳务供应结算是指建设单位同其他单位之间，由于互相提供劳务而发生的结算；工程费用结算指建设单位同施工单位之间，由于支付各种预付款和支付已完工程等费用而发生的结算；其他货币资金结算是指基本建设各部门、各企业和各单位之间由于资金往来以及他们同建设银行之间，因存款、放款业务而发生的结算。

工程费用结算习惯上又称为工程价款结算，是项目结算中最重要和最关键的部分，是项目结算的主体内容，占整个项目结算额的75% ~80%。工程价款结算，一般以实际完成的工程量和有关合同单价以及施工过程中现场实际情况的变化资料（如工程变更通知、计日工使用记录等）计算当月应付的工程价款。

目前，由于各地区施工单位流动资金供应方式的差别和具体工程项目的不同，工程价款的结算方法有多种形式。建设银行1990年实行的《建设工程价款结算办法》第五条规定，建设工程价款结算可以根据不同情况采取多种方式：(1)按月结算；(2)竣工后一起结算；(3)分段结算；(4)约定的其他结算方式。而实行FIDIC条款的合同，则明确规定了计量支付条款，对结算内容、结算方式、结算时间、结算程序给予了明确规定，一般是按月申报，期中支付分段结算，最终结清。

8. 竣工决算

竣工决算是指在建设项目完工后竣工验收阶段，由建设单位编制的建设项目从筹建到建成投产或使用的全部实际成本的技术经济文件。它是公路建设项目财务总结，银行对其实行监督的必要手段。其内容由文字说明和结算报表两部分组成。文字说明主要包括：工程概况；设计概算和基本建设规划执行情况；各项技术经济指标完成情况；各项拨款（或贷款）使用情况；建设成本和投资效果的分析以及建设过程中的主要经验；存在的问题和解决意见等。

应当注意，施工单位往往也根据工程结算结果，编制单位工程竣工成本决算，核算单位工程的预算成本、实际成本和成本降低额。工程结算作为企业内部成本分析、反映经营效果、总结经验、提高经营管理水平的手段，它与建设项目的竣工决算在概念上是不同的。

公路基本建设的工作内容和投资额测算的相互关系如图1-1所示。

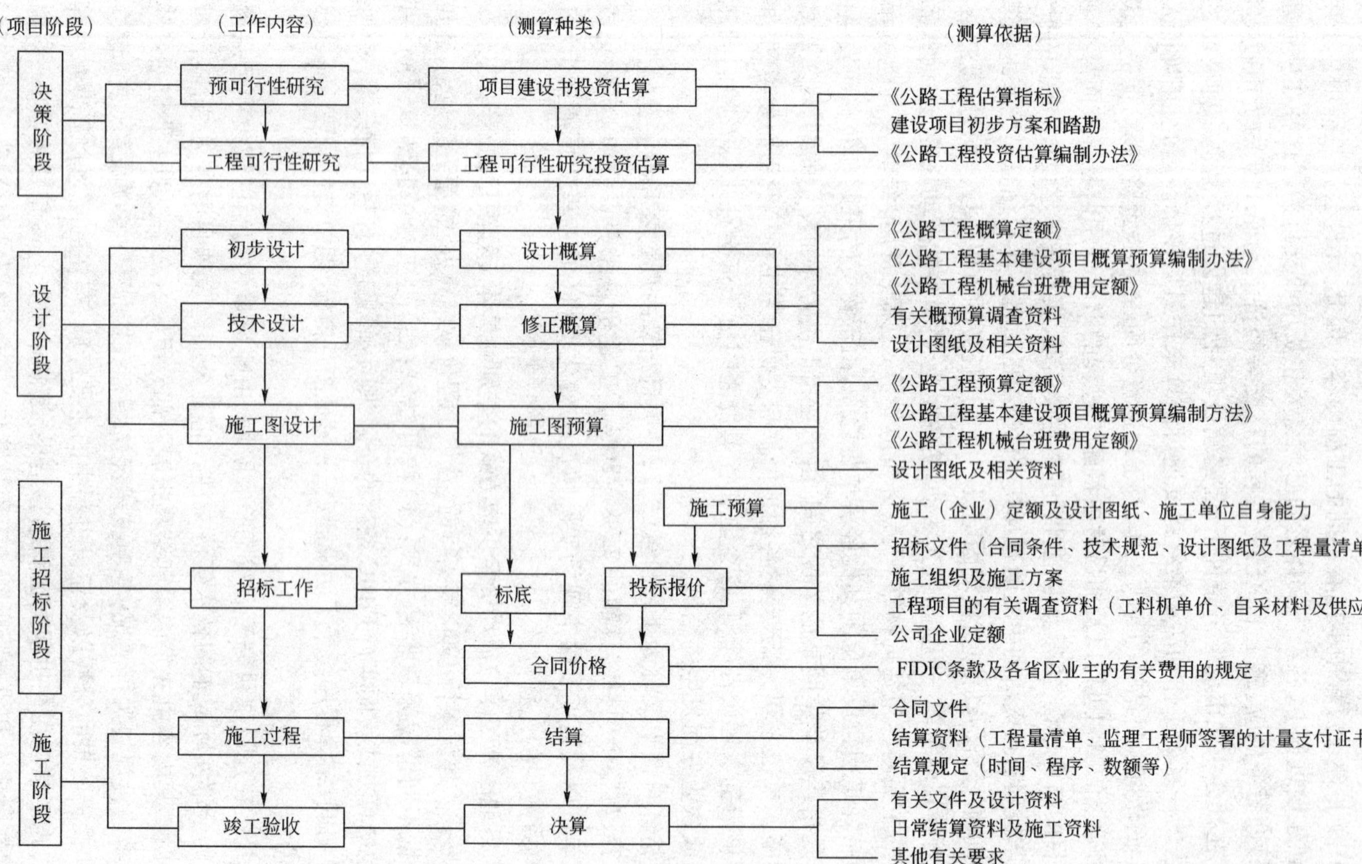

图1-1 投资进程与投资额测算关系图

从图 1-1 可以看出，估算、概算、预算、标底、报价和结算以及决算都是以价值形态贯穿整个投资过程，从申请建设项目，确定和控制基本建设投资额，进行基本建设经济管理和施工单位进行经济核算，到最后以决算形成企（事）业单位的固定资产，构成了一个有机的整体，缺一不可。因此，在一定意义上，它们是基本建设投资活动的血液，也是联系项目建设活动各经济实体的纽带。申报项目要编制投资估算，设计阶段要编制概算和施工图预算，招标阶段要编制标底，投标要编制报价，施工前要编制施工预算，施工过程中要进行结算，施工完成后要编制决算，并且一般还要求决算不能超过预算，预算不能超过概算，概算不能超出估算所允许的幅度范围，结算不能突破合同价的允许范围，合同价不能偏离报价与标底太远，而报价则不能超过标底的规定幅度范围，并且标底不允许超过概算。总之，各种测算环环相扣，紧密联系，共同对投资额进行有效控制。

本课程主要介绍投资估算、概预算和竣工决算的作用及编制方法。

思考题与习题

1. 工程造价的含义是什么？区分工程造价的两种含义有何意义？
2. 简述公路工程基本建设程序。
3. 公路工程基本建设投资额有哪几种测算体系？

第二章　公路工程定额

本章学习要点

通过本章的学习,让学生了解公路工程定额的分类及作用,掌握公路工程估算指标、公路工程概算定额和公路工程预算定额的运用。

第一节　概　　述

一、定额的概念

(一)定额的定义

工业企业在生产经营活动过程中,在一定的条件下,对人力、物力、财力的利用和消耗方面,经过科学地测定、分析、计算,用数字加以合理的规定,作为生产及其他方面所应遵守或达成的标准,这个标准就是定额。也就是说,定额是在正常的生产技术和生产组织条件下,为完成单位合格产品所规定的人力、物力、财力、机械、资金等消耗量的标准。

公路工程定额属于工程建设定额的一类,是公路工程概算定额、预算定额、施工定额等的总称。设计概算及施工图预算、施工预算、竣工决算,都是按照公路工程定额进行编制的。在设计、计划、施工、劳动工资、财务等各项工作中,都须以定额为工作尺度,认真贯彻和执行定额,才能有周密的计划和合理的施工,才能有真正的经济核算,所以定额是现代科学管理的基础和重要内容。

(二)定额的特点

1. 科学性

公路工程定额的科学性包括两方面的含义。一是指公路工程建设定额和生产力发展水平相适应,反映出公路建设中生产消费的客观规律;另一方面是指公路工程建设定额管理在理论、方法和手段上适应现代科学技术和信息社会发展的需要。

公路工程定额的科学性,首先表现在用科学的态度制定定额,尊重客观实际,力求定额水平合理;其次表现在制定定额的技术方法上,利用现代科学管理的成就,形成一套系统的、完整的、在实践中行之有效的方法;第三表现在定额制定和贯彻的一体化,制定是为了提供贯彻的依据,贯彻是为了实现管理的目标,也是对定额的信息反馈。

2. 系统性

定额的系统性是由工程建设的特点决定的。按照系统论的观点,工程建设是一个庞大的实体系统。公路工程定额是为这个实体系统服务的,因而工程建设本身的多种类、多层次就决定了以它为服务对象的公路工程定额的多种类、多层次。从整个国民经济来看，进行固定资产生产和再生产的工程建设，是一个有多项工程集合体的整体。其中包括农林、水利、轻纺、机械、煤炭、电力、石油、冶金、化工、建材工业、交通运输、邮电工程，以及商业物资、科学教育文化、卫生体育、社会福利和住宅工程等等。这些工程的建设都有严格的项目划分，如建设项目、单项工程、单位工程、分部分项工程；在计划和实施过程中有严密的逻辑阶段，如规划、可行性研究、设计、施工、竣工交付使用，以及投入使用后的维修。与此相适应必然形成工程建设定额的多种类、多层次。

3. 统一性

工程建设定额的统一性，主要是由国家对经济发展的有计划地宏观调控职能决定的。为了使国民经济按照既定的目标发展，就需要借助于某些标准、定额、参数等，对各项工程建设进行规划、组织、调节、控制。而这些标准、定额、参数必须在一定的范围内是一种统一的尺度，才能实现上述职能，才能利用它对项目的决策、设计方案、投标报价、成本控制进行比选和评价。

工程建设定额的统一性按照其影响力和执行范围来看，有全国统一定额、地区统一定额和行业统一定额等；按照定额的制定、颁布和贯彻使用来看，有统一的程序、统一的原则、统一的要求和统一的用途。

4. 权威性

定额的这种权威性在一些情况下具有经济法规性质。权威反映统一的意志和统一的要求，也反映人的信誉和信赖程度以及反映定额的严肃性。

工程建设定额的权威性的客观基础是科学性，只有科学的定额才具有权威。但是在社会主义市场经济条件下，它必然涉及各有关方面的经济关系和利益关系。赋予工程建设定额以一定的权威性，就意味着在规定范围内，对于定额的使用者和执行者来说，不论主观上是否愿意，都必须按定额的规定执行。在当前市场不规范的情况下，定额的水平必然会受市场供求状况的影响，从而在执行中可能产生定额水平的浮动。

应该指出的是，在社会主义市场经济条件下，对定额的权威性不应该绝对化。定额毕竟是主观对客观的反映，定额的科学性会受到人们认识的局限，相应地，定额的权威性也就会受到核心的挑战。更为重要的是，随着投资体制的改革和投资主体多元化格局的形成，以及企业经营机制的转换，它们都可以根据市场的变化和自身的情况，自主地调整自己的决策行为。因此，一些与经营决策有关的工程建设定额的权威性特征就弱化了。

5. 稳定性与时效性

任何一种工程建设定额都是一定时期内技术发展和管理水平的反映，因而在一段时间内都表现出稳定的状态。稳定的时间有长有短，一般 5 ~ 10 年。保持定额的稳定性是维护定额的权威性所必需的，更是有效地贯彻定额所必需的。如果某种定额处于经常修改变动之中，那么必然造成执行中的困难和混乱，使人们感到没有必要去认真对待它，很容易导致定额权威性的丧失。工程建设定额的不稳定也会给定额的编制工作带来极大的困难。

但是工程建设定额的稳定性是相对的。当生产力向前发展了，定额就会与已经发展了的生产力不相适应。这样，它原有的作用就会逐步减弱以至消失，需要重新编制或修订。

二、定额的发展与作用

1. 定额的产生及发展

19 世纪末 20 世纪初，在技术最发达、资本主义发展最快的美国，形成了系统的经济管理理论。定额的产生就是与管理科学的形成和发展紧密联系在一起的，它的代表人物有美国人泰勒和吉尔布雷斯夫妇等。

定额和企业管理成为科学是从泰勒制开始的，它的始创人是美国工程师泰勒（F·W·Taylor，1856～1915年）。当时，美国工业发展很快，改善管理就成了生产发展的迫切要求，泰勒适应了这一客观要求，并开始着手企业管理的研究。他提倡科学管理，并进行了各种有效的试验，努力把当时科学技术的最新成就应用于企业管理。泰勒制的核心内容包括两方面：第一，科学的工时定额；第二，工时定额与有差别的计件工资制度相结合。

继泰勒之后，一方面管理科学从操作方法、作业水平的研究向科学组织的研究上扩展；另一方面它也利用现代自然科学和技术科学的新成果作为科学管理的手段。管理科学的发展成果极大地促进了定额的发展。

20世纪20年代出现的行为科学，强调重视社会环境、人际关系对人的行为的影响。行为科学认为人的行为受动机支配，只要给他创造一定的条件，他就会希望取得工作的成就，努力去达到目标。因此，主张用诱导的办法，鼓励职工发挥主动性和积极性，而不是用对工人进行管束和强制以达到提高生产效率的目的。行为科学弥补了泰勒等人科学管理的某些不足，但他并不能取代科学管理，不能取消定额，因为定额实际上符合社会化大生产对于效率的追求。就工时定额来说，它不仅是一种强制力量，并且也是一种引导和激励的力量。并且，定额生产的信息，对于计划、组织、指挥、协调、控制等管理活动，以及决策过程都是不可或缺的。同时，一些新技术方法在制订定额中得到运用；制订定额的范围，大大突破了工时定额的内容。1945年出现了事前工时定额制订标准，即以新工艺投产之前就已经选择好的工艺设计和最有效的操作方法为制订基础，编制出工时定额，其目的是降低和控制单位产品上的工时消耗。这样就把工时定额的制订提前到工艺和操作方法的设计过程之中，以加强预先控制。

2. 定额的作用

工程建设定额的研究对象是工程建设范围内的生产消费定律，研究固定资产再生产过程中的生产消费定额。它是一种计价依据，也是投资决策依据，又是价格决策依据，能够从这几方面规范市场主体的经济行为，对完善我国固定资产投资市场和建筑市场都能起到作用。

首先，定额是节约社会劳动、提高劳动生产率的重要手段。降低劳动消耗，提高劳动生产率，是人类社会发展的普遍要求和基本条件。节约劳动时间是最大的节约。定额为生产者和经营管理人员树立了评价劳动成果和经营效益的标准尺度，同时也使广大职工明确了自己在工作中应该达到的具体目标。从而增加责任感和自我完善意识，自觉地节约社会劳动和消耗，努力提高劳动生产率和经济效益。

其次，定额是组织和协调社会化大生产的工具。随着生产力的发展，分工越来越细，生产社会化程度不断提高。任何一件产品都可以说是许多企业、许多劳动者共同完成的社会产品。因此，必须借助定额实现生产要素的合理配置；以定额作为组织、指挥和协调社会生产的科学依据和有效手段，从而保证社会生产持续、顺利地发展。

第三，定额是宏观调控的依据。我国社会主义经济是以公有制为主体的，它既要充分发展市场经济，又要有计划地调节。这就需要利用一系列定额为预测、计划、调节和控制经济发展提供有技术根据的参数，提供出可靠的计量标准。

第四，定额在实现分配、兼顾效率与社会公平方面有巨大的作用。定额作为评价劳动成果和经营效益的尺度，也就成为资源分配中个人消费品分配的依据。

三、定额的编制方法

（一）工作时间的研究

它包括定额时间和非定额时间两部分。通过科学研究，找出非定额时间产生的原因，以便采取措施，使非定额时间降低到最低限度，从而提高时间利用率。工时研究分工人工作时间研究和机械作业时间研究两种。进行工时研究，必须对施工过程进行分解。

1. 施工过程分解

施工过程一般可分解为工序、操作和动作。

工序是指一个或多个工人，在工作地利用工具、机械对同一劳动对象连续进行的生产活动。工作地即工人工作地点，也就是现场。当进行移动性产品（如加工零件）生产时，一件或一批相同的劳动对象需顺序经过许多工作地点进行加工，每个工作地点内进行的生产活动即为一道工序；当固定性产品（如砌筑）生产时，一个工人或一个班组所进行的组织上不可分开、技术上相同的工作即为一道工序。

工序由若干操作构成。操作是指工人为完成工序产品的组成部分所进行的生产活动，操作是由若干个动作构成。动作是指工人参加劳动时一次完成的最基本的活动。

把施工过程分解成工序、操作和动作的目的，就是分析研究这些组成部分的必要性和合理性，测定每个部分的工时消耗，分析其相互关系和衔接时间，最后确定施工过程及工时定额。

2. 工作时间的分类

工作时间分“工人工作时间”和“机械工作时间”两种。

（1）工人工作时间

工人工作时间由定额时间和非定额时间组成。定额时间是指为完成某一部分建筑产品所必须消耗的时间；非定额时间是指非生产必需的工作时间，也就是时间损失。定额时间由有效工作时间、休息时间和不可避免的中断时间组成。有效工作时间由准备与结束时间、基本工作时间和辅助时间组成。非定额时间由多余和偶然工作时间、停工时间、违反劳动纪律损失的时间组成。停工时间由施工本身造成的停工和非施工本身造成的停工时间组成。

（2）机械工作时间

机械工作时间由定额时间和非定额时间组成。定额时间是由有效工作时间、不可避免的空转和不可避免的中断时间组成。有效工作时间由正常负荷下的工作时间和非正常负荷下的工作时间组成。不可避免的空转由循环下不可避免的空转和定时不可避免的空转组成。不可避免的中断时间由与操作有关的不可避免的中断和与操作无关的不可避免的中断组成。非定额时间由多余或偶然工作时间、停工时间、违反劳动纪律时间组成。停工时间由施工本身造成的停工和非施工本身造成的停工时间组成。

（二）定额的测定

定额的测定是制定定额的前提，通过定额测定所得的资料，作为改善施工管理，合理组织施工，挖掘潜力及提高劳动生产率的依据。

定额测定的准备工作一般包括：正确选择测定对象、熟悉现行技术规范、分解施工过程、调查所测施工过程的主要因素等几项。

定额的测定方法一般采用三时估算法，即：

$$P = (a + 4m + b)/6 \tag{2-1}$$

式中：P——定额时间；

a——最小用时；

b——最大用时；

m——最可能用时。

其中时间测定一般可采用间隔测定法和连续测定法。间隔测定法适用于工序或动作的延续时间较短的情况；连续测试法适用于测定各工序或动作的延续时间较长的情况。

（三）定额的制定方法

制定定额要求快、准、全。快是时间上的要求，就是要简便、工作量小、制定及时，满足生产需要；准是质量上的要求，就是定额水平要先进合理，并注意相邻工种、产品间的平衡；全是工作范围上的要求，做到凡是需要和可能的工作都有定额。

定额是工人生产实践的总结。在制定时必须充分发动群众，采用工人、专业人员、领导干部三结合方式，根据一般的劳动情况、技术水平，通过工人劳动实践，反复观测、整理、分析对比、座谈讨论而后确定。

定额制定的基本方法通常有经验估计、统计分析、类推比较、技术测定四种。

1. 经验估计法

一般是根据老工人、施工技术人员、定额员的实践经验，并参照有关的技术资料，通过座谈讨论，对完成某项工作所需消耗的人力（工日）、物力（原材料、机械等）的数量进行分析、估计并最终制定定额标准的方法。

这种方法具有制定定额工作过程较短，工作量较小，简便易行的特点，但其准确程度在很大程度上决定于参加估计人员的经验，有一定的局限性。要使制定定额更符合实际情况，应根据同类的现行定额和工作消耗的资料作一番分析比较，在广泛吸取有经验的老工人等估计人员意见的基础上通过讨论后确定。

2. 统计分析法

它是根据一定时期内实际生产中工作时间消耗和产品完成数量的统计（如施工任务单、考勤表及其他有关统计资料）和原始记录，经过整理，结合当前的生产条件，分析对比来制定定额的方法。这种方法简便易行，比经验估计法有更多的统计资料作依据，更能反映实际情况。但这种方法往往有一些偶然性因素包括在内，影响定额的准确性，因此必须加强资料统计与定额分析工作。

3. 类推比较法（又称典型定额法）

它是以某种产品（或工序）的典型定额为依据，进行对比分析，推算确定另一种产品工时定额。这种方法容易保持同类产品之间定额水平的平衡，只要典型定额制定恰当，对比分析细致，则定额的准确程度较经验估计法为高。

4. 技术测定法

它是根据先进合理的技术文件、组织条件、对施工过程各工序工作时间的各个组成部分进行工作日记写实、测时观察，分别测定每一工序的工时消耗，然后通过测定的资料进行分析计算来制定定额的方法，有比较充分的依据，准确程度较高，是一种比较科学的方法。但过程比较复杂、工作量大，不易做到快和全。

上述四种方法各有优缺点和适用范围。在实际工作中，可以结合起来运用。而技术测定法是一种科学的方法，随着现代化管理水平的日益提高，应该普遍推广和进一步完善这种方法。

第二节　定额的分类与运用

一、工程建设定额的分类

工程建设定额是工程建设中各类定额的总称。它包括许多种类的定额。为了能对工程建设定额有一个全面的了解,可以按照不同的原则和方法对它进行科学的分类。

(一)按其生产因素和使用要求不同分类

1. 按定额反映的生产要素消耗内容分类

(1)劳动消耗定额(亦称工时定额或人工定额);

(2)材料消耗定额;

(3)机械消耗定额(亦称设备使用定额)。

2. 按定额的编制程序和用途分类

(1)施工定额;

(2)预算定额;

(3)概算定额;

(4)概算指标;

(5)投资估算指标。

上述定额中劳动消耗定额、材料消耗定额和机械消耗定额是最基本的,是制定各种使用定额的基础。

(二)按照投资的费用性质分类

可以把工程建设定额分为建筑工程定额、设备安装工程定额、建筑安装工程费用定额、工器具定额以及工程建设其他费用定额等。

(三)按照专业性质分类

(1)全国通用定额,是指在部门间和地区间都可以使用的定额;

(2)行业通用定额,是指具有专业特点在行业部门内可以通用的定额;

(3)专业专用定额,是特殊专业的定额,只能在制定的范围内使用。

(四)按主编单位和管理权限分类

工程建设定额可以分为全国统一定额、行业统一定额、地区统一定额、企业定额、补充定额五种。

上述各种定额虽然适用于不同的情况和用途,但是它们是一个互相联系的、有机的整体,在实际工作中配合使用。

二、公路工程定额的分类

公路工程定额一般可分为两类,即按定额反映的生产因素分类和按定额的编制程序和用途分类。

(一)按生产要素的消耗内容分类

1. 劳动消耗定额

简称劳动定额(也称为人工定额),是指完成一定的合格产品(工程实体或劳务)规定劳动消耗的数量标准。为了便于综合和核算,劳动定额大多采用工作时间消耗量来计算劳动消耗的数量。所以劳动定额主要表现形式是时间定额，但同时也表现为产量定额。时间定额和产量定额互为倒数。

2. 机械消耗定额

我国机械消耗定额是以一台机械一个工作班为计量单位，所以又称为机械台班定额。机械消耗定额是指为完成一定合格产品（工程实体或劳务）所规定的施工机械消耗的数量标准。机械消耗定额的主要表现形式是机械时间定额，但同时也以产量定额表现。

3. 材料消耗定额

简称材料定额，是指完成一定合格产品所需消耗材料的数量标准。

材料，是工程建设中使用的原材料、成品、半成品、构配件、燃料以及水、电等动力资源的统称。材料作为劳动对象构成工程的实体，需要数量很大，种类很多。所以材料消耗量多少，消耗是否合理，不仅关系到资源的有效利用，影响市场供求状况，而且对建设工程的项目投资、建筑产品的成本控制都起着决定性的作用。

材料消耗定额，在很大程度上可以影响材料的合理调配和使用。在产品生产数量和材料质量一定的情况下，材料的供应计划和需求都会受到材料定额的影响。重视和加强材料定额管理，制定合理的材料消耗定额，是组织材料的正常供应，保证生产顺利进行，以及合理利用资源、减少积压浪费的必要前提。

（二）按定额的编制程序和用途分类

1. 估算指标

它是项目建议书和可行性研究阶段编制投资估算、计算投资需要量时使用的一种定额。它非常概略，往往以独立的单项工程或完整的工程项目为计算对象，编制内容是所有项目费用之和。它的概略程度与可行性研究阶段相适应。投资估算指标往往根据历史上预、决算资料和价格变动等资料编制，但其编制基础仍然离不开预算定额、概算定额。

2. 概算定额

概算定额是以扩大的分部分项工程为对象编制的，计算和确定该工程项目的劳动、机械台班、材料消耗量所使用的定额，也是一种计价性定额。概算定额是编制扩大初步设计概算、确定建设项目投资额的依据。概算定额的项目划分粗细，与扩大初步设计的深度相适应，一般是在预算定额的基础上综合扩大而成的，每一综合分项概算定额都包括了数项预算定额。

3. 预算定额

预算定额是以建筑物或构筑物各个分部分项工程为对象编制的定额。其内容包括劳动定额、机械消耗定额和材料消耗定额三个基本部分，也是一种计价的定额。从编制程序上看，预算定额是以施工定额为基础综合扩大编制的，同时它也是编制概算定额的基础。

预算定额是在编制施工图预算阶段，计算工程造价和计算工程中的劳动、机械台班、材料需要量时使用，它是调整工程预算和工程造价的重要基础，同时它也可以作为编制施工组织设计、施工技术财务计划的参考。随着经济发展，在一些地区出现了综合预算定额的形式，它实际上是预算定额的一种，只是在编制方法上更加扩大、综合、简化。

4. 施工定额

施工定额是以同一性质的施工过程——工序，作为研究对象，表示生产产品数量与时间消耗综合关系编制的定额。施工定额是施工企业为组织生产和加强管理在企业内部使用的一种定额，属于企业定额的性质。为了适应组织生产和管理的需要，施工定额的项目划分很细，是工程建设定额中分项最细、定额子目最多的一种定额，也是公路工程建设定额中的基础性定额。

施工定额本身由劳动定额、机械定额和材料定额三个相对独立的部分组成，主要直接用于工程的施工管理，作为编制工程施工设计、施工预算、施工作业计划、签发施工任务单、限额领料卡及结算计件工资和计量奖励工资等用。它同时也是编制预算定额的基础。

三、定额的运用

(一)定额的组成结构

现行的《公路工程预算定额》(JTG/T B06-02—2007)(以下简称《预算定额》)、《公路工程概算定额》(JTG/T B06-01—2007)(以下简称《概算定额》)和《公路工程估算指标》(以下简称《估算指标》)其组成部分主要有以下几方面。

1. 定额的颁发文件

定额的颁发文件是指刊印在《估算指标》、《概算定额》、《预算定额》前部，由政府主管部门(交通运输部)颁发的关于定额执行日期、定额性质、适用范围及负责解释的部门等法令性文件。

2. 总说明

总说明综合阐述定额的编制原则、指导思想、编制依据和适用范围，以及涉及定额使用方面的全面性的规定和解释。它是各章说明的总纲，具有统管全局的作用。

3. 目录

目录位于总说明之后，目录简明扼要地反映定额的全部内容及相应的页号，对查用定额起索引作用。

4. 章(节)说明

《概算定额》上、下册共有路基工程、路面工程、隧道工程、涵洞工程、桥梁工程、交通工程及沿线设施、临时工程七章。《预算定额》上、下册共有路基工程、路面工程、隧道工程、桥涵工程、交通工程及沿线设施、临时工程、材料采集及加工、材料运输九章。各章(节)的首页都有章(节)说明，章(节)说明主要讲述本章(节)的工程内容、工程量的计算方法和规定，计算单位及尺寸的起讫范围，以及计算的附表等，它是正确引用定额的基础。

5. 定额表

定额表是各类定额的主要组成部分，是定额各指标数额的具体体现。《估算指标》、《概算定额》和《预算定额》的表格形式基本相同，其主要内容如下。

(1)表号及定额表名称

定额是由大量的定额表组成的，每张定额表都具有自己的表号和表名。如《概算定额》上册第229页表，如表2-1所示。表上方“2-3-3”为表号，其含意是第2章第3节第3表。“挖路槽、培路肩、修筑泄水槽”是定额表的名称。

(2)工程内容

工程内容位于定额表的左上方。工程内容主要说明本定额表所包括的主要操作内容。查定额时，必须将实际发生的操作内容与表中的工程内容相对照，若不一致时，应按照章(节)说明中的规定进行调整。

(3)定额单位

定额单位位于定额表的右上方，如表2-1中“单位：1 000m^2 及 10m”。定额单位是合格产品的计量单位，实际工程数量应是定额单位的倍数。

2-3-3 挖路槽、培路肩、修筑泄水槽 表 2-1

工程内容：挖路槽：1）挂线、挖槽；2）整平碾压路槽。

培路肩：1）挂线；2）培肩夯实；3）整修路槽。

修筑泄水槽：1）放样、挖槽；2）填料、铺草皮；3）填土压实。 单位：1 000m² 及 10m

顺序号	项目	单位	代号	挖路槽（1 000m²）				培路肩（1 000m²）		修筑泄水槽（10m）
				路槽深 20cm		每增减 1cm		培肩厚度 20cm	每增减 1cm	
				土壤类别						
				土质	石质	土质	石质			
				1	2	3	4	5	6	7
1	人工	工日	1	59.8	102.0	3.0	5.0	52.9	1.9	2.1
2	钢钎	kg	211	—	5.8	—	0.3	—	—	—
3	硝铵炸药	kg	841	—	33.2	—	1.7	—	—	—
4	导火线	m	842	—	89	—	4	—	—	—
5	普通雷管	个	845	—	68	—	3	—	—	—
6	煤	t	864	—	0.040	—	0.002	—	—	—
7	碎石（8cm）	m³	954	—	—	—	—	—	—	0.80
8	草皮	m²	995	—	—	—	—	—	—	4.73
9	其他材料费	元	996	—	3.3	—	0.2	—	—	—
10	12～15t 光轮压路机	台班	1 078	0.61	—	—	—	—	—	—
11	0.6t 以内手扶式振动碾	台班	1 083	—	—	—	—	5.81	0.20	—
12	基价	元	1 999	3 193	5 383	148	264	3 194	114	151

注：1. 本定额中挖路槽按全挖路槽编制，如设计为半填半挖路槽时，人工工日乘以 0.8 系数；挖除的土、石方如需远运时，另按路基土、石方运输定额计算。

2. 本定额中培路肩的填方数量已计入路基填方内，使用定额时，不得再计填料的开挖、远运费用。

（4）顺序号

顺序号是定额表中的第 1 项内容，如表 2-1 中“1，2，3，…”顺序号表征人工、材料、机械及费用的顺序号，起简化说明的作用。

（5）项目

项目是定额表中第 2 项内容，如表 2-1 中“人工、钢钎、硝铵炸药…”项目是本定额表中工程所需的人工、材料、机具、费用的名称和规格。

（6）代号

当采用电算方法来编制工程概、预算时，可引用表中代号作为工、料、机名称的识别符。

（7）工程细目

工程细目表征本定额表所包括的具体内容，如表 2-1 中“土质”、“石质”等。

（8）栏号

栏号指工程细目的编号，如表 2-1“路槽深 20cm”中“土质”栏号为 1，“石质”栏号为 2。

（9）定额值

定额值就是定额表中各种资源消耗量的数值。

（10）基价

基价是指该工程细目的工程价格。其作用主要是计算投资估算其他费用的基数。

(11)注解

有些定额表在其下方列有注解。如表2-1中"注"。"注"是对定额表中内容的补充说明,使用时必须仔细阅读,以免发生错误。

(二)使用定额的方法

平时所说的"查定额",是根据编制估算、概预算的具体条件和目的,查得需要的、正确的定额的过程。为了正确地运用定额,首先,必须反复学习定额,熟练地掌握定额;其次,必须收集并熟悉中央及地方交通主管部门有关定额运用方面的文件和规定。在此前提下,运用定额的基本步骤如下。

1. 根据运用定额的目的,确定所用定额的种类(是概算定额、预算定额,还是估算指标)。

2. 根据项目表,依次按目、节确定欲查定额的项目名称,再据此在目录中找到其所在页次,并找到所需定额表。但要注意核查定额的工作内容、作业方式是否与施工组织设计相符。

3. 查到定额表后再进行如下工作:

(1)检查表上"工程内容"与设计要求、施工组织要求有没有出入,若无出入,则可在表中找到相应的细目,并进一步确定子目(栏号);

(2)检查定额表的计量单位与工程项目取定的计量单位是否一致,是否符合规定的工程量计算规则;

(3)检查定额的总说明、章说明、节说明以及表下的小注是否与所查子目的定额有关,若有关,则采取相应措施;

(4)根据设计图纸和施工组织设计检查一下子目中有无需要抽换的定额,是否允许抽换,若应抽换,则进行具体抽换计算;

(5)依子目各序号确定各项定额值,可直接引用的就直接抄录,需计算的则在计算后抄录。

4. 重新按上述步骤复核。

5. 该项目的该细目定额查完后,再查定该项目的另外细目的定额,依次完成后,再查另一项目的定额。

当熟练之后,上列步骤不必依次进行。

第三节　公路工程估算指标

一、估算指标总说明

1.《公路工程估算指标》(以下简称本指标)是全国公路专业工程估算指标,适用于公路基本建设新建、改建工程。

2. 本指标分为综合指标和分项指标两大部分。综合指标是编制项目建议书投资估算的依据。分项指标是编制可行性研究报告投资估算的依据,也可作为技术方案比较的参考。

3. 本指标是根据交通部对公路建设项目建议书和可行性研究报告的工作深度要求,以现行的《公路工程技术标准》、技术规范、《公路工程概算定额》、各项费用定额以及近几年公路建设项目的设计和竣工资料为依据而制定的,反映了我国当前公路建设的实际情况。因此,编制投资估算时应按本指标的说明及附注(包括允许换算说明)正确使用本指标,不要随意抽换指标表内容，以免造成重算或漏算的失误。

4. 对本指标中缺少的项目可以编制地区补充指标。地区补充指标应按照本指标的编制原则、方法进行编制，由各省、自治区、直辖市交通厅（局）批准执行，抄交通部公路工程定额站备案。

5. 当项目建议书阶段的工作深度已达到可行性研究报告的深度时，可采用本指标中的分项指标编制项目建议书投资估算。当可行性研究报告的工作深度已达到初步设计的深度时，可采用《公路工程概算定额》编制可行性研究报告投资估算。

6. 本指标是以主要工程项目的人工、主要材料、其他材料费、机械使用费的消耗量、指标基价为表现形式的指标。主要工程以外的其他工程项目不列工料机消耗量，按主要工程费的百分数计算。指标未包括各费用的计算。编制投资估算时应按《公路工程投资估算编制办法》关于人工费、材料费、机械使用费及各项费用的计算规定计算全部投资。

7. 本指标的基价是按 1996 年的价格计算的，仅作为计算各项费用的基数，不能作为编制投资估算的依据。

8. 采用本指标作建设项目的工、料数量消耗计划时，应根据建设项目实际所综合的其他工程组合情况予以增列。

9. 本指标的公路路基宽度是按《公路工程技术标准》中规定的一般数值取定的。如设计路基宽度与指标取定值不同时，可按有关规定对指标予以调整。

10. 指标表中注明“某某数以内”或“某某数以下”者，均包括某某数本身，而注明“某某数以外”或“某某数以上”者，则不包括某某数本身。

二、综合指标说明

综合指标适用于编制项目建议书投资估算。综合指标按公路等级以及地形条件分别编制。

1. 综合指标包括建设项目的路基、路面、桥涵、交叉、安全设施、服务设施等主要工程，但不包括全长 1 000m 以上（含 1 000m）特大桥工程、隧道工程、辅道工程、支线工程等主要工程。

上述主要工程以外的其他工程，也不包括在综合指标内。其他工程包括：清除场地、拆除旧建筑物、构造物、绿化工程、公路交工前养护费、临时轨道铺设、便道、便桥、临时电力线路、临时电信线路、临时码头、改河土方、其他零星工程等。

2. 路线工程项目主要工程的计算

（1）路线工程项目按综合指标计算，指标单位为 1km，工程量按建设项目公路公里总长度计算。如已知建设项目所含各类工程的工程量时，可与指标中附录五所列工程比较；如含量有较大出入时，可按调整指标或分项指标的相应项目予以增减。指标中的高速公路、一级公路的路面面积已包括硬路肩的面积，大桥面积的计算规定见分项指标说明。

北京市、天津市、上海市的指标，可采用邻近省份的指标计算，或通过测算编制新的指标报交通部批准后执行。

（2）路线工程项目中如有 1 000m 以上（含 1 000m）特大桥工程、隧道工程或需设置的辅道工程、支线工程，则应按以下方法另行增列：

①1 000m 以上（含 1 000m）特大桥工程按分项指标的大（中）桥工程有关项目计算；特大桥的调治工程（如导流坝等）按分项指标路基工程的土方及防护工程项目计算；

②隧道工程按分项指标的隧道工程有关项目计算；

③辅道工程、支线工程按综合指标中相应等级公路的指标计算。

(3)指标中未综合城市进出口处的大型互通式立体交叉工程，如有此工程项目，应按分项指标有关项目另行增列。

3. 独立大(中)桥工程项目主要工程的计算

桥梁工程按分项指标的大(中)桥工程项目计算；调治工程(如导流坝等)按分项指标路基工程的土方及防护工程项目计算；引道工程按综合指标中相应等级公路的项目计算。

4. 其他工程的计算

其他工程不列工料机指标，以主要工程费为基数，路线工程、隧道工程、独立大(中)桥工程和路线工程项目中的1 000m以上(含1 000m)特大桥工程分别按指标附录一规定的百分率计算。

5. 本指标仅为新建工程项目，如为改建工程使用本指标时，可按如下调整系数调整本指标：

$$K = \frac{L_1 + L_2 \times 0.8}{L} \tag{2-2}$$

式中：K——调整系数；

L——建设项目路线总长度；

L_1——建设项目中新建路段的长度；

L_2——建设项目中利用旧路的路段长度。

6. 本指标是按一定的路基宽度编制的(见总说明第七条)，如设计路基宽度与指标取定值不同时，可按路基宽度比例调整。

三、分项指标说明

分项指标按路基、路面、涵洞、小桥及标准跨径小于20m的中桥、标准跨径大于20m的中桥及大桥、交叉工程及沿线设施等主要工程项目分别编制，主要工程项目以外的工程为“其他工程”，按主要工程费的百分率计算。

分项指标中凡只列有二级公路的项目，二级汽车专用公路及一般二级公路均适用。

1. 主要工程的计算

(1)路基工程

路基工程指标分路基土方、路基石方、粉煤灰及填石路堤、排水与防护、特殊路基处理五个项目。

①路基土方：指标单位为1 000m^3，工程量按设计断面计价方数量计算，即填方数量加挖方数量扣除利用方数量。如设计仅提供断面方数量时，平原微丘区项目断面方应乘以0.85的系数折成计价方，山岭重丘区项目断面方应乘以0.75的系数折成计价方。如断面方绝大部分是借土填方时，则不乘折减系数。指标中已综合了耕地填前压实、清除表土后压实、软土地段填土下沉及路基边缘压实加宽等所需增加的土方量和洒水用量。机械施工项目不分机械种类均适用，当平均运距超过指标规定的运距时，其超过部分可按远运指标计算。路基借土需赔偿土地费时，其费用计入“拆迁赔偿费”项目内。

②路基石方：指标单位为1 000m^3，工程量按开挖天然密实断面方计算。

③粉煤灰及填石路堤：指标单位为1 000m^3，工程量按设计断面压实方计算。本指标高速、

一级公路填石路堤指标适用于购买或采集宕渣填筑路堤，要求宕渣最大粒径不得大于 20cm，路槽底面以下 80cm 范围内不得大于 12cm。二级、三级、四级公路填石路堤指标适用于利用路基石方填筑路堤，其石方调运应在路基石方中计算。

④排水与防护：指标单位为 100m^3 圬工和 1 公路公里。工程量：砌石圬工包括浆砌及干砌，按挡土墙、护岸墙、护坡、边沟、急流槽等砌石圬工实体数量计算；混凝土圬工按护坡、现浇混凝土挡土墙、锚板式挡土墙等混凝土圬工实体数量计算；加筋土挡土墙按面板、基础垫板、檐板等混凝土圬工实体数量计算；其他排水防护工程按建设项目路线总长度公路公里计算。加筋土挡土墙指标中已综合了防渗层、泄水层、基底垫层、填内心以及墙角铺砌等工程。中间带排水设施、非圬工防护工程（如铺草皮护坡、铁丝笼护坡等）、边沟涵以及其他零星排水防护工程等已综合在其他排水防护工程指标中。

⑤特殊路基处理：指标单位为 1km，工程量按需要处理的路基长度计算。二级及以下等级公路的软土处理指标中已综合了因地基土含水率过大而进行表土换填或翻挖掺灰处理方法，高速公路及一级公路软土处理指标中未综合该方法的费用，如高速公路或一级公路仅采用换土或翻挖掺灰方法处理地基时，可采用二级公路软土处理指标计算。指标中未综合防雪设施，需要时可采用《公路工程概算定额》中的有关项目计算。本指标是按一定的路基宽度编制的（路基宽度取定值见总说明第七条），如设计路基宽度与取定值不同时，可按路基宽度比例调整。

⑥路基土（石）方远运指标的计算：不足第一个指标运距单位的，均按第一个指标运距单位计算；超过第一个指标运距单位时，其运距尾数不足一个指标单位的，均按一个指标单位计算。

（2）路面工程

路面工程指标分路面垫层，稳定土基层，其他路面基层，沥青路面，水泥混凝土路面，其他路面，拦水带、沥青路面镶边及路缘石七个项目。

沥青路面及水泥混凝土路面指标单位为 100m^3，工程量按路面实体计算。

基层、垫层及其他路面指标单位为 1 000m^2，工程量按面积计算。

拦水带、沥青路面镶边及路缘石指标单位为 1 000m，工程量按需要设置的长度（指单边长度）计算。路面面层、稳定土基层、级配碎（砾）石基层的压实厚度在 15cm 以内，填隙碎石基层的压实厚度在 12cm 以内，垫层及其他种内基层的压实厚度在 20cm 以内，机械使用费按指标数量计算。如实际压实厚度超过上述压实厚度需进行分层拌和、碾压时，机械使用费按指标附录四的规定增列。

挖路槽、培路肩已综合在有关指标项目中。

（3）隧道工程

隧道工程指标分洞身，洞门，装饰、照明及通风三个项目。

①洞身：指标单位为 100m^2，工程量按隧道正洞面积计算。

②洞门：指标单位为每端，一座隧道应按两端洞门计算。

③装饰、照明及通风：指标单位为 100m^2，工程量按隧道正洞门面积计算。

隧道正洞面积为隧道长度与隧道宽度的乘积。隧道长度指进出口洞门端墙墙面之间的距离，即两端墙墙面与路面的交线同路线中线交点间的距离。隧道宽度指行车道加侧向宽度加人行道或检修的宽度。本指标均指隧道洞内工程，即隧道进出口洞门端墙墙面之间的工程，洞门墙以外的工程应按有关指标另行计算。指标均是按隧道长度 1 000m 以内，即施工工作面距洞口500m以内编制的。若工作面距洞口长度超过500m时,每增长500m(不足500m时,按500m计),人工工日及机械使用费按相应指标增加5%。指标隧道洞身项目中列出了衬砌圬工的数量,如工程可行性研究设计达到一定的深度,能提出隧道衬砌圬工数量时,可按衬砌材料调整指标抽换洞身指标。衬砌圬工的工程量计算规定:混凝土衬砌为喷射混凝土、现浇拱顶、边墙、仰拱混凝土衬砌圬工;石料衬砌为拱顶、边墙砌石衬砌圬工。指标中未综合隧道内消防及救援设施、消声设施等,需要时可根据《公路工程概算定额》、《公路工程预算定额》中的有关项目另行计算。指标中三级公路指标同样适用于四级公路,当四级公路采用行车道宽净-3.5m时,可按三级公路指标乘以1.3的系数计算。

(4)涵洞工程

涵洞工程指标单位为1道,工程量不分涵洞类型按总道数计算。

跨径小于0.5m的灌溉涵已综合在指标中,不得将这些灌溉涵的道数作为工程量参加计算。指标是按一定的路基宽度编制的(路基宽度取定值见总说明第七条),如设计路基宽度与指标取定值不同时,可按如下系数调整本指标:

路基设计宽度大于取定值的:

$$K = 1 + (\gamma - 1) \times n \tag{2-3}$$

路基设计宽度小于取定值时:

$$K = \frac{1}{1 + (\gamma - 1) \times n} \tag{2-4}$$

式中:K——指标调整系数幅度;

γ——路基宽度每增减1m调整系数(表2-2);

n——路基宽度增减幅度,m。

路基宽度每增减1m调整系数表 表2-2

公路等级	高速公路	一级公路	二级公路	三级公路	四级公路
调整系数γ	1.020	1.025	1.040	1.050	1.055

(5)桥梁工程

桥梁工程指标分小桥及标准跨径小于20m的中桥和标准跨径大于20m的中桥及大桥两项,标准跨径大于20m的中桥及大桥又分为一般结构桥梁(如预应力空心板、T形梁等)和技术复杂结构桥梁(如斜拉桥等)两部分。指标均包括基础、下部、上部、桥台锥坡等工程。当设置导流坝、丁坝等调治构造物时,其圬工及土方工程应分别按防护工程指标及路基土方指标另行计算。而改河土方工程的投资则已包括在“其他工程”指标中。四级公路采用行车道宽净-3.5m时,指标乘以1.3的系数。

①小桥及标准跨径小于20m的中桥:指标单位为$100m^2$桥面,不分结构类型,工程量按各种结构桥梁的桥面面积之和计算。

②标准跨径大于20m的一般结构中桥及大桥:指标单位为$100m^2$桥面,分结构类型编列,工程量按桥面面积计算。

③技术复杂大桥。基础工程:指标单位为$10m^3$实体。扩大基础工程量按基础设计混凝土圬工实体计算。沉井基础工程量:钢筋混凝土沉井按井体、封底、封顶、填心等设计混凝土圬工实体计算;钢壳沉井按井壁、封底、封顶、填心等设计混凝土圬工实体计算。灌注桩基础工程

量按设计桩径的混凝土圬工实体计算。承台及围堰工程量按承台及承台封底设计混凝土圬工实体计算。下部构造：指标单位为 $10m^3$ 实体，工程量按墩台或索塔设计混凝土圬工实体计算。上部构造：指标单位为 $100m^2$ 桥面，工程量按桥面面积计算。桥面面积为桥梁全长与桥面宽度的乘积。桥梁全长：有桥台的桥梁为两岸桥台侧墙或八字墙尾端间的距离；无桥台的桥梁为桥面系行车道的长度。桥面宽度为行车道加人行道或安全带或桥梁护栏的宽度并计算至外缘。指标中均已综合混凝土集中拌和、混凝土运输及拌和站安拆，混凝土构件蒸汽养生及蒸汽养生室建筑，行车道桥头搭板等项目。指标中的预应力混凝土简支箱梁项目同样适用于先简支后连续的预应力混凝土连续箱梁工程。指标中的沉井基础仅适用于水深在 10m 以内的桥梁工程，水深在 10m 以上时，应编制补充指标计算。如工程可行性研究设计达到一定的深度，能提出技术复杂大桥上部构造用高强铁丝（钢绞线）和基础工程用的钢壳沉井或双壁钢围堰以及上部构造、下部构造、基础等各部位用的 I、II 级钢筋的数量，使用本指标时，可按实际设计数量调整上部构造、下部构造和基础工程指标中高强铁丝（钢绞线）及 I、II 级钢筋的数量和钢壳沉井指标或承台及围堰指标中加工钢材的数量。

（6）交叉工程

交叉工程指标分互通式立体交叉，分离式立体交叉，平面交叉，通道，人行天桥及渡槽五个项目。

①互通式立体交叉：按跨线桥、匝道、被交道分别编制。

跨线桥：指标单位为 $100m^2$ 桥面，工程量按桥面面积计算。桥面面积的计算规定同大（中）桥。指标包括基础、下部、上部、桥台锥坡等全部工程。指标适用于匝道桥。

匝道：指标单位为 1km，工程量按设计长度计算。指标包括除匝道桥以外的路基、路面、构造物以及其他附属设施等全部工程。指标是按匝道路基宽度 7m 编制的，如设计匝道宽度与指标取定值不同时，可按如下系数调整指标：

$$K = \frac{(W_1 - W_0) \times 8 + 1}{W_0} \tag{2-5}$$

式中：K——指标调整系数；

W_1——设计匝道路基宽度，m；

W_0——指标取定匝道路基宽度，m。

被交道：指标单位为 1km，工程量按设计整修长度计算。指标包括路基、路面、构造物以及其他附属设施等全部工程。指标中路况差指被交道路面需全部重新修建或大部分路面需补强；路况好指被交道路面基本完好，只需进行小面积的处理。指标仅指被交道的整修工程，如被交道属改线或为规划路、等级提高（改建）等情况，应根据设计数量套用相应的分项指标计算或按照相应等级的综合指标进行估算，单列工程项目。

②分离式立体交叉：按跨线桥、被交道分别编制。

跨线桥：指标单位为 $100m^2$ 桥面，工程量按桥面面积计算。桥面面积的计算规定同大（中）桥。其中，顶进箱涵的工程量为公路路基宽度与箱涵长度的乘积。指标包括基础、下部、上部、桥台锥坡等全部工程。

被交道：指标单位为 1km，工程量按设计整修长度计算。指标包括路基、路面、构造物以及其他附属设施等全部工程。指标仅指被交道的整修工程，如被交道属改线或为规划路、等级提高（改建）等情况，应根据设计数量套用相应的分项指标计算或按照相应等级的综合指标进行估算，单列工程项目。

③平面交叉:指标单位为1处,工程量按需要设置的交叉处数计算。指标包括路基、路面、构造物以及其他附属设施等全部工程。

④通道:指标单位为1道,分涵洞式通道和小桥式通道编列,工程量不分涵洞或小桥的结构类型按需要设置的总道数计算。指标包括通道本身、通道内路面、被交道等全部工程。指标仅适用于跨径为8m以内的通道工程,跨径超过8m的通道工程按分离式立体交叉指标计算。指标是按一定的路基宽度编制的(路基宽度取定值见总说明第七条),如设计路基宽度与指标取定值不同时,涵洞式通道可按涵洞工程的调整方法调整本指标,小桥式通道可按路基宽度比例调整本指标。

⑤人行天桥及渡槽:指标单位为1座,工程量不分结构类型按需要设置的总数量计算。指标包括基础、下部、上部及其他附属设施等工程。

(7)安全设施

安全设施指标单位为1公路公里,工程量按建设项目路线总长度公路公里计算。

(8)服务、管理设施

服务、管理设施指标单位为1公路公里,工程量按建设项目路线总长度计算。

本指标中未综合通信、监控、供电、收费等设施的设备费用,仅包括设备的安装费用和土建工程的费用,设备费应按《公路工程投资估算编制办法》中的有关规定另行计算。

2. 其他工程的计算

其他工程包括:清除场地、拆除旧建筑物、构造物、绿化工程、公路交工前养护费、临时轨道铺设、便道、便桥、临时电力线路、临时电信线路、临时码头、改河土方、其他零星工程等。

3. 附录

(1)附录一为综合指标及分项指标其他工程指标表。其他工程不列工料机指标,以主要工程费为基数,路线工程、隧道工程、独立大(中)桥工程和路线工程项目中的1 000m以上(含1 000m)特大桥工程分别按指标附录一规定的百分率计算。

(2)附录二为材料预算价格的规格取定表。各种材料的预算价格应按照不同的规格分别取用,其基价可从附录二查得。

(3)附录三为综合指标各等级公路路面的面层结构厚度、总厚度取值表。如果设计的各等级公路路面的面层结构厚度、总厚度与实际的厚度、总厚度不一致时,也可以查本附录予以增减。附录三为综合指标各等级公路路面的面层结构厚度。

(4)附录四为分项指标路面压实厚度超过规定厚度机械费加倍取值表。

(5)附录五为综合指标所含主要工程项目工程量。各省、自治区、直辖市的各等级公路路基土方、路基石方、排水与防护、路面、大(中)桥、互通式立交、分离式立交等主要工程项目工程量可以由此表查得。

四、估算指标的运用

【例2-1】 湖南省某高速公路10km,路基宽度26m,其中:路基土方150万m^3,路基石方14万m^3,排水及防护砌石圬工48 280m^3,路面22.5万m^3,大中桥10 478m^2,互通式立交1处,分离式立交5处。试用综合指标确定所需人工、材料、机械及资金消耗数量。

解:(1)指标号:第8页[1-I-13]。

(2)按《指标》第3页,综合说明第二条第1点要求,与第208页[附录五-I-13]所列工程量比较,得出10km工程量的变化量,见表2-3。

工程量比较表

表 2-3

工程项目	单位	实际工程量	指标工程量	变化工程量
路基土方	$1\,000m^3$	1 500	1 004	+496
路基石方	$1\,000m^3$	140	111.6	+28.4
排水与防护	$100m^3$	482.8	477.0	+5.8
路面	$1\,000m^3$	222.5	222.5	0
大(中)桥	$100m^3$	104.78	104.78	0
互通式立交	处	1	0.744	+0.256
分离式立交	处	5	4.47	+0.53

(3)所求消耗数量为两部分,第一部分为按每公路公里基本指标计算得到的消耗量,即按《指标》第 8 页[1-I-13]指标数量乘以 10 公路公里;第二部分为按调整指标计算的变化工程量部分的消耗数量,即按《指标》第 24 页表[1-IV]中 82、83、84、87、88 栏的指标数分别乘以表 2-3 中的"变化工程量":+496、+28.4、+5.8、+0.256、+0.53,并将各栏乘积结果相加即得到第二部分消耗量;第一、二部分消耗量的合计数即为 10 公路公里的主要材料、机械等的消耗量,见表 2-4。

主要材料、机械的消耗量

表 2-4

项目	单位	代号	第一部分基本消耗量	第二部分增加消耗量	合计消耗量
人工	工日	1	954 070.0	81 892.0	1 035 962
原木	m^3	10	274.7	11.8	286.5
锯木	m^3	11	836.1	23.6	859.7
I级钢筋	t	16	816.1	36.3	852.4
II级钢筋	t	17	1 617.0	116.9	1 733.9
预应力粗钢筋	t	18	9.2	—	9.2
钢绞线	t	20	302.4	11.7	314.1
高强钢丝	t	25	—	—	—
钢材	t	30	1 072.2	10.8	1 083.0
波形钢板及型钢立柱	t	47	437.4	0.4	437.8
加工钢材	t	50	263.5	5.7	269.2
钢板标志	t	158	13.4	—	13.4
铝合金标志	t	159	8.6	—	8.6
钢板网及铁丝编织网	m^2	165	9 856.0	66.9	9 922.9
水泥	t	240	2 920.05	1 406.8	30 607.3
石油沥青	t	260	6 828.0	249.1	7 077.1
生石灰	t	278	18 738.2	794.2	19 532.4
砂、砂砾	m^3	289	131 798.0	5 289.6	137 087.6
片石	m^3	305	68 425.0	2 731.7	71 156.7
碎(砾)石	m^3	325	183 990.0	8 273.0	192 263.0
块石	m^3	343	11 488.0	175.6	1 163.6
其他材料费	元	391	8 496 690.0	244 911.0	8 741 601

续上表

项　目	单位	代号	第一部分基本消耗量	第二部分增加消耗量	合计消耗量
设备摊销费	元	392	356 460.0	2 884.0	359 344
机械使用费	元	400	46 687 430.0	12 793 285.0	59 480 715
指标基价	元	999	120 033 060.0	16 307 214.0	136 340 274

【例 2-2】 某高速公路有水泥稳定碎石基层 3.2 万 m^3，压实厚度 28cm，试用分项指标确定其工料机消耗量。

解：(1)指标号：第 124 页[2-2-(3 +4 ×13)]。

(2)按《指标》第 108 页路面工程说明，《指标》规定稳定土基层压实厚度在 15cm 以内，实际压实厚度超过规定值时，应按第 207 页附录四对机械费加倍取值。

(3)因指标单位为 1 000m^2，实际基层面积应为 32 000m^3 ÷0.28m = 114 285.71m^2，即工程量为 114.285 71 千 m^2。

(4)计算工、料、机消耗量

人工：(68 +3 ×13 +3.2) ×114.285 71 =12 594 工日

水泥：(19.87 +1.31 ×13) ×114.285 71 =4 217t

砂砾：9.7 ×114.285 71 =1 109m^3

片石：114m^3

碎(砾)石：212.6 +14.2 ×13 =45 394m^3

块石：0.9 ×114.285 71 =103m^3

其他材料费：(12 +1 ×13) ×114.285 71 =2 857 元

机械使用费：(4 339 +212 ×13 +826) ×114.285 71 =905 257 元

指标基价：(18 724 +1 122 ×13 +877) ×114.285 71 =3 907 086 元

第四节　公路工程概算定额

《公路工程概算定额》(JTG/T B06-01—2007)(以下简称概算定额)是从 2008 年 1 月 1 日起施行的全国公路专业统一的现行定额，分为上、下两册，它是编写初步设计概算的依据，也是编制建设项目投资估算指标的基础。该定额适用于公路基本建设新建、改建工程。对于公路养护的大、中修工程，可参考使用。

一、概算定额的作用

(1)概算定额是编制初步设计概算和技术设计阶段修正概算的主要依据。

(2)概算定额是编制建设项目投资估算指标的基础。

(3)概算定额是进行设计方案和施工方案的经济比较和选择的必要依据。

(4)概算定额是编制主要材料需要量的计算基础。

二、概算定额的主要内容

概算定额由总说明、路基工程、路面工程、隧道工程、涵洞工程、桥梁工程、交通工程及沿线设施、临时工程、定额用词说明等部分组成。

(一)概算定额表的构成

1. 表名:位于表最上方,是指概算定额中工程项目名称。"6-1-3 隔离栅"表明为第六章第一节第3表——隔离栅。

2. 工程内容:位于表左上方,是指该工程项目的主要工作内容。

3. 单位:位于表右上方,是指该工程项目的单位,如"$10m^3$"。

4. 序号:位于表左边第一列,是指该项目所需工料机等的先后顺序。

5. 项目:位于表左边第二列,是该项目工、料、机等的名称。

6. 单位:位于表左边第三列,是该项目工、料、机等对应的单位。

7. 代号:位于表左边第四列,是计算机对工、料、机等名称的识别代号。

8. 子目名:是该项目涉及的子目录名称,如隔离栅中的"编制网"。

9. 子目号:指本项涉及的不同子目录的数字代码,如隔离栅中的"编制网"的子目号为4。

10. 小型机具使用费:本项目中未列入机械台班费用定额但实际使用过的小型机具的费用。

11. 基价:指本项目的工、料、机定额基价。

(二)概算定额说明

1. 概算定额是以人工、材料、机械台班消耗量表现的工程概算定额。编制概算时,其人工费、材料费、机械使用费应按《公路工程基本建设项目概算预算编制办法》(JTG B06—2007)的规定计算。

2. 概算定额包括路基工程、路面工程、隧道工程、涵洞工程、桥梁工程、交通工程及沿线设施、临时工程共七章。如需使用材料采集加工、材料运输定额,可采用《公路工程预算定额》(JTG/T B06-02—2007)中有关项目。

3. 概算定额是按照合理的施工组织和一般正常的施工条件编制的。定额中所采用的施工方法和工程质量标准,是根据国家现行的公路工程施工技术及验收规范、质量评定标准及安全操作规程取定的,除定额中规定允许换算者外,均不得因具体工程的施工组织、操作方法和材料消耗与定额的规定不同而变更定额。

4. 概算定额是以部颁的现行标准设计图为依据编制的,没有标准设计图的定额项目,则选择有代表性的设计图或施工详图。不同载重标准和不同桥宽均可使用本定额。

5. 概算定额除潜水工作每工日6h,隧道工作每工日7h外,其余均按每工日8h计算。

6. 概算定额中所列的工程内容,除扼要说明了所综合的工程项目外,均包括各项目的全部施工过程的内容和辅助工日。

7. 建筑材料、成品、半成品从现场堆放地点或场内加工地点至操作或安装地点的场内水平或垂直运输所需的人工和机械消耗,以按一般正常合理的施工组织设计计算在定额项目内,并考虑了材料发生二次倒运费用和场内运输超运距用工,以及材料从工地仓库运至施工现场用工。除定额中另有说明者外,均不得另行增加。

8. 概算定额中的材料消耗量系按现行材料标准的合格料和标准规格料计算的。定额内材料、成品、半成品均已包括场内运输及操作损耗。其场外运输损耗、仓库保管损耗,应在材料预算价格内考虑。

9. 概算定额中周转性的材料、模板、支撑、脚手杆、脚手板和挡土板等的数量,已考虑了材料的正常周转次数并计入定额内。其中就地浇筑钢筋混凝土梁用的支架及拱圈用的拱盔、支架,如确因施工安排达不到规定的周转次数时,可根据具体情况进行换算并按规定计算进行回收，其余工程一般不予抽换。

10. 概算定额中列有的混凝土、砂浆的强度等级和用量，其材料用量已按预算定额附录中配合比表规定的数量列入定额，不得重算。如设计采用的混凝土、砂浆强度等级或水泥强度等级与定额所列强度等级不同时，可按预算定额附录所列的配合比进行换算。但实际施工配合比材料用量与定额配合比表用量不同时，除配合比表说明中允许换算者外，均不得调整。

11. 概算定额中各类混凝土均未考虑外掺剂的费用，如设计需要添加外掺剂时，可按设计要求另行计算外掺剂的费用并适当调整定额中的水泥用量。

12. 概算定额中各类混凝土均按施工现场拌和进行编制，当采用商品混凝土时，可按相关定额中的水泥、中（粗）砂、碎石的消耗量扣除，并按定额中所列的混凝土消耗量增加商品混凝土的消耗。

13. 概算定额中只列工程所需的主要材料用量和主要机械台班数量。次要、零星材料和小型机具均未一一列出，分别列入“其他材料费”及“小型机具使用费”内，以元表示，编制概算即按此计算。

14. 概算定额中各项目的施工机械种类、规格是按一般合理的施工组织确定的，如施工中实际采用的机械种类、规格与定额规定的不同时，一律不得抽换。

15. 概算定额中的施工机械的台班消耗，已考虑了工地合理的停置、空转和必要的备用量等因素。

16. 概算定额未包括公路养护管理房屋等工程，如养路道班房、桥头看守房、收费站房等工程，这类工程应执行地区的建筑安装工程定额。

17. 其他未包括的项目，各省、自治区、直辖市交通厅（局）可编制补充定额在本地区执行，并报交通部备案；还缺少的项目，各设计单位可编制补充定额，随同概算文件一并送审，并将编制依据送各省、自治区、直辖市公路（交通）工程定额（造价）站备查。所有补充定额均应按照本定额的编制原则、方法进行编制。

18. 概算定额遇有下列情况，可按《公路工程基本建设项目概算预算编制办法》（JTG B06—2007）中的有关规定办理。

（1）冬、雨季施工的工程；

（2）夜间施工的工程；

（3）高原地区施工的工程；

（4）边施工边维持通车的工程。

19. 定额表中注明“××以内”或“××以下”者，均包括“××”本身；而注明“××以外”或“××以上”者，则不包括“××”本身。定额内数量带“（　　）”者，则表示基价中未包括其价值。

20. 定额中凡定额名称中带有“※”号者，均为参考定额，使用定额时，可根据情况进行调整。

21. 概算定额的基价是人工费、材料费、机械使用费的合计价值。基价中的人工费、材料费基本上是按北京市 2007 年的人工、材料预算价格计算的（详见预算定额附录），机械使用费是按 2007 年公布的《公路工程机械台班费用定额》（JTG/T B06-03—2007）计算的。

22. 定额中的“工料机代号”系编制概算采用电子计算机计算时作为对工、料、机名称识别的符号，不可随意变动。编制补充定额时，遇有新增材料或机械名称，可取相近品种材料或机械代号间的空号。

23. 路基工程定额包括路基土、石方工程，路基排水工程，路基防护工程，路基软基处理工程。

24. 路面工程定额包括路面基层和垫层，路面面层，路面附属工程。

25. 隧道工程定额包括洞身工程，洞门工程，辅助坑道，通风及消防设施安装。

26. 涵洞工程按常用的结构分为石盖板涵、石拱涵、钢筋混凝土圆管涵、钢筋混凝土盖板涵、钢筋混凝土箱涵五类。如为其他类型，可参照有关定额进行编制。

27. 桥梁工程定额包括围堰筑岛、基础工程、下部构造、上部构造，钢筋及预应力钢筋、钢丝束、钢绞线等工程。

28. 交通工程及沿线设施包括交通安全设施、服务设施和管理设施等项目。

29. 临时工程包括汽车便道、临时便桥、临时码头、轨道铺设、架设输电、电信线路、人工夯打小圆木桩共六个项目。

三、概算定额的运用

【例 2-3】 某一级公路的路基工程，全长为 20km，按其设计断面计算的填土数量为 3 960 000m^3，填土高度为 6.0m，平均边坡长度为 9.0m，两侧各宽填 0.2m，路基平均占地宽 40m，路基占地及取土坑均为耕地，土质为 II 类土。采用 1.0m^3 以内单斗挖掘机挖装土方，平均挖深 2.0m，填前以 12t 光轮压路机压实耕地。试确定：路基宽填增加土方量为多少？填前压实增加土方量为多少？总计价土方量（压实方）为多少？挖掘机挖装借方作业所需工、机消耗数量及基价为多少？

解：(1)由《概算定额》第一章的说明可知 II 类土属于定额土质分类的普通土（按照六级分类）。

(2)因宽填路基而增加的土方量（两侧各宽填 0.2m）：

宽填土方量（天然密实方）$=20\,000\times9\times0.2\times2=72\,000m^3$

由定额表查得普通土压实方与天然密实方的换算系数为 1.16，则：

宽填所需借方（压实方）$=72\,000\div1.16=62\,069m^3$

(3)因填前压实耕地增加的土方量：

查得土的抗沉陷系数 $c=0.35kN/cm^3$，12t 光轮压路机的有效作用力 $p=6.6kN/cm^2$，则天然土因压实而产生的沉降量为：

$$h = 6.6 \div 0.35 = 18.86cm$$

平均路基底面积 $F=40\times20\,000=800\,000m^2$

计算得出：

填前压实增加土方量（压实方）$=800\,000\times0.188\,6=150\,880m^3$（借方）

(4)总计价土方量（压实方）$=3\,960\,000+62\,069+150\,880=4\,172\,949m^3$

(5)挖掘机挖装（借方）土方，人工、机械消耗量及基价：

由《概算定额》定额号[10-(1-1-6)-5]，即“斗容量 1.0m^3 以内挖掘机挖装 1 000m^3 天然密实普通土的人工、机械定额”，并根据第一章说明第 1 条，因定额单位为天然密实方，而借方为压实方，定额值应乘以 1.16 的系数。计算得借方（压实方）工、机消耗量为：

人工：$4\,172\,949m^3\times1.16\times14.7$ 工日/1 000m^3 = 71 157.1 工日

75kW 以内履带式推土机：$4\,172\,949m^3\times1.16\times0.44$ 台班/1 000m^3 = 2 129.87 台班

1.0m^3 以内单斗挖掘机：$4\,172\,949m^3\times1.16\times2.06$ 台班/1 000m^3 = 9 971.68 台班

基价为 2 694 元/1 000m^3 天然密实土，换算为借方(压实方)总基价金额为：

总基价金额 = 4 172 949m^3 × 1.16 × 2 694 元/1 000m^3 = 13 040 633 元

【例 2-4】 某三级公路的路基工程总长 15km，山岭重丘区，其中包括整修路拱 112 500m^2，人工挖普通土土质台阶 5 000m^2，人工挖截水沟普通土 800m^3，40cm × 40cm 路基碎石料盲沟 95m，填前压实 60 000m^2。试列出其人工概算定额，并计算人工劳动量。

解：根据第一章第一节说明第 8 条的规定，可知这些工程项目都属于“路基零星工程”，编概算时不应单独列项，由定额号[33-(1-1-17)-6]知定额计量单位为 1km。则该工程项目所需人工总劳动量为：

15km × 342.8 工日/1km = 5 142 工日

【例 2-5】 某二级公路水泥石灰砂砾基层，厚度为 18cm，其设计配合比水泥：石灰：砂砾为 6:6:88，稳定土拌和机拌和，试确定水泥、石灰、砂砾的概算实际定额值。

解：(1)由定额号[134-(2-1-6)-(25 + 26 × 3)]得定额配合比为 5:5:90；

(2)据第一章第一节说明第 2 条的规定，换算有关材料的实际定额值为：

水泥：[15.606 + 1.040 × (18 − 15)] × 6 ÷ 5 = 22.471t

石灰：[15.759 + 1.051 × (18 − 15)] × 6 ÷ 5 = 22.694t

砂砾：[179.71 + 11.98 × (18 − 15)] × 88 ÷ 90 = 210.86m^3

第五节 公路工程预算定额

现行《公路工程预算定额》(JTG/T B06-02—2007)(以下简称预算定额)是从 2008 年 1 月 1 日起施行的全国公路专业统一的现行定额，分为上、下两册，具有科学性、系统性、统一性、结合性、强制性、稳定性、时效性和群众性。在基本建设程序进入施工图设计阶段时，具有十分重要的作用。

一、公路工程预算定额作用

(1)预算定额是编制施工图预算定额的基础，同时也是确定建设项目工程造价、控制基本建设项目投资的基础；

(2)预算定额是对设计方案进行经济技术比较、分析的依据；

(3)预算定额是编制施工组织设计的依据；

(4)预算定额是进行工程结算的依据；

(5)预算定额是施工企业进行经济分析的依据；

(6)预算定额是编制概算定额和估算指标的基础；

(7)预算定额是编制标底，进行投标报价的基础。

二、公路工程预算定额的主要内容

(一)公路工程预算定额的构成

由总说明、路基工程、路面工程、隧道工程、桥涵工程、防护工程、交通工程及沿线设施、临时工程、材料采集及加工、材料运输等九章及附录、定额用词说明构成。

(二)定额表的组成

1. 表名：位于表最上端某项工程的项目名。如“4-5-2 浆砌片石”指第四章桥涵工程中的

第五节第2表——浆砌片石；

2. 工程内容：位于表的左上方，指该工程项目所涉及的主要内容；

3. 单位：位于表的右上方，指本工程项目的计量单位，即定额概念中所指“一定量合格产品”的计量单位；

4. 顺序号：位于表左，按工、料、机顺序排列；

5. 项目：指该工程项目涉及的工、料、机等内容；

6. 单位：指项目内容对应的单位，如人工单位是工日，注意该单位和定额表的单位不是同一个概念；

7. 代号：指项目内容所具有的特定的计算机识别符，每个项目只有一个固定的代号；

8. 子目名：指本项涉及的不同子目录的名称，如浆砌片石中“护拱”；

9. 子目号：指本项涉及的不同子目录的数字代码，如浆砌片石中“护拱”的子目号为2；

10. 小型机具使用费：本项目中未列入机械台班费用定额但实际使用过的小型机具的费用；

11. 基价：指本项目的工、料、机定额基价。

（三）公路工程预算定额说明

1.《公路工程预算定额》（JTG/T B06-02—2007）是全国公路专业定额。它是编制施工图预算的依据，也是编制工程概算定额（指标）的基础，适用于公路基本建设新建、改建工程，不适用于独立核算执行产品出厂价格的构件厂生产的构配件。对于公路养护的大、中修工程，可参考使用。

2. 预算定额是以人工、材料、机械台班消耗量表现的工程预算定额。编制预算时，其人工费、材料费、机械使用费，应按《公路工程基本建设项目概算预算编制办法》（JTG B06—2007）的规定计算。

3. 预算定额包括：路基工程、路面工程、隧道工程、桥涵工程、防护工程、交通工程及沿线设施、临时工程、材料采集及加工、材料运输共九章及附录。

4. 预算定额是按照合理的施工组织和一般正常的施工条件编制的。定额中所采用的施工方法和工程质量标准，是根据国家现行的公路工程施工技术及验收规范、质量评定标准及安全操作规程取定的。除定额中规定允许换算者外，均不得因具体工程的施工组织、操作方法和材料消耗与定额的规定不同而变更定额。

5. 预算定额除潜水工作每工日6h，隧道工作每工日7h外，其余均按每工日8h计算。

6. 定额中的工程内容，均包括定额项目的全部施工过程。定额内除扼要说明施工的主要操作工序外，均包括准备与结束、场内操作范围内的水平与垂直运输、材料工地小搬运、辅助和零星用工、工具及机械小修、场地清理等工程内容。

7. 预算定额中的材料消耗量系按现行材料标准的合格料和标准规格料计算的。定额内材料、成品、半成品均已包括场内运输及操作损耗，编制预算时，不得另行增加。其场外运输消耗、仓库保管损耗应在材料预算价格内考虑。

8. 预算定额中周转性的材料、模板、支撑、脚手杆、脚手板和挡土板等的数量，已考虑了材料的正常周转次数并记入定额内。其中，就地浇钢筋混凝土梁用的支架及拱圈用的拱盔、支架，如确因施工安排达不到规定的周转次数时，可根据具体情况进行换算并按规定计算回收，其余工程一般不予抽换。

9. 定额中列有混凝土、砂浆的强度等级和用量，其材料用量已按附录中配合比表规定的数量列入定额,不得重算。如设计采用的混凝土、砂浆强度等级或水泥强度等级与定额所列强度等级不同时,可按配合比表进行换算。但实际施工配合比材料用量与定额配合比表用量不同时,除配合比表说明中允许换算者外,均不得调整。

混凝土、砂浆配合比表的水泥用量,已综合考虑了采用不同品种水泥的因素,实际施工中不论采用何种水泥,均不得调整定额用量。

10. 概算定额中各类混凝土均未考虑外掺剂的费用,如设计需要添加外掺剂时,可按设计要求另行计算外掺剂的费用并适当调整定额中的水泥用量。

11. 概算定额中各类混凝土均按施工现场拌和进行编制,当采用商品混凝土时,可将相关定额中的水泥、中(粗)砂、碎石的消耗量扣除,并按定额中所列的混凝土消耗量增加商品混凝土的消耗。

12. 水泥混凝土、钢筋、模板工程的一般规定列在第四章说明中,该规定同样适用于其他各章。

13. 预算定额中各项目的施工机械种类、规格是按一般合理的施工组织确定的,如施工中实际采用机械的种类、规格与定额规定的不同时,一律不得换算。

14. 预算定额中的施工机械的台班消耗,已考虑了工地合理的停置、空转和必要的备用量等因素。编制预算的台班单价,应按《公路工程机械台班费用定额》(JTG/T B06-03—2007)分析计算。

15. 预算定额中只列工程所需的主要材料用量和主要机械台班数量。对于次要、零星材料和小型施工机具均未一一列出,分别列入"其他材料费"及"小型机具使用费"内,以元计,编制预算即按此计算。

16. 预算定额未包括公路养护管理房屋,如养路道班房、桥头看守房、收费站房等工程,这类工程应执行地区的建筑安装工程预算定额。

17. 其他未包括的项目,各省、自治区、直辖市交通厅(局、委)可编制补充定额在本地区执行,并报交通部备案;还缺少的项目,各设计单位可编制补充定额,随同预算文件一并送审,并将编制依据送各省、自治区、直辖市公路(交通)工程定额(造价管理)站备查。所有补充定额应按照本定额的编制原则、方法进行编制。

18. 预算定额遇有下列情况,可按《公路工程基本建设项目概算预算编制办法》(JTG B06—2007)中的有关规定办理:

(1)冬、雨季施工的工程;

(2)夜间施工的工程;

(3)高原地区施工的工程;

(4)边施工边维持通车的工程。

19. 定额表中注明"××以内"或"××以下"者,均包括"××"本身;而注明"××以外"或"××以上"者,则不包括"××"本身。定额内数量带"(　　)"者,则表示基价中未包括其价值。

20. 定额中凡定额名称中带有"※"号者,均为参考定额,使用定额时,可根据情况进行调整。

21. 预算定额的基价是人工费、材料费、机械使用费的合计值。基价中的人工费、材料费基本上是按北京市2007年的人工、材料预算价格计算的(详见附录),机械使用费是按2007年公布的《公路工程机械台班费用定额》(JTG/T B06-03—2007)计算的。

22. 定额中的"工料机代号"系编制预算采用电子计算机计算时作为对工、料、机名称识别的符号,不可随意变动。编制补充定额时,遇有新增材料或机械名称,可取相近品种材料或机械代号间的空号。

23. 路基工程定额包括路基土、石方工程,排水工程,路基软基处理工程。

24. 路面工程定额包括路面基层和垫层,路面面层,路面附属工程。

25. 隧道工程定额包括洞身工程,洞门工程,辅助坑道,通风及消防设施安装。

26. 桥涵工程定额包括开挖基坑,筑岛、围堰及沉井工程,打桩工程,灌注桩工程,现浇混凝土及钢筋混凝土,预制、安装混凝土及钢筋混凝土构建,构件运输,拱盔、支架工程,钢结构工程,杂项工程。

27. 防护工程包括护坡,护岸,防风、雪、沙设施,挡土墙等工程。

28. 交通工程及沿线设施包括安全设施,监控、收费系统,通信系统,供电、照明系统,光缆、电缆敷设,配管、配线及接地工程,绿化工程。

29. 临时工程包括汽车便道、临时便桥、临时码头、轨道铺设、架设输电及电信线路、人工夯打小圆木桩共六个项目。

30. 材料采集及加工包括人工、机械采筛洗堆土、石、砂等项目。

31. 材料运输包括人工及各种机械运输材料的项目。

32. 附录包括路面材料计算基础数据,基本定额,材料的周转及摊销,定额基价人工、材料单位质量、单价表。

三、预算定额的运用

《预算定额》项目划分较细,章、节说明繁多,要运用好预算定额,需要长期、全面、反复阅读和理解总说明及各章说明,掌握定额表中划分的各工程细目所包含的工程内容、采用的计量单位的大小、有关附注的要求、预算定额的四个附录的使用方法等,通过工作实践,不断加深理解,逐步掌握运用。本节主要以实例的形式对预算定额的套用、补充及抽换中应注意的问题进行说明。为方便初学者查找定额,本节实例中引用定额号仍采用[页-表-栏]的编号方法。

【例 2-6】 某路基工程采用 $10m^3$ 以内自行式铲运机铲运土方(硬土)$56\,000m^3$ 平均运距 800m,重车上坡坡度 15%,机械达不到需人工配合部分按 10% 考虑。试按预算定额确定其人工机械消耗量及总基价。

解:(1)按第一章第一节说明第 3 条,因挖方部分机械达不到需由人工配合完成的工程量是由施工组织设计确定的。其人工操作部分应按定额乘以系数 1.15。

①人工工程量:20m 挖运硬土工程量 $56\,000 \times 10\% = 5\,600m^3$;

②由定额号[9-(1-1-6)-3]"人工挖运土方"(计量单位为 $1\,000m^3$ 天然密实土)得:

人工:$5\,600 \times 258.5 \div 1\,000 \times 1.15 = 1\,664.7$ 工日

基价:$5\,600 \times 12718 \div 1\,000 \times 1.15 = 81\,904$ 元

(2)由预算定额第 22 页表注:

①采用自行式铲运机铲运土方时,铲运机台班数量应乘以系数 0.7;

②上坡坡度(为 15%)大于 10% 时,应按地面斜距乘以系数 1.5 作运距:

$$坡面斜距 = \sqrt{800^2 + (800 \times 15\%)^2} = 808.9m$$

$$运距 = 808.9 \times 1.5 = 1\,213.4m$$

③铲运机铲运土方工程量:$56\,000m^3$

(3)由定额号[22-(1-1-13)-(7+8×22)]“铲运机铲运土方”(计量单位为1 000m^3 天然密实土),得:

人工:56×5=280 工日

75kW 以内履带式推土机:56×0.47=26.3 台班

10m^3 以内自行式铲运机:56×(2.82+0.39×22)×0.7=446.88 台班

(4)由于预算定额第22页基价包括人工、推土机及拖式铲运机,而本例中需要采用自行式铲运机,所以须将原有拖式铲运机替换。查《公路工程机械台班费用定额》得,10m^3 以内拖式铲运机单价为1 085.10元/台班;10m^3 以内自行式铲运机单价为1 111.95元/台班,则:

基价=56×[(3 594+423×22)-(2.82+0.39×22)×1 085.10+

(2.82+0.39×22)×0.7×1 111.95]

=56×[12 900-12 370+8 873]

=526 568 元

(5)该项目“人工挖运土方”及“铲运机铲运土方”的人工、机械消耗量及基价总金额:

人工:1 664.7+280=1 944.7 工日

75kW 以内履带式推土机 :26.3 台班

10m^3 以内自行式铲运机 :446.88 台班

基价总额:81 904+526 568=608 472 元

【例2-7】 如例2-4中路基工程包含的项目,试列出其人工预算定额并计算人工总劳动量。

解:(1)概算定额是将各项目归纳在“路基零星工程”中,以1km为计量单位,而预算定额中工程项目划分较细,应分别采用各细目的预算定额,且计量单位也不相同,人工定额如下:

①人工挖普通土土质台阶,由定额号[7-(1-1-4)-2]得:

人工:40.9 工日/1 000m^2

②填前人工夯实,由定额号[8-(1-1-5)-1]得:

人工:32.9 工日/1 000m^2

③人工挖截水沟普通土,由定额号[49-(1-2-1)-2]得:

人工:234.0 工日/1 000m^3 天然密实土;

④40cm×40cm 路基碎石料盲沟,由定额号[50-(1-2-2)-3]得:

人工:2.5 工日/10m;

⑤人工整修路拱,由定额号[44-(1-1-20)-2]得:

人工:11.2 工日/1 000m^2。

(2)计算人工总劳动量为:

人工=(5 000m^2×40.9 工日/1 000m^2)+(60 000m^2×32.9 工日/1 000m^2)+(800m^3×234 工日/1 000m^3)+(95m×2.5 工日/10m)+(112 500m^2×11.2 工日/1 000m^2)=3 649.5 工日

【例2-8】 某河中桥墩挖基工程,施工地面水位深1m,人工挖基,土质为中砂,摇头扒杆卷扬机吊运普通土的预算定额。

解:(1)由预算定额目录可知该定额属第四章第一节,定额号为[277-(4-1-2)-2]。其中(单位1 000m^3),人工593.8 工日;30kN 单筒电动卷扬机13.28 台班。

(2)该定额表左上角“工程内容”包括:①人工挖土方;②装土、卷扬机吊运土出坑外;③整平夯实土质基底;④挖排水沟或集水井;⑤搭拆、脚手架移动摇头扒杆及整个便道;⑥取土回填、铺平、洒水、夯实。

应补充抽水及扒杆制作、安装、拆除定额。按第四章第一节第 11 条说明,水泵消耗 0.31 台班;设备安装相关定额号为[605-(4-7-33)-3],其中(单位 1 个扒杆),人工 22.7 工日;材料定额(略);30kN 卷扬机 2.4 台班;小型机具使用费 5.5 元。

第六节　公路工程机械台班费用定额

《公路工程机械台班费用定额》(JTG/T B06-03—2007)是从 2008 年 1 月 1 日起施行的全国公路专业统一的现行定额,是《公路工程预算定额》(JTG/T B06-02—2007)、《公路工程概算定额》(JTG/T B06-01—2007)的配套定额,是编制公路基本建设工程概算、预算的依据,公路养护大、中修工程,可参考使用(以下简称该定额)。

一、公路工程机械台班费用定额的作用

机械台班费用定额是编制公路基本建设工程设计概算和施工图预算的依据,它在公路基本建设过程中具有很重要的作用:

(1)机械台班费用定额是计算机械台班单价的依据;

(2)机械台班费用定额是计算台班消耗的人工、燃料等实物量的依据;

(3)机械台班费用定额是编制施工组织设计,进行经济比较的依据。

二、公路工程机械台班费用定额的主要内容

1. 现行定额包括总说明,土石方工程机械,路面工程机械,混凝土及灰浆机械,水平运输机械,起重及垂直运输机械,打桩、钻孔机械,泵类机械,金属、木、石料加工机械,动力机械,工程船舶,其他机械等,共 11 类 746 个子目。

2. 该定额中各类机械(除潜水设备、变压器和配电设备外)每台(艘)班均按 8h 计算,潜水设备每台班按 6h 计算,变压器和配电设备每昼夜按一个台班计算。

3. 该定额由以下 7 项费用组成。

(1)折旧费:指机械设备在规定的使用期限内陆续收回其原值的费用。

(2)大修理费:指机械设备按规定的大修理间隔台班必须进行大修理,以恢复其正常功能所需的费用。

(3)经常修理费:指机械设备除大修以外的各级保养(包括一、二、三级保养)及为排除临时故障所需的费用;为保障机械正常运转所需替换设备、随机使用工具、附具摊销和维护的费用;机械运转与日常保养所需的润滑油脂、擦拭材料(布及棉纱等)费用和机械在规定年工作台班以外的维护、保养费用等。

(4)安装拆卸及辅助设施费:指机械在施工现场进行的安装、拆卸所需的人工费、材料费、机械费、试运转费以及安装所需的辅助设施费。辅助设施费包括安装机械的基础、底座及固定锚桩等费用。打桩、钻孔机械在施工过程中的过墩、移位等所发生的安装及拆卸费包括在工程项目费之内;稳定土厂拌设备、沥青乳化设备、黑色粒料拌和机、沥青混合料拌和设备、混凝土搅拌站(楼)、塔式起重机、施工电梯的安装、拆卸及拌和设备、混凝土搅拌站(楼)、大型发电机的混凝土基础、沉淀池、散热池等辅助设施和机械操作所需的轨道、工作台的设置费用,不在此

项费用内,在工程项目中另行计算。

(5)人工费:指随机操作人员的工作日工资。

(6)动力燃料费:指机械在运转施工作业中所耗用的电力、固体燃料、液体燃料和水等。

(7)养路费和车船使用税:指按国家规定应缴纳的机械养路费和车船使用税等。

4. 该定额中第1~4项费用(折旧费、大修理费、经常修理费、安装拆卸及辅助设施费)为不变费用,编制机械台班单价时,除青海、新疆、西藏边远地区外,应直接采用。至于边远地区的维修工资、配件材料等价差较大而需调整不变费用时,可根据具体情况,由省、自治区交通厅制订系数并报交通部备案后执行。

5. 该定额中第5~7项费用(人工费、动力燃料费、养路费及车船使用税)为可变费用,编制机械台班单价时,随机操作人员数及动力物资消耗量应以本定额中的数值为准。工资标准按现行的《公路工程基本建设项目概算预算编制办法》(JTG B06—2007)的规定执行,工程船舶和潜水设备的工日单价,按当地有关部门规定计算。动力燃料费按当地的动力物资的工地预算价格计算。养路费及车船使用税,如需缴纳时,应根据各省、自治区、直辖市及国务院有关部门的规定标准,按机械的年工作台班(表2-5)计入台班费中。

表2-5

机械项目	沥青洒布车、汽车式画线车	平板拖车组	液态沥青运输车、散装水泥运输车、混凝土搅拌运输车、混凝土输送泵车、自卸汽车、运油汽车、加油汽车、洒水汽车、拖拉机、汽车式起重机、轮胎式起重机、汽车式钻孔机、内燃拖轮、起重船	载货汽车、机动翻斗车	工程驳船、抛锚船、机动艇、泥浆船
年工作台班	150	160	200	220	230

6. 机械自管理部门至工地或自某一工地至另一工地的运杂费,不包括在本定额中。

7. 加油及油料过滤的损耗和由变电设备至机械之间的输电线路电力损失,均已包括在本定额内。

8. 该定额内凡注明"××以内"者,均含"××"数本身。定额子目步距起点均由前项开始,如"30以内"、"60以内"、"80以内"等等,其中"60以内"即指"30以外至60以内","80以内"指"60以外至80以内"。

9. 该定额的计量单位均执行国务院颁发的"中华人民共和国法定计量单位"。

10. 该定额中的基价是不变费用和可变费用的合计数,仅供参考比较之用,不作为编制公路工程基本建设项目概、预算的依据。不变费用是按定额规定编制的,可变费用中的人工费、动力燃料费按表2-6预算价格计算。

表2-6

项　目	工资(工日)	汽油(kg)	柴油(kg)	重油(kg)	煤(kg)	电(kW·h)	水(m^3)	木柴(kg)
预算价格(元)	49.20	5.20	4.90	2.80	0.265	0.55	0.5	0.49

11. 该定额是按在公路工程中常用的施工机械的规格编制的,规格与之相同或相似的,均应直接采用。本定额中未包括的机械项目,各省、自治区、直辖市交通厅(局、委)可根据本定额的编制原则和方法编制补充定额,并报交通部公路司备案。

三、公路工程机械台班费用定额的应用

【例2-9】 试分析12m^3以内自行式铲运机的台班定额值和定额基价。

解:查《公路工程机械台班费用定额》土、石方工程机械第 4 页代号 1019 项,

不变费用 = 折旧费 + 大修理费 + 经常修理费

= 316.82 + 99.94 + 267.84 = 684.60 元

可变费用 = 人工 + 柴油

= 2 × 49.2 + 129.6 × 4.9 = 733.44 元

定额基价 = 不变费用 + 可变费用

= 684.60 + 733.44 = 1 418.04 元

思考题与习题

1. 什么是定额?

2. 公路工程定额的作用及分类?

3. 如何正确地使用定额?

4. 什么是定额的抽换?

5. 什么是机械台班费用定额及该定额的作用?

6. 某路基工程,人工挖运硬土,运输起讫点桩号为 K1 + 080 ~ K1 + 170,路面坡度 7%,试确定该项目的概算定额。

7. 某立交匝道的路面工程,结构设计为 18cm 厚不筛分碎石垫层,22cm 厚 4% 厂拌水泥稳定碎石基层,28cm 厚 C40 水泥混凝土路面板,10cm 厚级配碎石加固路肩,培路肩 58cm,水泥混凝土路缘石,试确定各项目的预算定额。

8. 某软基处理工程,采用粉喷桩,桩径 55cm,桩长 18m,其中水泥用量 17%,试确定该项目的预算定额。

9. 某特大桥的现浇混凝土工程,采用混凝土搅拌站拌和施工,平均运距 180m,试确定该桥实体式墩台基础工程预算定额中的人工工日、200L 以内混凝土搅拌机台班各为多少?

第三章　定额工程量计算

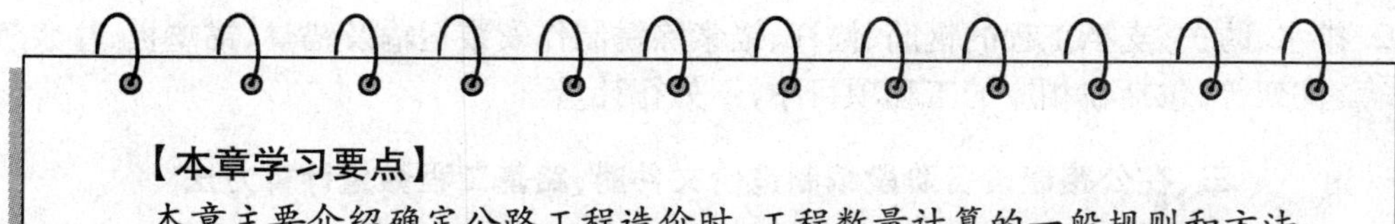

【本章学习要点】

本章主要介绍确定公路工程造价时，工程数量计算的一般规则和方法。

第一节　路基工程数量计算

一、路基工程数量计算的内容

路基工程数量计算的内容包括：清理与挖除、路基挖方、路基填方、特殊地区路基处理、排水设施、边坡防护、挡土墙、挂网坡面防护、预应力锚索及锚固板、抗滑桩、河床及护坡铺砌工程。

二、路基工程数量计算的规则

路基工程数量计算应遵循以下一般规则：

1. 路基土石方体积用平均断面积法计算，即按路线中线长度乘以核定的断面面积。但与似棱体公式计算结果比较，如果误差超过5%时，采用似棱体公式计算。

2. 路基石方的界定。用不小于165kW(220匹马力)推土机单齿松土器无法勾动，须用爆破、钢楔或气钻方法开挖，且体积大于或等于1m^3的孤石为石方。

3. 路基挖方以批准的路基设计图纸所示界限为限，均以开挖天然密实体积数量计量。其中包括边沟、排水沟、截水沟、改河、改渠、改路的开挖数量。

4. 挖方作业应保持边坡稳定，应做到开挖与防护同步施工。

5. 借土挖方按天然密实体积计量，借土场或取土坑中非适用材料的挖除、弃运及场地清理、地貌恢复、施工便道便桥的修建与养护、临时排水与防护作为借土挖方的附属工程，不另行计量。

6. 路基填料中石料含量等于或大于70%时，按填石路堤计量；小于70%时，按填土路堤计量。

7. 路基填方以批准的路基设计图纸所示界限为限，按压实后路床顶面设计高程计算。应扣除跨径大于5m的通道、涵洞空间体积，跨径大于5m的桥则按桥长的空间体积扣除。

8. 桥涵台背回填只计按设计图纸或工程师指示进行的桥涵台背特殊处理数量。但在路基土石方填筑计量中应扣除涵洞、通道台背及桥梁桥长范围外台背特殊处理的数量。

9. 回填土指零挖以下或填方路基(扣除10~30cm清表)路段挖除非适用材料后好土的回填。

10. 填方按压实的体积以m^3计量,包括挖台阶、摊平、压实、整型,其开挖作业在挖方中计量。

11. 在路基工程施工中还有一些内容,如:养护、场地清理、脚手架的搭拆、模板的安装、拆除及场地运输等,均包含在相应的工程项目中,不另行计量。

12. 排水、防护、支挡工程的钢筋、锚杆、锚索除锈制作安装运输及锚具、锚垫板、注浆管、封锚、护套、支架等,包括在相应的工程项目中,不另行计量。

三、在公路建设各阶段编制造价文件时,路基工程数量计算方法

1. 项目建议书投资估算编制中路基工程数量计算

项目建议书投资估算应根据《估算指标》中的综合指标对路基工程量的规定来计算。

(1)项目建议书的投资估算中路基工程以公路公里为单位,路基工程量包含在路线工程量中,即建设公路的起讫点之间的设计长度扣除路线工程中桥梁长度≥1 000m的特大桥工程、隧道工程的长度,确定其修建的长度作为工程量。

(2)清理场地、拆除建筑物、环境保护、临时工程不单独计算,其费用以主要工程费为基数按规定的百分率计算。

2. 可行性研究报告投资估算编制中路基工程数量计算

可行性研究报告投资估算是在踏勘或必要的测量的基础上取定工程量,按《估算指标》中分项指标来进行编制的。

(1)路基土方以1 000m^3为计算单位,按不同公路等级、不同地形、不同施工方法、不同运距编制。

(2)路基石方以1 000m^3为计算单位,按不同公路等级、不同地形、不同施工方法、不同运距编制。

(3)路基土石方的工程量是以挖方和借方的设计断面方(m^3)作为计价依据,即填方加挖方扣除利用方。

(4)耕地填前压实、清除表土后压实、软土地段填土下沉及路基边缘压实加宽等所需增加的土方量和洒水量等,均已综合在估算分项指标内,就不再计取工程量。

(5)建设项目中,有互通式和分离式立体交叉工程的,其被交道和匝道的土石方数量,因已综合在交叉工程的估算分项指标内,在路基土石方工程中不再计算。

(6)路基排水与防护分圬工排水防护和其他排水防护,其中圬工排水防护以圬工实体100m^3为计算单位,工程量按圬工实体数量计算;其他排水防护按不同公路等级以公路公里为计算单位编制,工程量按其他排水防护的设计长度来计算。

3. 初步设计、技术设计阶段概算编制中路基工程数量计算

初步设计和技术设计阶段编制概算文件,要以部颁《公路工程概算定额》(JTG/T B06-01—2007)为依据编制。

(1)路基土石方的开挖工作,是按工作难易程度,将土壤和岩石分为松土、普通土、硬土、软石、次坚石、坚石六类(表3-1),路基土方和石方,均以m^3为计算单位。所以,应按照土石类别分别计算工程量。

土石分类与十六级土石分类对照表 表 3-1

土 石 分 类	松土	普通土	硬土	软石	次坚石	坚石
六级分类	I	II	III	IV	V	VI
十六级分类	I ~ II	III	IV	V ~ VI	VII ~ IX	X ~ XVI

(2)耕地填前压实、挖土质台阶及截水沟、整修路拱及边坡、零星回填土方等项的工程量，以 km 为计量单位，以修建的公路长度核减路线内的桥梁、隧道的长度作为工程数量，不得因具体工程的含量不同而变更此数量。

(3)路基土石方的开挖、装卸、运输是按天然密实体积计算，填方则是按压(夯)实的体积计算。当移挖作填或借土填筑路堤时，应考虑定额中所规定的换算系数。

(4)按不同运距统计土石方数量，编制概算时，从路基土石方数量计算表中按不同运距计算其数量和运量，进行统计汇总并计算出平均运距，以此作为土石方运输计价的依据。

(5)路基排水及防护工程，按照其全部圬工实体的体积计算工程数量。概算定额综合了挖基、垫层和排水等工程内容，不再单独计量。

(6)软土地基处理，当采用砂或碎石等材料作为垫层时，要核查设计图表资料是否已扣减相应的路基填方数量，以免重复计量计价。

(7)在取定填方数量时，要根据建设工程的实际情况，如填土最佳含水率要求，在干旱季节施工的方量等，确定需要洒水的数量。

(8)下列各项数量，设计图表资料是不反映的，应根据施工组织设计的要求予以取定。

①清除表土或零星填方地段的基底压实、耕地填前夯(压)实后，回填至原地面高程所需的土、石方数量。

②因路基沉陷需增加填筑的土石方数量。

③为保证路基边缘的压实度须加宽填筑时，所需的土石方数量。

(9)采用机械施工土石方时，由人工配合机械作业部分的工程量不单独计量，按照机械施工路段的全部土、石方数量进行计算。

4. 施工图设计阶段预算编制中路基工程数量计算

施工图设计阶段编制预算文件，要以部颁《公路工程预算定额》(JTG/T B06-02—2007)为依据编制。

(1)路基土石方按施工难易分类，应按照土石类别分别计算工程量。

(2)土石方体积计算，要考虑天然密实方与压实方之间的换算系数(表 3-2)。关于此换算系数，在《公路工程预算定额》(JTG/T B06-02—2007)有详细说明。

压实方与天然密实方间的换算系数 表 3-2

土的类别 / 公路等级	土 方			石 方
	松 土	普通土	硬 土	
二级及二级以上等级公路	1.23	1.16	1.09	0.92
三、四级公路	1.11	1.05	1.0	0.84

另外，《公路工程预算定额》(JTG/T B06-02—2007)规定：对“人工挖运土方的增运定额和机械翻斗车、手扶拖拉机运输土方、自卸汽车运输土方的运输定额在上表系数的基础上增加 0.03 的土方运输损耗，但弃方运输不应计算运输损耗”。

(3)其他应计入路基土、石方中的工程数量

①清除表土数量按施工组织设计并入路基填方数量内计算。

②零填方地段的基底压实、耕地填前夯(压)实后,回填至原地面高程所需的土、石方数量并入路基填方数量内计算。

③因路基沉陷需增加填筑的土、石方数量并入路基填方数量内计算。

④为保证路基边缘的压实度须加宽填筑时所需的土石方数量,应由设计根据具体情况计算加宽填筑数量。这部分数量应并入路基填方数量内。

⑤人工挖运土方、人工开炸石方、机械打眼开炸石方、抛坍爆破石方等定额中已包括开挖边沟的工、料、机消耗数量,因此,开挖边沟的工程数量不再单独计量,并入到路基土、石方数量内计算。

(4)抛坍爆破的工程数量,按抛坍爆破设计计算;抛坍爆破的石方清运工程量应按设计数量乘以(1-抛坍率)计算。

(5)袋装砂井及塑料排水板处理软土地基,其工程量为设计深度,砂及砂袋不单独计量,不计预留长度。

(6)土工布的铺设面积按设计图所示尺寸,以净面积计算锚固沟外边缘所包围的面积,包括锚固沟的底面积和侧面积。不计入按规范要求的搭接卷边部分。

(7)粉喷桩、振冲碎石桩的工程数量均为设计桩长。

(8)整修边坡的工程量,按公路路基长度计算。

(9)挖截水沟、排水沟的工程量为设计水沟断面积乘以水沟长度与水沟圬工体积之和。

(10)零填及挖方地段路基基底压实面积等于路槽底面宽度和长度的乘积。

【例3-1】 某高速公路路基土、石方工程,计有挖土方3 650 000m^3,其中松土500 000m^3、普通土1 950 000m^3、硬土1 200 000m^3。利用开挖土方作填方用计天然密实方松土350 000m^3、普通土1 500 000m^3、硬土1 000 000m^3。开炸石方计1 000 000m^3,利用开炸石方作填方用计天然密实方300 000m^3。填方计压实方4 500 000m^3。土方运输采用自卸汽车运输。

1. 计算路基设计断面方数量;
2. 计算计价方数量;
3. 计算利用方数量(压实方);
4. 计算借方数量(压实方);
5. 计算弃方数量。

解:本题主要讨论关于土、石方数量的几个概念性问题,以及相互之间的关系,天然密实方与压实方之间的关系等。

设计断面方=挖方(天然密实方)+填方(压实方)

计价方=挖方(天然密实方)+填方(压实方)-利用方(压实方)

=挖方(天然密实方)+借方(压实方)

借方=填方(压实方)-利用方(压实方)

弃方=挖方(天然密实方)-利用方(天然密实方)

1. 路基设计断面方数量:3 650 000+1 000 000+4 500 000=9 150 000m^3

2. 利用方数量:350 000÷(1.23+0.03)+1 500 000÷(1.16+0.03)+1 000 000÷(1.09+0.03)+300 000÷0.92=2 757 226m^3

3. 计价方数量:9 150 000-2 757 226=6 392 774m^3

4. 借方数量:4 500 000 − 2 757 226 = 1 742 774m^3

5. 弃方数量:3 650 000 + 1 000 000 − (350 000 + 1 500 000 + 1 000 000 + 300 000) = 1 500 000m^3

【例 3-2】 某路基工程,全长 20km,平均填土高度 6.0m,路基平均占地宽 45m,为保证路基边缘的压实度须加宽填筑,根据具体情况设计确定每边加宽的宽度为 30cm,而且该路基工程中有 12km 占用耕地,填前需采用机械压实耕地。计算:路基宽填增加土方量为多少?填前压实增加土方量为多少?

解:本题中耕地填前压实地段,地面经过机械碾压后会产生下沉,其回填至原地面高程的数量可根据式(3-1)和式(3-2)计算:

$$h = \frac{P}{C} \tag{3-1}$$

式中:h——天然土因压实而产生的沉降量,cm;

P——有效作用力,kN/cm^2,一般按 12 ~ 15t 压路机的有效作用力 $P = 6.6kN/cm^2$ 计算;

C——土的抗沉降系数,kN/cm^3,其值见表 3-3。

各种原状土的 C 值参考表 表 3-3

原状土名称	$C(kN/cm^3)$	原状土名称	$C(kN/cm^3)$
1. 沼泽土	0.1 ~ 0.15	4. 大块胶结的砂、潮湿黏土	0.35 ~ 0.6
2. 凝滞土、细粒砂	0.18 ~ 0.25	5. 坚实的黏土	1 ~ 1.25
3. 松砂、松湿黏土、耕土	0.25 ~ 0.35	6. 泥灰石	1.3 ~ 1.8

$$Q = F \times h \tag{3-2}$$

式中:Q——因碾压增加的填方数量;

F——填前压(夯)实的天然土的地面面积,m^2;

h——沉降量,m。

(1)因加宽填筑路基而增加的土方量

路基宽填增加土方量 = 20 000 × 6 × 0.3 × 2 = 72 000m^3

(2)因填前压实耕地增加的土方量

由表 3-3 查得 $C = 0.35kN/cm^3$,压路机的有效作用力 $P = 6.6kN/cm^2$

所以: $h = 6.6 \div 0.35 = 18.86cm$

平均路基底面积 = 12 000 × 45 = 540 000m^2

填前压实所增加的土方量 = 540 000 × 0.188 6 = 101 844m^3

【例 3-3】 某软土地基上的路基工程,采用土工布处理。已知锚固沟内边宽 6m,长 500m,四周锚固沟深 0.6m,底宽 0.4m,边坡 1:0.5,试求土工布的铺设面积为多少?

解:按照土工布铺设面积的计量规定,其铺设面积应为锚固边沟外缘所包围的面积,包括锚固沟的底面积和侧面积。即:

$$\begin{aligned}土工布铺设面积 &= \{6 + 2 \times [2 \times \sqrt{0.6^2 + (0.6 \times 0.5)^2} + 0.4]\} \times \\ &\quad \{500 + 2 \times [2 \times \sqrt{0.6^2 + (0.6 \times 0.5)^2} + 0.4]\} \\ &= 4\,774.64m^2\end{aligned}$$

第二节　路面工程数量计算

一、路面工程数量计算的内容

路面工程数量计算的内容主要包括：垫层、底基层、基层、沥青混凝土面层、水泥混凝土面层、其他面层、透层、黏层、封层、路面排水、路面其他工程。

二、路面工程数量计算的规则

路面工程数量计算应遵循以下一般规则：

1. 水泥混凝土路面模板制作安装及缩缝、胀缝的填灌缝材料、高密度橡胶板，均包含在浇筑不同厚度水泥混凝土面层的工程项目中，不另行计量。

2. 水泥混凝土路面养生用的养护剂、覆盖的麻袋、养护器材等，均包含在浇筑不同厚度水泥混凝土面层的工程项目中，不另行计量。

3. 水泥混凝土路面的钢筋包括传力杆、拉杆、补强角隅钢筋及结构受力连续钢筋、支架钢筋。

4. 沥青混合料、水泥混凝土和(底)基层混合料拌和场站、储料场的建设、拆除、恢复均包括在相应工程项目中，不另行计量。

5. 路面工程中所用钢筋的除锈、制作安装、成品运输，均包含在相应工程的项目中，不另行计量。

三、在公路建设各阶段编制造价文件时，路面工程数量计算方法

1. 项目建议书投资估算编制中路面工程数量计算

项目建议书投资估算是按综合指标来进行编制的，此时路面工程包含在路线工程项目中，以1km为计量单位，工程量按建设项目公路公里总长度计算。

如已知建设项目所含路面工程的工程数量与估算指标中数量有较大出入时，可根据《估算指标》规定的相应项目予以增减。

高速公路、一级公路的路面面积数量中已包括硬路肩的面积，不再另行计量。

大桥桥面面积的计算在桥涵工程计量中考虑。

2. 可行性研究报告投资估算编制中路面工程数量计算

可行性研究报告投资估算，按《估算指标》中分项指标来进行编制的。

(1)沥青及水泥混凝土路面以路面实体体积$100m^3$为计量单位，按不同结构类型计算。

(2)基层、垫层及其他路面以路面面积$100m^2$为计量单位，按不同结构类型计量。

(3)挖路槽、培路肩等因已综合在指标内，不另行计量。

(4)拦水带、沥青路面镶边及路缘石以1 000m为计量单位，以实际修建的长度为准，扣除桥梁和隧道工程所占的长度。

3. 初步设计、技术设计阶段概算及施工图预算编制中路面工程数量计算

在部颁公路工程概(预)算定额中，对路面工程量的计算方法，已作了说明。具体计量时主要应注意以下问题。

(1)路面实体的计量单位：路面工程量除沥青混合料路面以路面实体体积即按路面设计

面积乘以压实厚度计算，以 m^3 为计量单位外，其余路面均以顶面面积计算，以 m^2 为计量单位。

(2)磨耗层、保护层的计量：根据设计要求，泥结碎石及级配碎、砾石路面，应加铺磨耗层及保护层，概算定额已综合在内，不再另行计量；而编制预算时要单独计量。

(3)概、预算定额对路面压实厚度的规定如下：

①各类稳定土基层压实厚度在15cm以内；

②级配碎石、级配砾石路面压实厚度在15cm以内；

③填隙碎石一层的压实厚度在12cm以内；

④垫层和其他种类的基层压实厚度在20cm以内；

⑤面层的压实厚度在15cm以内。

当路面实际设计厚度超过定额规定厚度，且采用分层拌和、碾压时，拖拉机、平地机、压路机台班定额数量应加倍计算，每1 000m^2 增加3.0工日。

第三节 桥涵工程数量计算

一、桥涵工程数量计算的内容

桥梁工程数量计算的内容包括：桥梁荷载试验、补充地质勘探、钢筋、挖基、混凝土灌注桩、钢筋混凝土沉桩、钢筋混凝土沉井、扩大基础；现浇混凝土下部构造，混凝土上部构造，预应力钢材，现浇预应力上部构造，预制预应力混凝土上部构造，斜拉桥上部构造，钢架拱上部构造；浆砌块片石及混凝土预制块、桥面铺装、桥梁支座、伸缩缝装置、涵洞工程。

二、桥涵工程数量计算的规则

桥梁工程数量计算应遵循以下一般规则：

1. 基础、下部结构、上部结构混凝土的钢筋，包括钢筋及钢筋骨架用的铁丝、钢板、套筒、焊接、钢筋垫块或其他固定钢筋的材料以及钢筋除锈、制作安装、成品运输，作为钢筋工程的附属工作，不另行计量。

2. 附属结构、圆管涵、倒虹吸管、盖板涵、拱涵、通道的钢筋，均包含在各项目内，不另行计量。附属结构包括缘石、人行道、防撞墙、栏杆、护栏、桥头搭板、枕梁、抗震挡块、支座垫块等构造物。

3. 预应力钢材、斜拉索的除锈制作安装运输及锚具、锚垫板、定位筋、连接件、封锚、护套、支架、附属装置和所有预埋件，包括在相应的工程项目中，不另行计量。

4. 桥涵工程项目中涉及的养护、场地清理、吊装设备、拱盔、支架、工作平台、脚手架的搭设及拆除、模板的安装及拆除，均包含在相应工程项目内，不另行计量。

5. 混凝土拌和场站、构件预制场、储料场的建设、拆除、恢复，安装架设设备摊销、预应力张拉台座的设置及拆除均包括在相应工程项目中，不另行计量。

6. 桥梁支座、钢支座按吨(t)计量；圆形板式支座、球冠圆板式支座，以体积立方分米(dm^3)计量；盆式支座按套计量。

7. 设计图纸标明的及由于地基出现溶洞等情况而进行的桥涵基底处理计量规则按照路基工程中特殊路基处理项目计量。

三、在公路建设各阶段编制造价文件时，桥涵工程数量计算方法

1. 项目建议书投资估算编制中桥涵工程数量计算

项目建议书投资估算中桥涵工程数量计算，除1 000m以上（含1 000m）特大桥工程按分项指标的有关项目计算外，其余均包含在路线工程项目中，按建设项目公路公里总长度计算。

2. 可行性研究报告投资估算编制中桥涵工程数量计算

（1）涵洞不论类型，以道为计量单位，以总道数计算工程量，按不同公路等级不同地形来计价。

（2）凡跨径小于0.5m的灌溉涵，已综合在定额指标内，不再另行计量。

（3）小桥及标准跨径小于20m的中桥：以$100m^2$桥面为计量单位，按各种结构桥梁的桥面面积之和计取工程量。

（4）标准跨径大于20m的一般结构中桥及大桥：以$100m^2$桥面为计量单位，按不同结构类型、按干处和水中统计其桥面面积工程量。

（5）技术复杂大桥：分基础工程、下部构造、上部构造三项。

①基础工程：以$10m^3$实体为计量单位，分不同基础（扩大基础、沉井基础、灌注桩基础）按干处、水中（分不同水深）计取工程量。

②下部构造：以$10m^3$实体为计量单位，分桥台、桥墩、索塔，按干处和水中计取工程量。其中桥墩还分不同形式，如实体式墩、薄壁墩、柱式墩、空心墩等来计量。

③上部构造：以$100m^3$桥面为计量单位，按不同结构类型、不同跨径计取工程量。桥面宽度为行车道加人行道或安全带或桥梁护栏的宽度并计算至外缘。桥梁全长为：有桥台的桥梁为两岸桥台侧墙或八字墙尾端间的距离，无桥台的桥梁为桥面系行车道的长度。

3. 初步设计、技术设计阶段概算及施工图预算编制中桥涵工程数量计算

（1）桥涵结构物均按其实体体积（即不包括其中空心部分的体积）计算工程数量。

（2）计算钢筋混凝土体积时，其工程量不扣除钢筋所占的体积。

（3）桥涵基础工程的工程量计算方法：

①基坑开挖工程量应按基坑容积计算，基坑深度为坑的顶面中心高程至底面的数值。

②基坑挡土板的支挡面积应按坑内需支挡的实际侧面积计算。

③草土、草（麻）袋、竹笼围堰筑岛高度为平均施工水深加50cm，长度按围堰中心长度计算。套箱围堰的工程量为套箱金属结构的质量，套箱整体下沉时的悬吊平台的钢结构及套箱内支撑的钢结构不得作为套箱工程量进行计算。木笼铁丝围堰实体为木笼所包围的体积。

④沉井制作的工程量对于重力式沉井为设计图纸井壁及隔墙混凝土数量；钢丝网水泥薄壁沉井为刃脚及骨架钢材的重量，但不包括铁丝网的重量；钢壳沉井的工程量为钢材的总质量。

⑤沉井浮运、接高、定位落床的工程量为沉井刃脚外缘所包围的面积，分节施工的沉井接高的工程量应按各节沉井接高工程量之和计算。

⑥沉井下沉的工程量按沉井刃脚外缘所包围的面积乘刃脚下沉入土深度计算。沉井下沉按土、石所在的不同深度分别采用不同下沉深度的定额。定额中的下沉深度指沉井顶面到作业面的高度。定额中已综合溢流（翻砂）的数量，不得另加工程量。

⑦灌注桩成孔的工程量按设计入土深度计算，孔深指护筒顶至桩底的深度。灌注桩混凝土的工程量为设计桩径的实体数量。灌注桩工作平台的工程量按施工组织设计需要的面积计算。

⑧钢护筒的工程量按护筒的设计质量计算，其中干处埋设已按护筒设计质量的周转摊销量计入定额中，不再另行计算；水中埋设按护筒全部设计质量计入定额中，可根据设计确定的回收量按规定计算回收金额。设计质量为加工后的成品重量，包括加劲肋及连接用法兰盘等全部钢材的质量。当设计提供不出钢护筒的质量时，可参考表3-4的质量进行计算，桩径不同时可内插计算。

护筒质量参考表

表3-4

桩径(cm)	100	120	150	200	250	300	350
护筒单位质量(kg/m)	170.2	238.2	289.3	499.1	612.6	907.5	1 259.2

⑨人工挖孔的工程量按护筒(护壁)外缘所包围的面积乘设计孔深计算。

⑩浇筑水下混凝土工程量按设计桩径横断面面积乘设计桩长计算，不得将扩孔因素计入工程量。

⑪打预制钢筋混凝土方桩和管桩的工程量，应以体积计算(应扣除其空心部分)。设计中规定凿去的桩头部分的数量，应计入设计工程量内。

(4)桥涵工程上部构造工程数量计算方法：

①预制构件的工程量为构件的实体体积(不包括空心部分)。但预应力构件的工程量为构件预制体积与构件端头封锚混凝土的数量之和。

②安装的工程量为安装构件的体积。

③构件安装时现浇混凝土的工程量为现浇混凝土和砂浆的数量之和。

④预应力钢绞线、预应力精轧螺纹粗钢筋及配锥形(弗氏)锚的预应力钢丝的工程量为锚固长度与工作长度的重量之和。

⑤涵洞拱盔支架、板涵支架以 m^2 为计量单位，计算支架的水平投影面积数量，即为涵洞长度乘以净跨径。

⑥桥梁拱盔以 m^2 为计量单位，计算拱盔的立面积即指起拱线以上的弓形侧面积，其工程量按式(3-3)计算：

$$F = K \times (\text{净跨})^2 \tag{3-3}$$

式中：K——按表3-5中规定选用。

表3-5

拱矢度	1/2	1/2.5	1/3	1/3.5	1/4	1/4.5	1/5	1/5.5	1/6	1/6.5	1/7	1/7.5	1/8	1/9	1/10
K	0.393	0.289	0.241	0.203	0.172	0.154	0.138	0.125	0.113	0.104	0.096	0.090	0.084	0.076	0.067

⑦桥梁支架的立面积为桥梁净跨径乘以高度，拱桥高度为起拱线以下至地面的高度，梁式桥高度为墩、台帽顶至地面的高度，这里的地面指支架地梁的底面。

⑧大型预制构件平面底座适用于T形梁、I形梁等截面的箱梁，每根梁底座面积的工程量按式(3-4)计算：

$$\text{底座面积} = (\text{梁长} + 2.00\text{m}) \times (\text{梁宽} + 1.00\text{m}) \tag{3-4}$$

曲面底座适用于梁底为曲面的箱形梁(如T形刚构等)，每块梁底座的工程量按式(3-5)计算：

$$\text{底座面积} = \text{构件下弧长} \times \text{底座实际修建宽度} \tag{3-5}$$

⑨蒸汽养生室面积按有效面积计算，其工程量按每一养生室安置两片梁，其梁间距离为0.8m，并按长度每端增加1.5m，宽度每边增加1.0m计算。

第四节　隧道工程数量计算

一、隧道工程数量计算的内容

隧道工程数量计算的内容包括:洞口与明洞工程、洞身开挖、洞身衬砌、防水与排水、洞内防火涂料和装饰工程、监控量测、地质预报等。

二、隧道工程数量计算的规则

隧道工程数量计算应遵循以下一般规则:

1. 场地布置,核对图纸、补充调查、编制施工组织设计,试验检测、施工测量、环境保护、安全措施、施工防排水、围岩类别划分及监控、通信、照明、通风、消防等设备、设施预埋构件设置与保护,所有准备工作和施工中应采取的措施均为有关工程细目的附属工作,不另行计量。

2. 风水电作业及通风、照明、防尘为不可缺少的附属设施和作业,均应包括在有关工程细目中,不另行计量。

3. 隧道名牌、模板装拆、钢筋除锈、拱盔、支架、脚手架搭拆、养护清场等工作均为有关工程细目的附属工作,不另行计量。

4. 连接钢板、螺栓、螺帽、拉杆、垫圈等作为钢支护的附属构件,不另行计量。

5. 混凝土拌和场站、储料场的建设、拆除、恢复均包括在相应工程项目中,不另行计量。

三、在公路建设各阶段编制造价文件时,隧道工程数量计算方法

1. 项目建议书投资估算编制中隧道工程数量计算

项目建议书投资估算编制中,隧道工程数量计算按《估算指标》中综合指标的隧道工程有关项目计算。

2. 可行性研究报告投资估算编制中隧道工程数量计算

可行性研究报告投资估算按《估算指标》中分项指标的隧道工程编制,其中隧道工程分洞身、洞门、装饰照明及通风三项。洞身、装饰照明及通风是以沿洞的长度与行车道加人行道加侧向宽度加人行道或检修道宽度的乘积(m^2)为计量单位,并应按不同公路等级、不同的土质和衬砌形式取定工程量。洞门分双洞式和单洞式按不同公路等级以每端洞门为计量单位,每座隧道应计列洞门两座。

3. 初步设计、技术设计阶段概算及施工图预算编制中隧道工程数量计算

(1)隧道长度均指隧道进出口(不含与隧道相连的明洞)洞门端墙墙面之间的距离,即两端端墙面与路面的交线同路线中线交点间的距离。双线隧道按上、下行隧道长度的平均值计算。

(2)洞身开挖、出渣工程量按设计断面数量(成洞断面加衬砌断面)计算,包含洞身及所有附属洞室的数量,定额中已考虑超挖因素,不得将超挖数量计入工程量。

(3)现浇混凝土衬砌中浇筑、运输的工程数量,均按设计断面衬砌数量计算,包含洞身及所有附属洞室的衬砌数量。定额中已综合因超挖及预留变形需回填的混凝土数量,不得将上述因素的工程量计入计价工程量中。

(4)防水板、明洞防水层的工程数量按设计敷设面积计算。

(5)止水带(条)、盲沟、透水管的工程数量,均按设计数量计算。

(6)拱顶压浆的工程数量按设计数量计算,设计时可按每延米 $0.25m^3$ 综合考虑。

(7)喷射混凝土的工程量,按设计厚度乘以喷射面积计算,喷射面积按设计外轮廓线计算。

(8)砂浆锚杆工程量为锚杆、垫板及螺母等材料质量之和;中空注浆锚杆、自进式锚杆的工程量按锚杆设计长度计算。

(9)格栅钢架、型钢钢架工程数量按钢架的设计质量计算,连接钢筋的数量不得作为工程量计算。

(10)管棚、小导管的工程量按设计钢管长度计算,当管径与定额不同时,可调整定额中钢管的消耗量。

(11)横向塑料排水管每处为单洞两侧的工程数量;纵向弹簧管按隧道纵向每侧铺设长度之和计算;环向盲沟按隧道横断面敷设长度计算。

(12)洞内通风、风水管及照明、管线路的工程量按隧道设计长度计算。

(13)洞门墙工程量为主墙和翼墙等圬工体积之和。

(14)斜井洞内通风、风水管、照明及管线路的工程量按斜井设计长度计算。

第五节　沿线设施及其他工程数量计算

一、沿线设施及其他工程数量计算的内容

沿线设施及其他工程数量计算的内容包括护栏、隔离设施、道路交通标志、道路诱导设施、防眩设施工程、公共汽车停靠站防雨篷等。

二、沿线设施及其他工程数量计算的规则

沿线设施及其他工程数量计算应遵循以下一般规则:

1. 金属标志牌按板面、立柱、横梁、法兰盘及加固槽钢、螺栓、螺母、垫板、抱箍、滑块等的总质量计算。

2. 路面标线按画线的净面积计算。

3. 公共汽车停靠站防雨篷中,钢结构防雨篷的长度按顺路方面防雨篷两端立柱中心间的长度计算。钢筋混凝土防雨篷的水泥混凝土体积按水泥混凝土垫层、基础、立柱及顶棚的体积之和计算。其中浇筑立柱及篷顶混凝土所需的支架等已综合在定额内,故不再另行计算。

4. 站台地坪按地坪铺砌的净面积计算。其中路缘石及地坪垫层的数量已综合在定额内,故不再另行计算。

5. 护栏的地基填筑、垫层材料、砌筑砂浆、嵌缝材料、油漆以及混凝土中的钢筋、钢缆索护栏的封头混凝土等均不另行计量。

6. 隔离设施工程所需的清场、挖根、土地平整和设置地线等工程均为安装工程的附属工作,不另行计量。

7. 交通标志工程所有支承结构、底座、硬件和为完成组装而需要的附件,均不另行计量。

8. 道路诱导设施中路面标线玻璃珠包含在涂敷面积内,附着式轮廓标的后底座、支架连接件,均不另行计量。

9. 防眩设施所需的预埋件、连接件、立柱基础混凝土及钢构件的焊接，均作为附属工作，不另行计量。

10. 管线预埋工程的挖基及回填、压实及接地系统、所有封缝料和牵引线及拉棒检验等作为相关工程的附属工作，不另行计量。

11. 收费设施及地下通道工程：

(1)挖基、挖槽及回填、压实等作为相关工程项目的附属工作，不另行计量。

(2)收费设施的预埋件为各相关工程项目的附属工作，不另行计量。

(3)凡未列入计量项目的零星工程，均含在相关工程项目内，不另行计量。

三、编制概算文件对沿线设施的计算规则

1. 墙式钢筋混凝土护栏以墙体长度为工程量。

2. 波形钢板护栏及隔离栅以两端立柱中心间的距离为工程量。

3. 中间带及车道分离块路缘带以路缘带起讫点间的距离为工程量。隔离墩、钢管栏及防眩板以隔离墩的实际设置长度为工程量。车道分离块以实际设置长度为工程量。

4. 机械铺筑拦水带以拦水带的铺筑长度为工程量。

四、编制预算文件对沿线设施的计算规则

1. 安全设施计量规则

(1)钢筋混凝土防撞护栏中铸铁柱与钢管栏杆按柱与栏杆的总质量计算，预埋螺栓、螺母及垫圈等附件已综合在定额内，不得另行计算。

(2)波形钢板护栏中钢管柱、型钢柱按柱的成品质量计算；波形钢板按波形钢板、端头板(包括端部稳定的锚碇板、夹具、挡板)与撑架的总质量计算，柱帽、固定螺栓、连接螺栓、钢丝绳、螺母及垫圈等附件已综合在定额内，不得另行计算。

(3)隔离栅中钢管柱按钢管与网框型钢的总质量计算，型钢立柱按柱与斜撑的总质量计算。钢管柱定额中已综合了螺栓、螺母、垫圈及柱帽钢板的数量，型钢立柱定额中已综合了各种连接件及地锚钢筋的数量，不再另行计算。

(4)钢板网面积按各网框外边缘所包围的净面积之和计算。刺铁丝网按刺铁丝的总质量计算；铁丝编织网面积按网高(幅宽)乘以网长计算。

(5)中间带隔离墩上的钢管栏杆与防眩板分别按钢管与钢板的总质量计算。

(6)站台地坪按地坪铺砌的净面积计算，其中路缘石及地坪垫层的数量已综合在定额内，不再另行计算。

2. 光缆、电缆敷设计量规则

(1)电缆敷设按单根延米计算(如一个架上敷设3根各长100m的电缆，工程量应按300m计算，以此类推)。电缆附加及预留的长度是电缆敷设长度的组成部分，应计入电缆工程量之内。电缆进入建筑物预留长度按2m计算，电缆进入沟内或吊架预留长度按1.5m计算，电缆中间接头盒预留长度两端各按2m计算。

(2)电缆沟盖板揭、盖按每揭、盖一次以延米计算。又揭又盖，按两次计算。

(3)用于扩(改)建工程时，所用定额的人工工日乘以1.35系数；用于拆除工程时，所用定额的人工工日乘以0.25系数。施工单位为配合认证单位验收测试而发生的费用，按定额验证测试子目的工日、仪器仪表台班总用量乘以0.3系数计取。

3. 监控、收费系统计量规则

(1)设备安装定额单位除 LED 显示屏以 m^2 计、系统试运行以系统月计外,其余均以台或套计。

(2)计算机系统可靠性、稳定性运行按计算机系统 24h 连续计算确定,超过要求时,其费用另行计算。

(3)收费岛混凝土工程量按岛身、收费亭基础、收费岛敷设穿线钢管水泥混凝土垫层、防撞水泥混凝土基础、配电箱水泥混凝土基础和控制箱水泥混凝土基础体积之和计算。

(4)收费岛钢筋工程量按收费岛、收费亭基础的钢筋数量之和计算。

(5)设备基础混凝土工程量按设备水泥混凝土基础体积计算。

(6)镀锌防撞护栏的工程量按镀锌防撞护栏的质量计算。

(7)钢管防撞柱的工程量按钢管防撞立柱的质量计算。

(8)配电箱基础预埋 PVC 管的工程量按 PVC 管长度计算。

(9)敷设电线钢套管的工程量按敷设电线钢套管质量计算。

思考题与习题

1. 如何界定路基石方?

2. 填石路堤与填土路堤的区别?

3. 编制概算和编制预算时,对路面磨耗层、保护层的计量有何区别?

4. 如何计算预应力构件的工程量?

5. 隧道工程数量计算的内容有哪些?

6. 金属标志牌工程计量的内容包括哪些?

7. 某三级公路路基工程,挖方 1 080 000m^3(其中松土 460 000m^3、普通土 400 000m^3、硬土 220 000m^3),填方数量为 960 000m^3。在该路段内可移挖作填土方 760 000m^3(其中松土 260 000m^3、普通土 300 000m^3、硬土 200 000m^3)。试求计价方数量。

第四章　公路工程概、预算

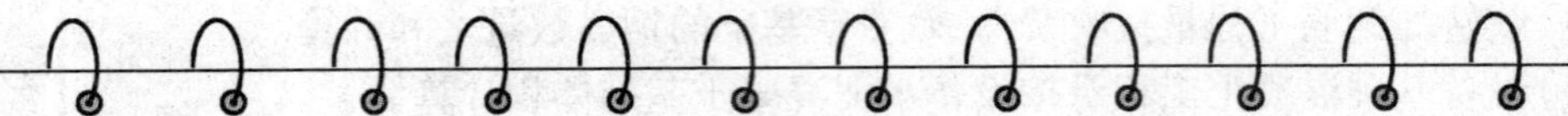

本章学习要点

本章主要介绍公路工程基本建设概、预算的文件组成，费用的计算以及公路工程概、预算的编制方法。

公路工程基本建设项目设计概算和施工图预算，是指在执行公路基本建设程序过程中，根据不同阶段设计文件的具体内容和国家规定的定额、指标及各项费用的取费标准，预先计算和确定每项新建、扩建、改建和重建工程所需要的全部投资额的文件，它是从经济上反映建设项目在不同建设阶段的特点，是按国家规定的特殊计划程序，预先计算和确定公路基本建设工程价格的计划文件，是公路基本建设程序的重要组成部分。

第一节　概、预算文件及费用的组成

一、概、预算文件的组成

概、预算文件是设计文件的组成部分，由封面及目录、编制说明及全部概、预算表格组成。

(一)封面及目录

概、预算文件的封面和扉页应按《公路工程基本建设项目设计文件编制办法》中的规定编制，扉页的次页应有建设项目名称，编制单位，编制、复核人员姓名并加盖执业(从业)资格印章，编制日期及第几册共几册等内容，目录应按概、预算表的表号顺序编排。

(二)概、预算编制说明

概、预算表格编制完成后，应写出编制说明，文字力求简明扼要。叙述的内容一般有：

1. 建设项目设计资料的依据及有关文号，如建设项目可行性研究报告批准文号、初步设计和概算批准文号(编制修正概算及预算时)，以及根据何时的测设资料及比选方案进行编制的等。

2. 采用的定额、费用标准，人工、材料、机械台班单价的依据或来源，补充定额及编制依据的详细说明。

3. 与概、预算有关的委托书、协议书、会谈纪要的主要内容(或将抄件附后)。

4. 总概、预算金额，人工、钢材、水泥、木材、沥青的总需要量情况，各设计方案的经济比较，以及编制中存在的问题。

5. 其他与概、预算有关但不能在表格中反映的事项。

（三）概、预算表格

概、预算文件的主要内容和组成部分是概、预算表格，公路工程概、预算应按统一的概、预算表格计算。概、预算表格是一个有机的整体，它们互相联系，共同反映出工程的费用。概、预算的材料和机械台班单价及各项费用的计算都应通过表格反映。各种表格的计算顺序及相互关系如图 4-1 所示。

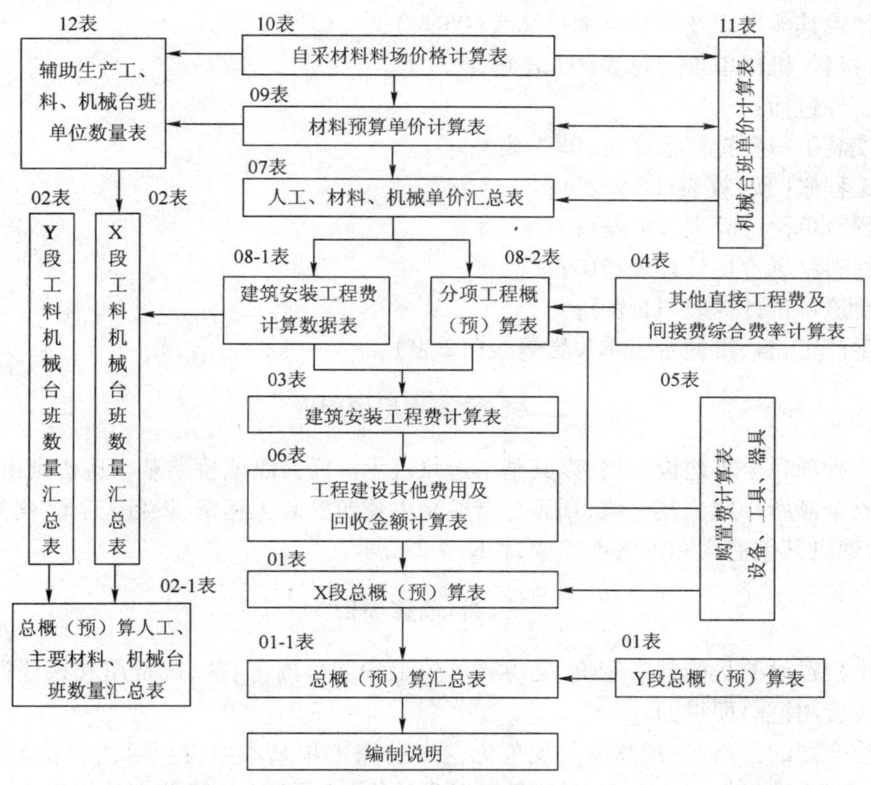

图 4-1　概、预算表格的计算顺序和相互关系

（四）甲组文件和乙组文件

概、预算文件是设计文件的组成部分，按不同的需要分为甲组文件和乙组文件。甲组文件为各项费用计算表，乙组文件为建筑安装工程费各项基础数据计算表（只供审批使用）。甲、乙组文件应按《公路工程基本建设项目设计文件编制办法》关于设计文件份数要求，随设计文件一并报送。报送乙组文件时，还应提供“建筑安装工程费各项基础数据计算表”的电子文档和编制补充定额的详细资料，并随同概、预算文件一并报送。乙组文件中的“建筑安装工程费计算数据表”（08-1 表）和“分项工程概（预）算表”（08-2 表）应根据审批部门或建设项目业主单位的要求全部提供或仅提供其中的一种。

概、预算应按一个建设项目[如一条路线或一座独立大（中）桥、隧道]进行编制。当一个建设项目需要分段或分部编制时，应根据需要分别编制，但必须汇总编制“总概（预）算汇总表”。甲、乙组文件包括的内容如下：

甲组文件包括：

编制说明；

总概（预）算汇总表（01-1 表）；

总概(预)算人工、主要材料、机械台班数量汇总表(02-1 表);

总概(预)算表(01 表);

人工、主要材料、机械台班数量汇总表(02 表);

建筑安装工程费计算表(03 表);

其他工程费及间接费综合费率计算表(04 表);

设备、工具、器具购置费计算表(05 表);

工程建设其他费用及回收金额计算表(06 表);

人工、材料、机械单价汇总表(07 表)。

乙组文件包括:

建筑安装工程费计算数据表(08-1 表);

分项工程概(预)算表(08-2 表);

材料预算单价计算表(09 表);

自采材料料场价格计算表(10 表);

机械台班单价计算表(11 表);

辅助生产工、料、机械台班单位数量表(12 表)。

二、概、预算费用的组成

公路工程项目全部建设费用,以其基本造价表示。而公路或桥梁基本造价则由概、预算总金额和回收金额所构成。其中概、预算总金额是由建筑安装工程费,设备、工具、器具及家具购置费,工程建设其他费用和预备费组成,如图 4-2 所示。

三、概、预算项目

公路工程建设项目的基本造价,是由具体的工程项目的工、料、机费用和该建设项目所应计列的各种费用汇总而得的。

为了使全国的公路概、预算编制规范化,在《公路工程基本建设项目概算预算编制办法》(以下简称《编制办法》)中对工程项目和费用项目的名称、层次作了统一的规定。从而可以防止出现混乱、漏列、重列、错列的现象。

1. 公路工程概、预算项目主要内容

第一部分　建筑安装工程

第一项　临时工程

第二项　路基工程

第三项　路面工程

第四项　桥梁涵洞工程

第五项　交叉工程

第六项　隧道工程

第七项　公路设施及预埋管线工程

第八项　绿化及环保工程

第九项　管理、养护及服务房屋

第二部分　设备及工具、器具购置费

第三部分　工程建设其他费用

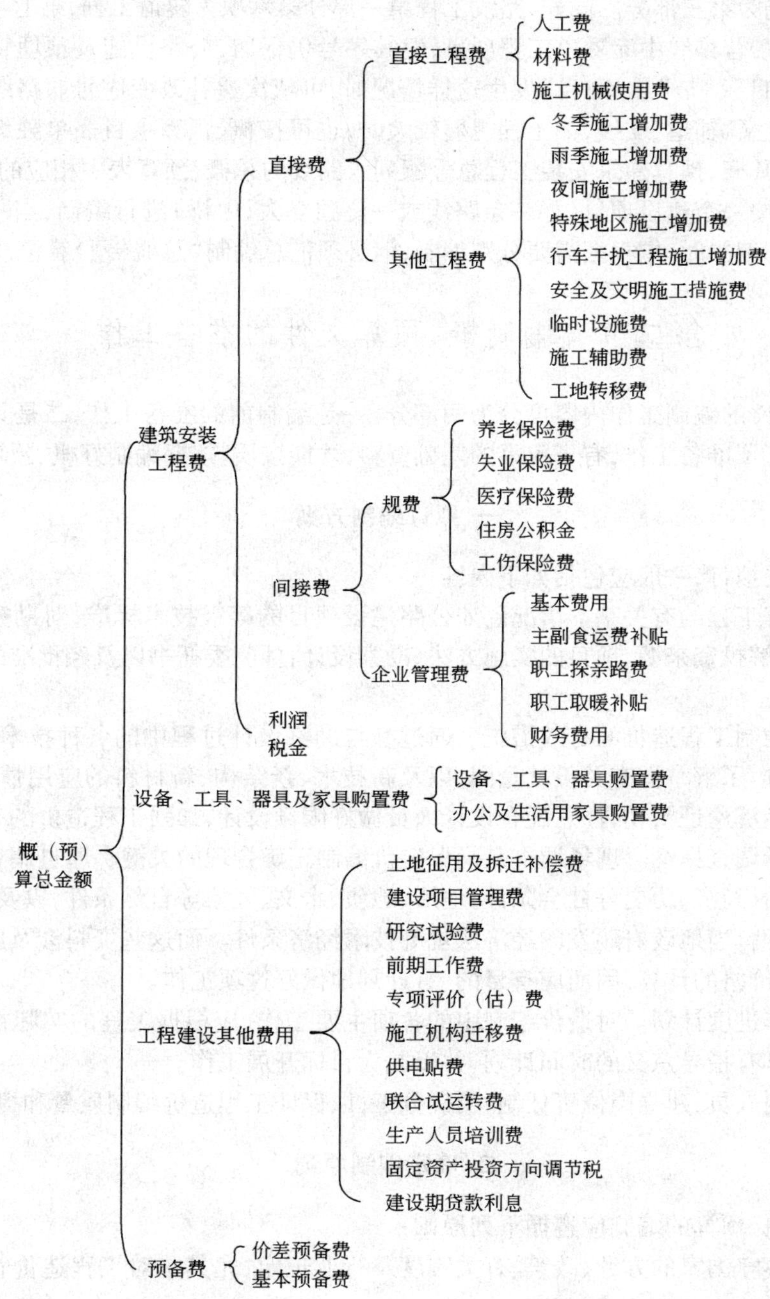

图4-2　概、预算费用组成图

概、预算项目表的详细内容见附录一。

2. 概、预算项目编制的注意事项

概、预算项目应按项目表的序列及内容编制，如果实际出现的工程和费用项目与项目表的内容不完全相符时，一、二、三部分和“项”的序号应保持不变，“目”、“节”、“细目”可随需要增减，并按项目表的顺序以实际出现的“目”、“节”、“细目”依次排列，不保留缺少的“目”、“节”、“细目”的序号。如第二部分设备、工具、器具及家具购置费在工程中不发生时，第三部分工程建设其他费用仍为第三部分。同样,路线工程第一部分第六项为隧道工程,第七项为公路设施及预埋管线工程,若路线中无隧道工程项目,但其序号仍保留,公路设施及预埋管线工程仍为第七项。但如“目”、“节”或“细目”发生这样情况时,可依次递补改变序号。路线建设项目中的互通式立体交叉、辅道、支线,如工程规模较大时,也可按概、预算项目表单独编制建筑安装工程费,然后将其概、预算建筑安装工程总金额列入路线的总概、预算表中相应的项目内。

概、预算应按一个建设项目(如一条路线或一座独立大、中桥)进行编制,当一个建设项目需要分段或分部编制时,应根据需要分别编制,但必须汇总编制“总概(预)算汇总表”。

第二节　编制概、预算文件的准备工作

概、预算文件的编制工作内容可分为两部分:一是编制前的准备工作,二是具体编制运作环节。只有做好了准备工作,有了可靠的基础资料,才能按质、按期编制好概、预算。

一、拟订编制方案

编制方案的拟订,一般应包括如下内容:

1. 熟悉了解工程的有关基本情况。如公路建设项目的等级技术标准,对勘察设计和建设期限的要求,了解投资来源、项目的实施方法、勘察设计合同、委托书以及经批准的前期设计文件等。

2. 制定出控制工程造价的有效措施。通过参与勘察设计过程中的各种技术、业务研讨会和工作任务安排,了解掌握有关设计意图,以及新技术、新结构、新材料的应用情况,并开展造价分析和技术经济论证活动,注意配合设计人员做好限额设计,加强工程造价的有效控制。

3. 拟订现场调查提纲。现场调查是确保造价编制正确合理的关键。通过调查可搜集到工程所在地的政治、经济、历史等社会条件,地形、地质、水文、气象等自然条件,以及材料供应、社会运力、市场行情、当地政府颁发的经济法规等技术经济条件。而这些资料涉及施工方案的确定及有关费用、价格的计算,因而应有目的、有计划地做好这项工作。

4. 拟订工作进度计划。对造价编制中的各项主要工作,应根据工程的实际情况和工作经验作出具体的具有指导意义的时间计划,并以此为目标开展工作。

5. 确定编制人员,建立岗位责任制,明确分工,以保证工程造价编制质量和提高业务水平。

二、确定编制原则

公路工程概、预算的编制应遵循下列原则:

1. 要严格遵守国家的方针、政策、有关制度及行业规定,尤其是对工程造价管理的各项规定和要求。

2. 要遵循价值规律的客观要求。结合建设项目的实际情况与市场行情,从实际出发,采用先进合理的施工方法,既要把投资打足,也不要宽打窄用,以免造成建设资金的积压或浪费等现象。

3. 要始终做到有根有据,讲求经济效益。要根据国家、行业、地区的有关规定,根据建设资金的筹资方式、项目的实施方法、施工单位的资质要求等,合理采用工程计价依据,同时应客观公正地完成造价编制工作,维护建设各方的合法经济权益。

4. 要认真做好造价分析。自始至终与设计人员配合,开展限额设计和优化设计,使设计更

加经济合理，从而有效地进行工程造价的控制。

编制原则的确定，应征得建设主管部门和建设单位的认可，违背国家有关规定和不合理的要求，应坚决予以回绝。

三、熟悉设计图纸资料，核对工程量

在编制公路工程概、预算之前，应熟悉设计图纸资料和文字说明，了解设计意图和工程全貌，核对工程量。

核对工程量时应注意以下事项：

1. 检查图纸资料是否齐全。公路建设工程技术日趋复杂，作为指导建设项目实施的各种设计图纸资料也越来越多，所以要按照《公路工程基本建设项目设计文件编制办法》规定的一个建设项目必有的图表资料进行清点，确定图纸是否齐全，如有短缺，要查明落实，以免漏项。

2. 检查图纸有无错误。核对各种图纸相互之间、图纸与其文字说明之间是否有矛盾和错误，图与表所反映的工程量是否一致，各部分尺寸、高程等是否有彼此不对口的，文字说明是否有含糊不清的，凡影响到计价的都要核对清楚，并提请设计人员予以纠正、澄清。

3. 应根据采用的计价定额摘取工程量。各种设计工程量的分部分项工程名称、计量单位、工程量的计算方法和范围，应符合所采用的计价定额的要求，若不相符时，要进行调整、修正。

4. 对工程造价影响较大的关键部位或量大价高的工程量，应重新进行复核计算，以保证计价基础资料的准确性。

5. 造价人员不应被动地反映工程造价，而应主动地影响、控制造价。在熟悉设计图纸资料和核对工程量的过程中，要结合工程造价历史资料、兴建工程的实际情况及工作经验，重点分析施工的可能性和经济的合理性，据以向设计人员提出建议，使设计更加经济合理。

6. 当个别工程量超出一般常规情况图表上所反映的数字出入较大或在工程质量上超出国家施工技术规范规定的要求时，应进行分析研究，并将情况反馈给设计人员，予以确认或处理。

7. 熟悉国家颁发的各种设计图集。标准图集中的一些规定，具体的设计图纸不一定全部表示出来，往往既是计价的依据，又可作为比较的参考，便于发现问题。

四、现场调查与资料搜集

在编制公路工程概、预算之前，必须进行现场调查，搜集有关资料。实践证明，现场调查时，往往能发现降低工程费用的更佳施工方法和更切合实际的技术组织措施，这是编好工程造价的又一个重要工作环节和必要手段。

应注意的是，熟悉设计图纸资料与现场调查不是截然分开的，实际上是互相交错进行的。在一般情况下，造价人员应在熟悉设计内容的基础上，检验现场实施的可能性和经济的合理性，对相关的各种基础资料密切结合设计内容开展调查工作。通常应进行如下现场调查和相关资料的搜集。

(一)社会条件

指建设工程所在地的政治、历史、风俗以及社会、经济的发展情况，对此应进行必要的调查了解，它对建设工程的顺利实施有着极其重要的影响。

(二)自然条件

包括沿线地形、地质、水文、气候等，是直接影响建设工程实施可能性的重要因素，必须进行充分细致调查研究。凡遗漏或不全的，均应加以补充和完善，使所搜集的资料真实可靠。

1. 地形情况，包括地貌、河流、交通及附近建筑物、构筑物等情况。从实际出发，通过深入调查研究，确定合理可靠的设计方案和工程造价，避免建设资金的浪费和对人们的生产、生活产生不利的影响。

2. 土壤地质情况。如土壤的性质和类别，不良地质地区的特征，泥石流、滑坡以及地震级别等。

3. 水文资料。包括河流的流量、流速、漂浮物情况，水质、最高洪水位、枯水期水位以及地下水等，这些都是确定工程造价和安排施工计划的客观依据。

4. 气象资料。向沿线气象部门调查搜集所需的资料，如气温、季节风、雨量、积雪、冰冻深度以及雨季和冬季的期限。若与《编制办法》中有关冬雨季的规定要求有较大出入时，可作为调整计算冬雨季费用的依据。

(三)技术经济条件

诸如技术物资、生活资料、劳务、社会运力、市场行情以及当地政府颁布的经济法规等多方面的经济信息，是工程计价极其重要的信息资料。应做到资料准确，某些资料还应取得书面协议。

1. 运输情况的调查。了解工程所在地可能提供的运输方式、运力、转运情况，过路费、过桥费、各种装卸费等运杂费标准，养路费和车船使用税征收标准。工程施工时，沿线可资利用的场地、运输道路和桥梁及在使用前和使用过程中必要的改建加固和维修所需要支付的补偿费等。

2. 建筑材料。工程所在地的各种建筑材料的供应能力、流通渠道、供应地点，规格、质量是否符合工程设计要求，砂石材料若能自行开采则应探明储存量和开采条件，当地工业废料利用的可能性以及数量、质量、价格等。这些都应调查了解清楚，一般应绘制运距示意图，并作必要的文字说明。

为了建立和完善工程价格信息资料的管理机制，规范工程计价行为，加强宏观调控，近年来各省、自治区、直辖市的公路(交通)工程定额(造价管理)站，都定期发布建筑材料价格信息。在进行建筑材料价格的调查时，应以此为依据，结合所搜集的建设工程所在地的价格信息资料，征询建设单位的意见，进行必要的分析研究，合理取定。

3. 劳务。一是要调查建设工程所在地可资利用的社会劳动力资源的情况；二是要搜集工人工资的资料。人工费的单价也同上述材料价格一样，是由各地的公路(交通)工程定额(造价管理)站统一发布的，但是有些特殊的规定，如地区生活补贴、特殊津贴等，是否已包括在统一的单价内，要注意调查了解有关这些方面的情况和规定，以免遗漏。

4. 用水、用电及通信调查。调查了解当地供水、供电能力和管线设施情况、收费标准以及提供通信的可能程度。若不能满足施工要求，应采取相应措施。

5. 生活资料。如主副食、日用生活品的可供情况，以及医疗卫生、文化教育、消防治安等社会服务机构的支援能力，并调查主副食的供应地点、供应量及运距。

6. 市场行情。要通过对市场情况的调查，了解其发展趋势，进行综合预测，确定工程造价增涨率。

7. 筹资方式。应向工程建设主管部门或建设单位了解兴建工程筹集建设资金的方式，若是贷款项目，则应明确所需贷款总额、资金来源、年利率、建设年限、当年是否计息，以及年度贷款的分配比例等。

8. 实施方法。要向工程建设主管部门或建设单位了解建设项目初步选定施工单位的意向，对施工单位应具备的资质等级的要求，以及施工方案、标段的划分和机械化程度等。这些不仅是确定工地转移费用的依据，也是取定其他各项有关计价依据的重要条件。

9. 征地、拆迁。要向沿线当地人民政府的土地管理部门调查了解工程建设征用和租用的土地，被征用土地上青苗的铲除，经济林木的砍伐，房屋、水井等建筑物的拆除等，应予支付补偿的标准以及土地征收管理费、耕地占用税的有关规定。同时，要搜集近三年各种农作物的平均年产量、人均占有耕地亩数、农作物的市场价格等资料。

至于电力、电信设施的迁移，以及与水利工程、铁路及铁路设施互相干扰时，应与有关部门联系，商定合理的解决方案和赔偿标准。

10. 其他。除上述各项现场调查内容外，还有临时工程、研究试验等，研究试验应向工程建设主管部门或建设单位了解并商定其内容、数量及费用，临时工程应调查其设置地点、规格标准、单位和数量等，临时占用土地如需恢复耕种的，要了解分析复耕所需的费用。

在现场调查和搜集资料过程中，凡涉及下列事项时，应取得书面协议文件，作为设计造价文件的必要附件。

(1)与地方政府就砂石料场的开采使用、运输以及取土场、弃土堆的意向协议。

(2)与物主协商的拆迁建筑物、构筑物的处理方案。

(3)与原有的电力、电信设施，水利工程，铁路及铁路设施互相干扰的处理方案。

(4)施工中利用电网供电的协议。

(5)当地环境保护对公路建设工程的特殊要求。

五、了解施工方案

施工方案是指按照科学和经济合理的原则，正确地确定工程项目的施工程序和施工方法，并选择适用的施工机械，结合建设条件，对标段划分、施工期限作出合乎实际的安排。

选择施工方案要切实可行，施工期限应满足业主要求，要确保工程质量和施工安全，既经济又合理。

施工方案包括的内容很多，概括起来主要有以下四项：施工方法的确定、施工机具的选择、施工顺序的安排和流水施工组织。它们直接影响工程进度、工程质量、施工安全和建设工程的成本。因此结合现场客观情况，实事求是地编制施工方案，不仅可以保证工期、质量，而且还能使工程造价更加经济、合理。

第三节 概、预算费用的计算

一、建筑安装工程费

建筑安装工程费包括直接费、间接费、利润和税金。其中直接费的计算是关键和核心，间接费、利润和税金则分别以规定的基数按各自的费率计算。

(一)直接费

直接费由直接工程费和其他工程费组成。

1. 直接工程费

直接工程费是指施工过程中耗费的构成工程实体和有助于工程形成的各项费用，包括人工费、材料费、施工机械使用费。

1)人工费计算

人工费系指列入概、预算定额的直接从事建筑安装工程施工的生产工人开支的各项费用，内容包括：

(1)基本工资。系指发放给生产工人的基本工资、流动施工津贴和生产工人劳动保护费，以及为职工缴纳的养老、失业、医疗保险费和住房公积金等。生产工人劳动保护费系指按国家有关部门规定标准发放的劳动保护用品的购置费及修理费、徒工服装补贴、防暑降温费、在有碍身体健康环境中施工的保健费用等。

(2)工资性补贴。系指按规定标准发放的物价补贴，煤、燃气补贴，交通费补贴，地区津贴等。

(3)生产工人辅助工资。系指生产工人年有效施工天数以外非作业天数的工资，包括开会和执行必要的社会义务时间的工资，职工学习、培训期间的工资，调动工作、探亲、休假期间的工资，因气候影响停工期间的工资，女工哺乳期间的工资，病假在六个月以内的工资及产、婚、丧假期的工资。

(4)职工福利费。系指按国家规定标准计提的职工福利费。

人工费以概、预算定额人工工日数乘以每工日人工费计算。

公路工程生产工人每工日人工费按式(4-1)计算：

$$人工费(元/工日)=[基本工资(元/月)+地区生活补贴(元/月)+工资性津贴(元/月)]\times(1+14\%)\times12月\div240(工日) \quad (4\text{-}1)$$

式中：生产工人基本工资——按不低于工程所在地政府主管部门发布的最低工资标准的1.2倍计算；

地区生活补贴——指国家规定的边远地区生活补贴、特区补贴；

工资性津贴——指物价补贴，煤、燃气补贴，交通费补贴等。

以上各项标准由各省、自治区、直辖市公路(交通)工程造价(定额)管理站根据当地人民政府的有关规定核定后公布执行，并应根据最低工资标准的变化情况及时调整公路工程生产工人工资标准。

人工费单价仅作为编制概、预算的依据，不作为施工企业实发工资的依据。

2)材料费计算

材料费系指施工过程中耗用的构成工程实体的原材料、辅助材料、构(配)件、零件、半成品、成品的用量和周转材料的摊销量，按工程所在地的材料预算价格计算的费用。

材料预算价格由材料原价、运杂费、场外运输损耗、采购及仓库保管费组成，按式(4-2)计算：

$$材料预算价格=(材料原价+运杂费)\times(1+场外运输损耗率)\times(1+采购及保管费率)-包装品回收价值 \quad (4\text{-}2)$$

式(4-2)中各项内容的规定与计算如下：

(1)材料原价

各种材料原价按以下规定计算。

①外购材料：国家或地方的工业产品，按工业产品出厂价格或供销部门的供应价格计算，并根据情况加计供销部门手续费和包装费。如供应情况、交货条件不明确时，可采用当地规定的价格计算。

②地方性材料：地方性材料包括外购的砂、石材料等，按实际调查价格或当地主管部门规定的预算价格计算。

③自采材料：自采的砂、石、黏土等材料，按定额中开采单价加辅助生产间接费和矿产资源税（如有）计算。

材料原价应按实计取。各省、自治区、直辖市公路（交通）工程造价（定额）管理站应通过调查，编制本地区的材料价格信息，供编制概、预算使用。

(2)运杂费

运杂费系指材料自供应地点至工地仓库（施工地点存放材料的地方）的运杂费用，包括装卸费、运费，如果发生，还应计囤存费及其他杂费（如过磅、标签、支撑加固、路桥通行等费用）。

通过铁路、水路和公路运输部门运输的材料，按铁路、航运和当地交通部门规定的运价计算运费。

施工单位自办的运输，单程运距15km以上的长途汽车运输按当地交通部门规定的统一运价计算运费；单程运距5～15km的汽车运输按当地交通部门规定的统一运价计算运费，当工程所在地交通不便、社会运输力量缺乏时，如边远地区和某些山岭区，允许按当地交通部门规定的统一运价加50%计算运费；单程运距5km及以内的汽车运输以及人力场外运输，按预算定额计算运费，其中人力装卸和运输另按人工费加计辅助生产间接费。

一种材料如有两个以上的供应点时，都应根据不同的运距、运量、运价采用加权平均的方法计算运费。

由于预算定额中汽车运输台班已考虑工地便道特点，以及定额中已计入了“工地小搬运”项目，因此平均运距中汽车运输便道里程不得乘调整系数，也不得在工地仓库或堆料场之外再加场内运距或二次倒运的运距。

有容器或包装的材料及长大轻浮材料，应按表4-1规定的毛重计算。桶装沥青、汽油、柴油按每吨摊销一个旧汽油桶计算包装费（不计回收）。

材料毛重系数及单位毛重表 表4-1

材料名称	单位	毛重系数	单位毛重
爆破材料	t	1.35	—
水泥、块状沥青	t	1.01	—
铁钉、铁件、焊条	t	1.10	—
液态沥青、液体燃料、水	t	桶装1.17，油罐车装1.00	—
木料	m^3	—	1.000t
草袋	个	—	0.004t

(3)场外运输损耗

场外运输损耗系指有些材料在正常的运输过程中发生的损耗，这部分损耗应摊入材料单价内。材料场外运输操作损耗率见表4-2 。

材料场外运输操作损耗率表（%） 表4-2

材料名称	场外运输（包括一次装卸）	每增加一次装卸
块状沥青	0.5	0.2
石屑、碎砾石、砂砾、煤渣、工业废渣、煤	1.0	0.4
砖、瓦、桶装沥青、石灰、黏土	3.0	1.0

续上表

<table>
<tr><th colspan="2">材料名称</th><th>场外运输(包括一次装卸)</th><th>每增加一次装卸</th></tr>
<tr><td colspan="2">草皮</td><td>7.0</td><td>3.0</td></tr>
<tr><td colspan="2">水泥(袋装、散装)</td><td>1.0</td><td>0.4</td></tr>
<tr><td rowspan="2">砂</td><td>一般地区</td><td>2.5</td><td>1.0</td></tr>
<tr><td>多风地区</td><td>5.0</td><td>2.0</td></tr>
</table>

注:汽车运袋装水泥,如运距超过500km时,增加0.5%损耗率。

(4)采购及保管费

材料采购及保管费系指材料供应部门(包括工地仓库以及各级材料管理部门)在组织采购、供应和保管材料过程中,所需的各项费用及工地仓库的材料储存损耗。

材料采购及保管费,以材料的原价加运杂费及场外运输损耗的合计数为基数,乘以采购保管费率计算。材料的采购及保管费率为2.5%。

外购的构件、成品及半成品的预算价格,其计算方法与材料相同,但构件(如外购的钢梁、钢筋混凝土构件及加工钢材等半成品)的采购保管费率为1%。

商品混凝土预算价格的计算方法与材料相同,但其采购保管费率为0。

【例4-1】 汽车运原木,已知原木原价1 450元/t,运距40km,运价为0.5元/(t·km),装卸费为1.5元/t,捆绑等杂费0.5元/t,试计算原木的预算单价(不计包装品回收价值)。

解:由表4-1可知木材的单位毛重为1t/m³,由此可知每立方米原木运杂费为:

$$(0.5\times40+1.5+0.5)\times1=22\text{元/m}^3$$

$$\text{原木的预算单价}=(1\,450+22)\times(1+0)\times(1+2.5\%)=1\,508.8\text{元/m}^3$$

【例4-2】 人力手推车运砂,人工装卸,平均运距50m,已知人工单价为49.2元/工日,计算运杂费。

解:由《预算定额》第九章"手推车运输"知每100m³消耗人工为:

$$9.1+0.7\times5=12.6\text{工日}$$

$$\text{运杂费}=49.2\times12.6\times(1+5\%)\div100=6.51\text{元/m}^3$$

式中5%为辅助生产间接费费率。

3)施工机械使用费计算

施工机械使用费系指列入概、预算定额的施工机械台班数量,按相应的机械台班费用定额计算的施工机械使用费和小型机具使用费。

施工机械使用费=(分项工程数量×相应项目定额单位机械台班消耗量×机械台班单价)+小型机具使用费

(1)分项工程数量:由设计图纸按工程量计算规则计得的定额单位工程数量。

(2)定额单位机械台班消耗量:按定额直接查得完成一定数量单位的分项工程定额所规定消耗的机械种类和台班数量。

(3)施工机械台班单价:应按交通部颁布的《公路工程机械台班费用定额》(JTG/T B06-03—2007)计算,台班单价由不变费用和可变费用组成。不变费用包括折旧费、大修理费、经常修理费、安装拆卸及辅助设施费等。可变费用包括机上人员人工费、动力燃料费、养路费及车船使用税。不变费用,除青海、新疆、西藏按其省、自治区交通厅批准的调整系数进行调整外,其他地区均应直接采用。可变费用中人工工日预算价格与生产工人的人工费单价相同,动力燃料的预算价格,则按材料预算价格计算方法计算。运输机械的养路费、车船使用税按当地政府规定的征收范围和标准计算。各机械台班单价通过“机械台班单价计算表(11 表)”计算。

当工程用电为自发电时,电动机械每度电的单价可按近似公式(4-3)计算:

$$A = 0.34 \times K/N \tag{4-3}$$

式中:A——每 kW·h(度)电预算价格,元;

K——发电机组的台班预算价格,元;

N——发电机组的总功率,kW。

(4)小型机具使用费:从定额中查出相应项目定额单位所规定的消耗费用与分项工程数量相乘即可。

2. 其他工程费

其他工程费系指直接工程费以外施工过程中发生的直接用于工程的费用。内容包括冬季施工增加费、雨季施工增加费、夜间施工增加费、特殊地区施工增加费、行车干扰工程施工增加费、安全及文明施工措施费、临时设施费、施工辅助费、工地转移费等九项。公路工程中的水、电费及因场地狭小等特殊情况而发生的材料二次搬运等其他工程费已包括在概、预算定额中,不再另计。

1)其他工程费及间接费取费标准的工程类别划分如下:

(1)人工土方。系指人工施工的路基、改河等土方工程,以及人工施工的砍树、挖根、除草、平整场地、挖盖山土等工程项目,并适用于无路面的便道工程。

(2)机械土方。系指机械施工的路基、改河等土方工程,以及机械施工的砍树、挖根、除草等工程项目。

(3)汽车运输。系指汽车、拖拉机、机动翻斗车等运送的路基、改河土(石)方、路面基层和面层混合料、水泥混凝土及预制构件、绿化苗木等。

(4)人工石方。系指人工施工的路基、改河等石方工程,以及人工施工的挖盖山石项目。

(5)机械石方。系指机械施工的路基、改河等石方工程(机械打眼即属机械施工)。

(6)高级路面。系指沥青混凝土路面、厂拌沥青碎石路面和水泥混凝土路面的面层。

(7)其他路面。系指除高级路面以外的其他路面面层,各等级路面的基层、底基层、垫层、透层、黏层、封层,采用结合料稳定的路基和软土等特殊路基处理等工程,以及有路面的便道工程。

(8)构造物 I。系指无夜间施工的桥梁、涵洞、防护(包括绿化)及其他工程,交通工程及沿线设施工程[设备安装及金属标志牌、防撞钢护栏、防眩板(网)、隔离栅、防护网除外],以及临时工程中的便桥、电力电信线路、轨道铺设等工程项目。

(9)构造物 II。系指有夜间施工的桥梁工程。

(10)构造物 III。系指商品混凝土(包括沥青混凝土和水泥混凝土)的浇筑和外购构件及设备的安装工程。商品混凝土和外购构件及设备的费用不作为其他工程费和间接费的计算基数。

(11)技术复杂大桥。系指单孔跨径在 120m 以上(含 120m)和基础水深在 10m 以上(含 10m)的大桥主桥部分的基础、下部和上部工程。

(12)隧道。系指隧道工程的洞门及洞内土建工程。

(13)钢材及钢结构。系指钢桥及钢索吊桥的上部构造,钢沉井、钢围堰、钢套箱及钢护筒等基础工程,钢索塔,钢锚箱,钢筋及预应力钢材,模数式及橡胶板式伸缩缝,钢盆式橡胶支座,四氟板式橡胶支座,金属标志牌、防撞钢护栏、防眩板(网)、隔离栅、防护网等工程项目。

购买路基填料的费用不作为其他工程费和间接费的计算基数。

2)其他工程费计算

(1)冬季施工增加费

冬季施工增加费系指按照公路工程施工及验收规范所规定的冬季施工要求，为保证工程质量和安全生产所需采取的防寒保温设施、工效降低和机械作业率降低以及技术操作过程的改变等所增加的有关费用。

冬季施工增加费的内容包括：

①因冬季施工所需增加的一切人工、机械与材料的支出。

②施工机具所需修建的暖棚(包括拆、移)，增加油脂及其他保温设备费用。

③因施工组织设计确定，需增加的一切保温、加温及照明等有关支出。

④与冬季施工有关的其他各项费用，如清除工作地点的冰雪等费用。

冬季气温区的划分是根据气象部门提供的满15年以上的气温资料确定的。每年秋冬第一次连续5d出现室外日平均温度在5℃以下、日最低温度在-3℃以下的第一天算起，至第二年春夏最后一次连续5d出现同样温度的最末一天为冬季期。

冬季期内平均气温在-1℃以上者为冬一区，-1℃~-4℃者为冬二区，-4℃~-7℃者为冬三区，-7℃~-10℃者为冬四区，-10℃~-14℃者为冬五区，-14℃以下者为冬六区。

冬一区内平均气温低于0℃的连续天数在70d以内的为I副区，70d以上的为II副区；冬二区内平均气温低于0℃的连续天数在100d以内的为I副区，100d以上的为II副区。

气温高于冬一区，但砖石、混凝土工程施工须采取一定措施的地区为准冬季区。准冬季区分两个副区，简称准一区和准二区。凡一年内日最低气温在0℃以下的天数多于20d，日平均气温在0℃以下的天数少于15d的为准一区，多于15d的为准二区。

全国冬季施工气温区划分见《公路工程基本建设项目概算预算编制办法》(JTG B06—2007)附录七。若当地气温资料与附录七中划定的冬季气温区划分有较大出入时，可按当地气温资料及上述划分标准确定工程所在地的冬季气温区。

冬季施工增加费的计算方法，是根据各类工程的特点，规定各气温区的取费标准。为了简化计算手续，采用全年平均摊销的方法，即不论是否在冬季施工，均按规定的取费标准计取冬季施工增加费。一条路线穿过两个以上的气温区时，可分段计算或按各区的工程量比例求得全线的平均增加率，计算冬季施工增加费。

冬季施工增加费以各类工程的直接工程费之和为基数，按工程所在地的气温区选用表4-3的费率计算。

冬季施工增加费费率表(%) 表4-3

气温区 \ 工程类别	冬季期平均气温(℃)								准一区	准二区
	-1以上		-1~-4		-4~-7	-7~-10	-10~-14	-14以下		
	冬一区		冬二区		冬三区	冬四区	冬五区	冬六区		
	I	II	I	II						
人工土方	0.28	0.44	0.59	0.76	1.44	2.05	3.07	4.61	—	—
机械土方	0.43	0.67	0.93	1.17	2.21	3.14	4.71	7.07	—	—
汽车运输	0.08	0.12	0.17	0.21	0.40	0.56	0.84	1.27	—	—
人工石方	0.06	0.10	0.13	0.15	0.30	0.44	0.65	0.98	—	—

续上表

气温区＼工程类别	冬季期平均气温(℃)								准一区	准二区
	-1 以上		-1 ~ -4		-4 ~ -7	-7 ~ -10	-10 ~ -14	-14 以下		
	冬一区		冬二区		冬三区	冬四区	冬五区	冬六区		
	Ⅰ	Ⅱ	Ⅰ	Ⅱ						
机械石方	0.08	0.13	0.18	0.21	0.42	0.61	0.91	1.37	—	—
高级路面	0.37	0.52	0.72	0.81	1.48	2.00	3.00	4.50	0.06	0.16
其他路面	0.11	0.20	0.29	0.37	0.62	0.80	1.20	1.80	—	—
构造物Ⅰ	0.34	0.49	0.66	0.75	1.36	1.84	2.76	4.14	0.06	0.15
构造物Ⅱ	0.42	0.60	0.81	0.92	1.67	2.27	3.40	5.10	0.08	0.19
构造物Ⅲ	0.83	1.18	1.60	1.81	3.29	4.46	6.69	10.03	0.15	0.37
技术复杂大桥	0.48	0.68	0.93	1.05	1.91	2.58	3.87	5.81	0.08	0.21
隧道	0.10	0.19	0.27	0.35	0.58	0.75	1.12	1.69	—	—
钢材及钢结构	0.02	0.05	0.07	0.09	0.15	0.19	0.29	0.43	—	—

(2)雨季施工增加费

雨季施工增加费系指雨季期间施工为保证工程质量和安全生产所需采取的防雨、排水、防潮和防护措施,工效降低和机械作业率降低以及技术作业过程的改变等,所需增加的有关费用。

雨季施工增加费的内容包括:

①因雨季施工所需增加的工、料、机费用的支出,包括工作效率的降低及易被雨水冲毁的工程所增加的工作内容等(如基坑坍塌和排水沟等堵塞的清理、路基边坡冲沟的填补等)。

②路基土方工程的开挖和运输,因雨季施工(非土壤中水影响)而引起的黏附工具,降低工效所增加的费用。

③因防止雨水必须采取的防护措施的费用,如挖临时排水沟,防止基坑坍塌所需的支撑、挡板等费用。

④材料因受潮、受湿的耗损费用。

⑤增加防雨、防潮设备的费用。

⑥其他有关雨季施工所需增加的费用,如因河水高涨致使工作困难而增加的费用等。

雨量区和雨季期的划分,是根据气象部门提供的满 15 年以上的降雨资料确定的。凡月平均降雨天数在 10d 以上,月平均日降雨量在 3.5 ~5mm 之间者为Ⅰ区,月平均日降雨量在 5mm 以上者为Ⅱ区。全国雨季施工雨量区及雨季期的划分见《公路工程基本建设项目概算预算编制办法》(JTG B06—2007)附录八。若当地气象资料与附录八所划定的雨量区及雨季期出入较大时,可按当地气象资料及上述划分标准确定工程所在地的雨量区及雨季期。

雨季施工增加费的计算方法,是将全国划分为若干雨量区和雨季期,并根据各类工程的特点规定各雨量区和雨季期的取费标准,采用全年平均摊销的方法,即不论是否在雨季施工,均按规定的取费标准计取雨季施工增加费。一条路线通过不同的雨量区和雨季期时,应分别计算雨季施工增加费或按工程量比例求得平均的增加率,计算全线雨季施工增加费。

雨季施工增加费以各类工程的直接工程费之和为基数,按工程所在地的雨量区、雨季期选用表 4-4 的费率计算。

雨季施工增加费费率表(%)　表4-4

雨季期(月数)	1	1.5	2		2.5		3		3.5		4		4.5		5		6		7	8
工程类别 \ 雨量区	I	I	I	II	I	II	I	II	I	II	I	II	I	II	I	II	I	II	II	II
人工土方	0.04	0.05	0.07	0.11	0.09	0.13	0.11	0.15	0.13	0.17	0.15	0.20	0.17	0.23	0.19	0.26	0.21	0.31	0.36	0.42
机械土方	0.04	0.05	0.07	0.11	0.09	0.13	0.11	0.15	0.13	0.17	0.15	0.20	0.17	0.23	0.19	0.27	0.22	0.32	0.37	0.43
汽车运输	0.04	0.05	0.07	0.11	0.09	0.13	0.11	0.16	0.13	0.19	0.15	0.22	0.17	0.25	0.19	0.27	0.22	0.32	0.37	0.43
人工石方	0.02	0.03	0.05	0.07	0.06	0.09	0.07	0.11	0.08	0.13	0.09	0.15	0.10	0.17	0.12	0.19	0.15	0.23	0.27	0.32
机械石方	0.03	0.04	0.06	0.10	0.08	0.12	0.10	0.14	0.12	0.16	0.14	0.19	0.16	0.22	0.18	0.25	0.20	0.29	0.34	0.39
高级路面	0.03	0.04	0.06	0.10	0.08	0.13	0.10	0.15	0.12	0.17	0.14	0.19	0.16	0.22	0.18	0.25	0.20	0.29	0.34	0.39
其他路面	0.03	0.04	0.06	0.09	0.08	0.12	0.09	0.14	0.10	0.16	0.12	0.18	0.14	0.21	0.16	0.24	0.19	0.28	0.32	0.37
构造物 I	0.03	0.04	0.05	0.08	0.06	0.09	0.07	0.11	0.08	0.13	0.10	0.15	0.12	0.17	0.14	0.19	0.16	0.23	0.27	0.31
构造物 II	0.03	0.04	0.05	0.08	0.07	0.10	0.08	0.12	0.09	0.14	0.11	0.16	0.13	0.18	0.15	0.21	0.17	0.25	0.30	0.34
构造物 III	0.06	0.08	0.11	0.17	0.14	0.21	0.17	0.25	0.20	0.30	0.23	0.35	0.27	0.40	0.31	0.45	0.35	0.52	0.60	0.69
技术复杂大桥	0.03	0.05	0.07	0.10	0.08	0.12	0.10	0.14	0.12	0.16	0.14	0.19	0.16	0.22	0.18	0.25	0.20	0.29	0.34	0.39
隧道	—	—	—	—	—	—	—	—	—	—	—	—	—	—	—	—	—	—	—	—
钢材及钢结构	—	—	—	—	—	—	—	—	—	—	—	—	—	—	—	—	—	—	—	—

室内管道及设备安装工程不计雨季施工增加费。

(3)夜间施工增加费

夜间施工增加费系指根据设计、施工的技术要求和合理的施工进度要求,必须在夜间连续施工而发生的工效降低、夜班津贴以及有关照明设施(包括所需照明设施的安拆、摊销、维修及油燃料、电)等增加的费用。

夜间施工增加费按夜间施工工程项目(如桥梁工程项目包括上、下部构造全部工程)的直接工程费之和为基数,按表4-5的费率计算。

夜间施工增加费费率表(%)　表4-5

工程类别	费率	工程类别	费率
构造物 II	0.35	技术复杂大桥	0.35
构造物 III	0.70	钢材及钢结构	0.35

注:设备安装工程及金属标志牌、防撞钢护栏、防眩板(网)、隔离栅等不计夜间施工增加费。

(4)特殊地区施工增加费

特殊地区施工增加费包括高原地区施工增加费、风沙地区施工增加费和沿海地区施工增加费三项。

①高原地区施工增加费

高原地区施工增加费系指在海拔高度1 500m以上地区施工,由于受气候、气压的影响,致使人工、机械效率降低而增加的费用。该费用以各类工程人工费和机械使用费之和为基数,按表4-6的费率计算。

一条路线通过两个以上(含两个)不同的海拔高度分区时,应分别计算高原地区施工增加费或按工程量比例求得平均的增加率，计算全线高原地区施工增加费。

高原地区施工增加费费率表(%)　　表 4-6

工程类别	海拔高度(m)							
	1 501 ~ 2 000	2 001 ~ 2 500	2 501 ~ 3 000	3 001 ~ 3 500	3 501 ~ 4 000	4 001 ~ 4 500	4 501 ~ 5 000	5 000 以上
人工土方	7.00	13.25	19.75	29.75	43.25	60.00	80.00	110.00
机械土方	6.56	12.60	18.66	25.60	36.05	49.08	64.72	83.80
汽车运输	6.50	12.50	18.50	25.00	35.00	47.50	62.50	80.00
人工石方	7.00	13.25	19.75	29.75	43.25	60.00	80.00	110.00
机械石方	6.71	12.82	19.03	27.01	38.50	52.80	69.92	92.72
高级路面	6.58	12.61	18.69	25.72	36.26	49.41	65.17	84.58
其他路面	6.73	12.84	19.07	27.15	38.74	53.17	70.44	93.60
构造物 I	6.87	13.06	19.44	28.56	41.18	56.86	75.61	102.47
构造物 II	6.77	12.90	19.17	27.54	39.41	54.18	71.85	96.03
构造物 III	6.73	12.85	19.08	27.19	38.81	53.27	70.57	93.84
技术复杂大桥	6.70	12.81	19.01	26.94	38.37	52.61	69.65	92.27
隧道	6.76	12.90	19.16	27.50	39.35	54.09	71.72	95.81
钢材及钢结构	6.78	12.92	19.20	27.66	39.62	54.50	72.30	96.80

②风沙地区施工增加费

风沙地区施工增加费系指在沙漠地区施工时，由于受风沙影响，按照施工及验收规范的要求，为保证工程质量和安全生产而增加的有关费用。内容包括防风、防沙及气候影响的措施费，材料费，人工、机械效率降低增加的费用，以及积沙、风蚀的清理修复等费用。

风沙地区的划分，根据《公路自然区划标准》(JTJ 003—86)、“沙漠地区公路建设成套技术研究报告”的公路自然区划和沙漠公路区划，结合风沙地区的气候状况将风沙地区分为三区九类：半干旱、半湿润沙地为风沙一区，干旱、极干旱寒冷沙漠地区为风沙二区，极干旱炎热沙漠地区为风沙三区；根据覆盖度(沙漠中植被、戈壁等覆盖程度)又将每区分为固定沙漠(覆盖度 >50%)、半固定沙漠(覆盖度 10% ~50%)、流动沙漠(覆盖度 <10%)三类，覆盖度由工程勘察设计人员在公路工程勘察设计时确定。

全国风沙地区公路施工区划见《公路工程基本建设项目概算预算编制办法》(JTG B06—2007)附录九。若当地气象资料及自然特征与附录九中的风沙地区划分有较大出入时，由工程所在省、自治区、直辖市公路(交通)工程造价(定额)管理站按当地气象资料和自然特征及上述划分标准确定工程所在地的风沙区划，并抄送交通部公路司备案。

一条路线穿过两个以上(含两个)不同风沙区时，按路线长度经过不同的风沙区加权计算项目全线风沙地区施工增加费。

风沙地区施工增加费以各类工程的人工费和机械使用费之和为基数，根据工程所在地的风沙区划及类别，按表 4-7 的费率计算。

风沙地区施工增加费费率表(%)　　表4-7

工程类别 \ 风沙区划	风沙一区			风沙二区			风沙三区		
	沙漠类型								
	固定	半固定	流动	固定	半固定	流动	固定	半固定	流动
人工土方	6.00	11.00	18.00	7.00	17.00	26.00	11.00	24.00	37.00
机械土方	4.00	7.00	12.00	5.00	11.00	17.00	7.00	15.00	24.00
汽车运输	4.00	8.00	13.00	5.00	12.00	18.00	8.00	17.00	26.00
人工石方	—	—	—	—	—	—	—	—	—
机械石方	—	—	—	—	—	—	—	—	—
高级路面	0.50	1.00	2.00	1.00	2.00	3.00	2.00	3.00	5.00
其他路面	2.00	4.00	7.00	3.00	7.00	10.00	4.00	10.00	15.00
构造物I	4.00	7.00	12.00	5.00	11.00	17.00	7.00	16.00	24.00
构造物II	—	—	—	—	—	—	—	—	—
构造物III	—	—	—	—	—	—	—	—	—
技术复杂大桥	—	—	—	—	—	—	—	—	—
隧道	—	—	—	—	—	—	—	—	—
钢材及钢结构	1.00	2.00	4.00	1.00	3.00	5.00	2.00	5.00	7.00

③沿海地区工程施工增加费

沿海地区工程施工增加费系指工程项目在沿海地区施工受海风、海浪和潮汐的影响,致使人工、机械效率降低等所需增加的费用。该项费用由沿海各省、自治区、直辖市交通厅(局)制定具体的适用范围(地区),并抄送交通部公路司备案。

沿海地区工程施工增加费以各类工程的直接工程费之和为基数,按表4-8的费率计算。

沿海地区工程施工增加费费率表(%)　　表4-8

工程类别	费率	工程类别	费率
构造物II	0.15	技术复杂大桥	0.15
构造物III	0.15	钢材及钢结构	0.15

(5)行车干扰工程施工增加费

行车干扰工程施工增加费系指由于边施工边维持通车,受行车干扰的影响,致使人工、机械效率降低而增加的费用。

该费用以受行车影响部分的工程项目的人工费和机械使用费之和为基数,按表4-9的费率计算。

行车干扰工程施工增加费费率表(%)　　表4-9

工程类别	施工期间平均每昼夜双向行车次数(汽车、畜力车合计)							
	51~100	101~500	501~1 000	1 001~2 000	2 001~3 000	3 001~4 000	4 001~5 000	5 000以上
人工土方	1.64	2.46	3.28	4.10	4.76	5.29	5.86	6.44
机械土方	1.39	2.19	3.00	3.89	4.51	5.02	5.56	6.11
汽车运输	1.36	2.09	2.85	3.75	4.35	4.84	5.36	5.89
人工石方	1.66	2.40	3.33	4.06	4.71	5.24	5.81	6.37

续上表

工程类别	施工期间平均每昼夜双向行车次数(汽车、畜力车合计)							
	51 ~ 100	101 ~ 500	501 ~ 1 000	1 001 ~ 2 000	2 001 ~ 3 000	3 001 ~ 4 000	4 001 ~ 5 000	5 000 以上
机械石方	1.16	1.71	2.38	3.19	3.70	4.12	4.56	5.01
高级路面	1.24	1.87	2.50	3.11	3.61	4.01	4.45	4.88
其他路面	1.17	1.77	2.36	2.94	3.41	3.79	4.20	4.62
构造物 I	0.94	1.41	1.89	2.36	2.74	3.04	3.37	3.71
构造物 II	0.95	1.43	1.90	2.37	2.75	3.06	3.39	3.72
构造物 III	0.95	1.42	1.90	2.37	2.75	3.05	3.38	3.72
技术复杂大桥	—	—	—	—	—	—	—	—
隧道	—	—	—	—	—	—	—	—
钢材及钢结构	—	—	—	—	—	—	—	—

(6)安全及文明施工措施费

安全及文明施工措施费系指工程施工期间为满足安全生产、文明施工、职工健康生活所发生的费用。该费用不包括施工期间为保证交通安全而设置的临时安全设施和标志、标牌的费用,需要时,应根据设计要求计算。

安全及文明施工措施费以各类工程的直接工程费之和为基数,按表 4-10 的费率计算。

安全及文明施工措施费、临时设施费、施工辅助费费率表(%) 表 4-10

工 程 类 别	安全及文明施工措施费费率	临时设施费费率	施工辅助费费率
人工土方	0.59	1.57	0.89
机械土方	0.59	1.42	0.49
汽车运输	0.21	0.92	0.16
人工石方	0.59	1.60	0.85
机械石方	0.59	1.97	0.46
高级路面	1.00	1.92	0.80
其他路面	1.02	1.87	0.74
构造物 I	0.72	2.65	1.30
构造物 II	0.78	3.14	1.56
构造物 III	1.57	5.81	3.03
技术复杂大桥	0.86	2.92	1.68
隧道	0.73	2.57	1.23
钢材及钢结构	0.53	2.48	0.56

注:设备安装工程的安全及文明施工措施费按表中费率的 50% 计算。

(7)临时设施费

临时设施费系指施工企业为进行建筑安装工程施工所必需的生活和生产用的临时建筑物、构筑物和其他临时设施的费用等,但不包括概、预算定额中临时工程在内。

临时设施包括:临时生活及居住房屋(包括职工家属房屋及探亲房屋)、文化福利及公用房屋(如广播室、文体活动室等)和生产、办公房屋(如仓库、加工厂、加工棚、发电站、变电站、空压机站、停机棚等),工地范围内的各种临时的工作便道(包括汽车、畜力车、人力车道)、人行便道，工地临时用水、用电的水管支线和电线支线，临时构筑物（如水井、水塔等）以及其他小型临时设施。

临时设施费用内容包括：临时设施的搭设、维修、拆除费或摊销费。

临时设施费以各类工程的直接工程费之和为基数，按表4-10的费率计算。

(8)施工辅助费

施工辅助费包括生产工具用具使用费、检验试验费和工程定位复测、工程点交、场地清理等费用。

生产工具用具使用费系指施工所需不属于固定资产的生产工具、检验用具、试验用具及仪器、仪表等的购置、摊销和维修费，以及支付给生产工人自备工具的补贴费。

检验试验费系指施工企业对建筑材料、构件和建筑安装工程进行一般鉴定、检查所发生的费用，包括自设试验室进行试验所耗用的材料和化学药品的费用，以及技术革新和研究试验费，但不包括新结构、新材料的试验费和建设单位要求对具有出厂合格证明的材料进行检验、对构件进行破坏性试验及其他特殊要求检验的费用。

施工辅助费以各类工程的直接工程费之和为基数，按表4-10的费率计算。

(9)工地转移费

工地转移费系指施工企业根据建设任务的需要，由已竣工的工地或后方基地迁至新工地的搬迁费用。其内容包括：

①施工单位全体职工及随职工迁移的家属向新工地转移的车费、家具行李运费、途中住宿费、行程补助费、杂费及工资与工资附加费等。

②公物、工具、施工设备器材、施工机械的运杂费，以及外租机械的往返费及本工程内部各工地之间施工机械、设备、公物、工具的转移费等。

③非固定工人进退场及一条路线中各工地转移的费用。

工地转移费以各类工程的直接工程费之和为基数，按表4-11的费率计算。

工地转移费费率表（%） 表4-11

工程类别	工地转移距离(km)					
	50	100	300	500	1 000	每增加100
人工土方	0.15	0.21	0.32	0.43	0.56	0.03
机械土方	0.50	0.67	1.05	1.37	1.82	0.08
汽车运输	0.31	0.40	0.62	0.82	1.07	0.05
人工石方	0.16	0.22	0.33	0.45	0.58	0.03
机械石方	0.36	0.43	0.74	0.97	1.28	0.06
高级路面	0.61	0.83	1.30	1.70	2.27	0.12
其他路面	0.56	0.75	1.18	1.54	2.06	0.10
构造物Ⅰ	0.56	0.75	1.18	1.54	2.06	0.11
构造物Ⅱ	0.66	0.89	1.40	1.83	2.45	0.13
构造物Ⅲ	1.31	1.77	2.77	3.62	4.85	0.25
技术复杂大桥	0.75	1.01	1.58	2.06	2.76	0.14
隧道	0.52	0.71	1.11	1.45	1.94	0.10
钢材及钢结构	0.72	0.97	1.51	1.97	2.64	0.13

转移距离以工程承包单位(如工程处、工程公司等)转移前后驻地距离或两路线中点的距离为准;编制概(预)算时,如施工单位不明确时,高速、一级公路及独立大桥、隧道按省会(自治区首府)至工地的里程,二级及以下公路按地区(市、盟)至工地的里程计算工地转移费;工地转移里程数在表列里程之间时,费率可内插计算。工地转移距离在50km以内的工程不计取本项费用。

(二)间接费

间接费由规费和企业管理费两项组成。

1. 规费

规费系指法律、法规、规章、规程规定施工企业必须缴纳的费用(简称规费),包括:

(1)养老保险费。系指施工企业按规定标准为职工缴纳的基本养老保险费。

(2)失业保险费。系指施工企业按国家规定标准为职工缴纳的失业保险费。

(3)医疗保险费。系指施工企业按规定标准为职工缴纳的基本医疗保险费和生育保险费。

(4)住房公积金。系指施工企业按规定标准为职工缴纳的住房公积金。

(5)工伤保险费。系指施工企业按规定标准为职工缴纳的工伤保险费。

各项规费以各类工程的人工费之和为基数,按国家或工程所在地法律、法规、规章、规程规定的标准计算。

2. 企业管理费

企业管理费由基本费用、主副食运费补贴、职工探亲路费、职工取暖补贴和财务费用五项组成。

1)基本费用

企业管理费基本费用系指施工企业为组织施工生产和经营管理所需的费用,内容包括:

(1)管理人员工资。系指管理人员的基本工资、工资性补贴、职工福利费、劳动保护费以及缴纳的养老、失业、医疗、生育、工伤保险费和住房公积金等。

(2)办公费。系指企业办公用的文具、纸张、账表、印刷、邮电、书报、会议、水、电、烧水和集体取暖(包括现场临时宿舍取暖)用煤(气)等费用。

(3)差旅交通费。系指职工因公出差和工作调动(包括随行家属的旅费)的差旅费、住勤补助费,市内交通费和误餐补助费,职工探亲路费,劳动力招募费,职工离退休、退职一次性路费,工伤人员就医路费,以及管理部门使用的交通工具的油料、燃料、养路费及牌照费。

(4)固定资产使用费。系指管理和试验部门及附属生产单位使用的属于固定资产的房屋、设备、仪器等的折旧、大修、维修或租赁费等。

(5)工具用具使用费。系指管理使用的不属于固定资产的生产工具、器具、家具、交通工具和检验、试验、测绘、消防用具等的购置、维修和摊销费。

(6)劳动保险费。系指企业支付离退休职工的异地安家补助费、职工退职金、六个月以上的病假人员工资、职工死亡丧葬补助费、抚恤费、按规定支付给离休干部的各项经费。

(7)工会经费。系指企业按职工工资总额计提的工会经费。

(8)职工教育经费。系指企业为职工学习先进技术和提高文化水平,按职工工资总额计提的费用。

(9)保险费。系指企业财产保险、管理用车辆等保险费用。

(10)工程保修费。系指工程竣工交付使用后,在规定保修期以内的修理费用。

(11)工程排污费。系指施工现场按规定缴纳的排污费用。

(12)税金。系指企业按规定缴纳的房产税、车船使用税、土地使用税、印花税等。

(13)其他。系指上述项目以外的其他必要的费用支出,包括技术转让费、技术开发费、业务招待费、绿化费、广告费、投标费、公证费、定额测定费、法律顾问费、审计费、咨询费等。

基本费用以各类工程的直接费之和为基数,按表4-12计算。

基本费用、职工探亲路费、财务费用费率表(%) 表4-12

工程类别	基本费用费率	职工探亲路费费率	财务费用费率
人工土方	3.36	0.10	0.23
机械土方	3.26	0.22	0.21
汽车运输	1.44	0.14	0.21
人工石方	3.45	0.10	0.22
机械石方	3.28	0.22	0.20
高级路面	1.91	0.14	0.27
其他路面	3.28	0.16	0.30
构造物Ⅰ	4.44	0.29	0.37
构造物Ⅱ	5.53	0.34	0.40
构造物Ⅲ	9.79	0.55	0.82
技术复杂大桥	4.72	0.20	0.46
隧道	4.22	0.27	0.39
钢材及钢结构	2.42	0.16	0.48

2)主副食运费补贴

主副食运费补贴系指施工企业在远离城镇及乡村的野外施工购买生活必需品所需增加的费用。该费用以各类工程的直接费之和为基数,按表4-13的费率计算。

主副食运费补贴费率表(%) 表4-13

工程类别	综合里程(km)											
	1	3	5	8	10	15	20	25	30	40	50	每增加10
人工土方	0.17	0.25	0.31	0.39	0.45	0.56	0.67	0.76	0.89	1.06	1.22	0.16
机械土方	0.13	0.19	0.24	0.30	0.35	0.43	0.52	0.59	0.69	0.81	0.95	0.13
汽车运输	0.14	0.20	0.25	0.32	0.37	0.45	0.55	0.62	0.73	0.86	1.00	0.14
人工石方	0.13	0.19	0.24	0.30	0.34	0.42	0.51	0.58	0.67	0.80	0.92	0.12
机械石方	0.12	0.18	0.22	0.28	0.33	0.41	0.49	0.55	0.65	0.76	0.89	0.12
高级路面	0.08	0.12	0.15	0.20	0.22	0.28	0.33	0.38	0.44	0.52	0.60	0.08
其他路面	0.09	0.12	0.15	0.20	0.22	0.28	0.33	0.38	0.44	0.52	0.61	0.09
构造物Ⅰ	0.13	0.18	0.23	0.28	0.32	0.40	0.49	0.55	0.65	0.76	0.89	0.12
构造物Ⅱ	0.14	0.20	0.25	0.30	0.35	0.43	0.52	0.60	0.70	0.83	0.96	0.13
构造物Ⅲ	0.25	0.36	0.45	0.55	0.64	0.79	0.96	1.09	1.28	1.51	1.76	0.24
技术复杂大桥	0.11	0.16	0.20	0.25	0.29	0.36	0.43	0.49	0.57	0.68	0.79	0.11
隧道	0.11	0.16	0.19	0.24	0.28	0.34	0.42	0.48	0.56	0.66	0.77	0.10
钢材及钢结构	0.11	0.16	0.20	0.26	0.30	0.37	0.44	0.50	0.59	0.69	0.80	0.11

综合里程 = 粮食运距 ×0.06 + 燃料运距 ×0.09 + 蔬菜运距 ×0.15 + 水运距 ×0.70 (4-9)

粮食、燃料、蔬菜、水的运距均为全线平均运距；综合里程数在表列里程之间时，费率可内插；综合里程在 1km 以内的工程不计取本项费用。

3）职工探亲路费

职工探亲路费系指按照有关规定施工企业职工在探亲期间发生的往返车船费、市内交通费和途中住宿费等费用。

该费用以各类工程的直接费之和为基数，按表 4-12 的费率计算。

4）职工取暖补贴

职工取暖补贴系指按规定发放给职工的冬季取暖费或在施工现场设置的临时取暖设施的费用。该费用以各类工程的直接费之和为基数，按工程所在地的气温区选用表 4-14 的费率计算。

职工取暖补贴费率表（%） 表 4-14

工程类别	气温区						
	准二区	冬一区	冬二区	冬三区	冬四区	冬五区	冬六区
人工土方	0.03	0.06	0.10	0.15	0.17	0.26	0.31
机械土方	0.06	0.13	0.22	0.33	0.44	0.55	0.66
汽车运输	0.06	0.12	0.21	0.31	0.41	0.51	0.62
人工石方	0.03	0.06	0.10	0.15	0.17	0.26	0.31
机械石方	0.05	0.11	0.17	0.26	0.35	0.44	0.53
高级路面	0.04	0.07	0.13	0.19	0.25	0.31	0.38
其他路面	0.04	0.07	0.12	0.18	0.24	0.30	0.36
构造物 I	0.06	0.12	0.19	0.28	0.36	0.46	0.56
构造物 II	0.06	0.13	0.20	0.30	0.41	0.51	0.62
构造物 III	0.11	0.23	0.37	0.56	0.74	0.93	1.13
技术复杂大桥	0.05	0.10	0.17	0.26	0.34	0.42	0.51
隧道	0.04	0.08	0.14	0.22	0.28	0.36	0.43
钢材及钢结构	0.04	0.07	0.12	0.19	0.25	0.31	0.37

5）财务费用

财务费用系指施工企业为筹集资金而发生的各项费用，包括企业经营期间发生的短期贷款利息净支出、汇兑净损失、调剂外汇手续费、金融机构手续费，以及企业筹集资金发生的其他财务费用。财务费用以各类工程的直接费之和为基数，按表 4-14 的费率计算。

（三）辅助生产间接费

辅助生产间接费系指由施工单位自行开采加工的砂、石等材料及施工单位自办的人工装卸和运输的间接费。

辅助生产间接费按人工费的 5% 计。该项费用并入材料预算单价内构成材料费，不直接出现在概（预）算中。

高原地区施工单位的辅助生产，可按其他工程费中高原地区施工增加费费率，以直接工程费为基数计算高原地区施工增加费（其中：人工采集、加工材料，人工装卸、运输材料按人工土方费率计算;机械采集、加工材料按机械石方费率计算;机械装卸、运输材料按汽车运输费率计算)。辅助生产高原地区施工增加费不作为辅助生产间接费的计算基数。

(四)利润及税金

1. 利润

利润系指施工企业完成所承包工程应取得的盈利。

利润按直接费与间接费之和扣除规费的7%计算。

$$利润 = (直接费 + 间接费 - 规费) \times 7\% \tag{4-4}$$

2. 税金

税金系指按国家税法规定应计入建筑安装工程造价内的营业税、城市维护建设税及教育费附加等。

$$综合税金额 = (直接费 + 间接费 + 利润) \times 综合税率 \tag{4-5}$$

(1)纳税地点在市区的企业,综合税率为:

$$综合税率(\%) = \left(\frac{1}{1 - 3\% - 3\% \times 7\% - 3\% \times 3\%} - 1\right) \times 100 = 3.41\%$$

(2)纳税地点在县城、乡镇的企业,综合税率为:

$$综合税率(\%) = \left(\frac{1}{1 - 3\% - 3\% \times 5\% - 3\% \times 3\%} - 1\right) \times 100 = 3.35\%$$

(3)纳税地点不在市区、县城、乡镇的企业,综合税率为:

$$综合税率(\%) = \left(\frac{1}{1 - 3\% - 3\% \times 1\% - 3\% \times 3\%} - 1\right) \times 100 = 3.22\%$$

二、设备、工具、器具及家具购置费

设备、工具、器具及家具购置费包括设备、工具、器具购置费及办公和生活用家具购置费两项。编制概(预)算时其费用在05表中计算。

(一)设备购置费的构成及计算

设备购置费系指为满足公路的营运、管理、养护需要,购置的达到固定资产标准的设备和虽低于固定资产标准但属于设计明确列入设备清单的设备的费用,包括渡口设备,隧道照明、消防、通风的动力设备,高等级公路的收费、监控、通信、供电设备,养护用的机械、设备和工具、器具等的购置费用。

所谓固定资产标准,是指使用年限在一年以上,单位价值在国家或各主管部门规定的限额以上。新建项目和扩建项目的新建车间购置或自制的全部设备、工具、器具,不论是否达到固定资产标准,均计入设备、工器具购置费中。设备购置费包括设备原价和设备运杂费。

设备购置费应由设计单位列出计划购置的清单(包括设备的规格、型号、数量),以设备原价加综合业务费和运杂费按式(4-6)计算:

$$\begin{aligned}设备购置费 = &设备原价 + 运杂费(运输费 + 装卸费 + 搬运费) + \\ &运输保险费 + 采购及保管费\end{aligned} \tag{4-6}$$

需要安装的设备,应在第一部分建筑安装工程费的有关项目内另计设备的安装工程费。

1. 国产设备原价的构成及计算

国产标准设备的原价一般是指设备制造厂的交货价/出厂价(有备件),即出厂价或订货合同价,它一般根据生产厂或供应商的询价、报价、合同价确定,或采用一定的方法计算确定。

其内容包括按专业标准规定的在运输过程中不受损失的一般包装费，及按产品设计规定配带的工具、附件和易损件的费用。国产非标准设备原价常用成本计算估价法、系列设备插入估价法、分部组合估价法、定额估价法等来确定。

$$设备原价 = 出厂价（或供货地点价）+ 包装费 + 手续费 \quad (4\text{-}7)$$

2. 进口设备原价的构成及计算

进口设备的原价是指进口设备的抵岸价，即抵达买方边境港口或边境车站，且交完关税为止形成的价格。即：

$$进口设备原价 = 货价 + 国际运费 + 运输保险费 + 银行财务费 + 外贸手续费 + 关税 + 增值税 + 消费税 + 商检费 + 检疫费 + 车辆购置附加费 \quad (4\text{-}8)$$

1）货价

进口设备的交货方式可分为：内陆交货类、目的地交货类、装运港交货类。

（1）内陆交货类。在交货地点，卖方及时提交合同规定的货物和有关凭证，并承担交货前的一切费用和风险；买方按时接受货物，交付货款，承担接货后的一切费用和风险，并自行办理出口手续和装运出口。货物的所有权也在交货后由卖方转移给买方。

（2）目的地交货类。包括目的港船上交货价，目的港船边交货价（FOS）和目的港码头交货价（关税已付）及完税后交货价（进口国目的地的指定地点）。主要特点：买卖双方承担的责任、费用和风险是以目的地约定交货点为分界线，只有当卖方在交货点将货物置于买方控制下方算交货，方能向买方收取货款。这类交货价对卖方来说承担的风险较大，在国际贸易中卖方一般不愿意采用这类交货方式。

（3）装运港交货类。即卖方在出口国装运港完成交货任务，主要有装运港船上交货价（FOB），运费在内价（CFR）和运费、保险费在内价（CIF）。主要特点：卖方按照约定的时间在装运港交货，只要卖方把合同规定的货物装船后提供货运单据便完成交货任务，并可凭单据收回货款。

进口设备采用最多的是装运港船上交货价（FOB，习惯称离岸价）。设备货价分为原币货价和人民币货价。原币货价一律折算为美元表示，人民币货价按原币货价乘以外汇市场美元兑换人民币的中间价确定。进口设备货价按有关生产厂商询价、报价、订货合同价计算。

2）国际运费：即从装运港（站）到达我国抵达港（站）的运费。即：

$$\begin{aligned}国际运费 &= 原币货价（FOB 价）\times 运费费率\\ &= 运量 \times 单位运价\end{aligned} \quad (4\text{-}9)$$

我国进口设备大多采用海洋运输，小部分采用铁路运输，个别采用航空运输。运费费率参照有关部门或进出口公司的规定执行，海运费费率一般为6%。

3）运输保险费：对外贸易货物运输保险是由保险人（保险公司）与被保险人（出口人或进口人）订立保险契约，在被保险人交付议定的保险费后，保险人根据保险契约的规定对货物在运输过程中发生的承保责任范围内的损失给予经济上的补偿。这是一种财产保险。

$$运输保险费 = [原币货价（FOB 价）+ 国际运费] \div (1 - 保险费费率) \times 保险费费率 \quad (4\text{-}10)$$

保险费费率按保险公司规定的进口货物保险费费率计算，一般为0.35%。

4）银行财务费：一般指中国银行手续费。

$$银行财务费 = 人民币货价（FOB 价）\times 银行财务费费率 \quad (4\text{-}11)$$

$$人民币货价（FOB 价）= 原币货价（FOB 价）\times 人民币外汇牌价$$

银行财务费费率一般为0.4% ~0.5%。

5)外贸手续费:指按规定计取的外贸手续费。

外贸手续费 = [人民币货价(FOB价) + 国际运费 + 运输保险费] ×外贸手续费费率 (4-12)

进口设备到岸价(CIF) = 原币货价(FOB价) + 国外运费 + 国外运输保险费

外贸手续费费率一般为1% ~1.5%。

6)关税:是由海关对进出国境的货物和物品征收的一种税,属于流转性课税。

关税 = [人民币货价(FOB价) + 国际运费 + 运输保险费] × 进口关税税率 (4-13)

进口关税税率按我国海关总署发布的进口关税税率计算。

7)增值税:是对从事进口贸易的单位和个人,在进口商品报关进口后征收的税种。按《中华人民共和国增值税条例》的规定,进口应税产品均按组成计税价格和增值税税率直接计算应纳税额。

增值税 = [人民币货价(FOB价) + 国际运费 + 运输保险费 + 关税 + 消费税] ×增值税税率 (4-14)

增值税税率根据规定的税率计算,目前进口设备适用的税率为17%。

8)消费税:对部分进口设备(如轿车、摩托车等)征收。

应纳消费税额 = [人民币货价(FOB价) + 国际运费 + 运输保险费 + 关税] ÷ (1 - 消费税税率) ×消费税税率 (4-15)

消费税税率根据规定的税率计算。

9)商检费:指进口设备按规定付给商品检查部门的进口设备检验鉴定费。

商检费 = [人民币货价(FOB价) + 国际运费 + 运输保险费] ×商检费费率 (4-16)

商检费费率一般为0.8%。

10)检疫费:指进口设备按规定付给商品检疫部门的进口设备检验鉴定费。

检疫费 = [人民币货价(FOB价) + 国际运费 + 运输保险费] × 检疫费费率 (4-17)

检疫费费率一般为0.17%。

11)车辆购置附加费:指进口车辆需缴纳的进口车辆购置附加费。

进口车辆购置附加费 = [人民币货价(FOB价) + 国际运费 + 运输保险费 + 关税 + 消费税 + 增值税] ×进口车辆购置附加费费率 (4-18)

在计算进口设备原价时,应注意工程项目的性质,有无按国家有关规定减免进口环节税的可能。

12)海关监管手续费:是指海关对发生减免进口税或实行保税的进口设备,实施监管和提供服务收取的手续费。

海关监管手续费 = [人民币货价(FOB价) + 国际运费 + 运输保险费] ×海关监管手续费率 (4-19)

全额收取关税的设备,不收取海关监管手续费。

3. 设备运杂费的构成及计算

国产设备运杂费指由设备制造厂交货地点起至工地仓库(或施工组织设计指定的需要安装设备的堆放地点)止所发生的运费和装卸费;进口设备运杂费指由我国到岸港口或边境车站起至工地仓库(或施工组织设计指定的需要安装设备的堆放地点)止所发生的运费和装卸费。设备运杂费费率见表4-15。

$$运杂费 = 设备原价 \times 运杂费费率 \tag{4-20}$$

设备运杂费费率表(%)　　表 4-15

运输距离(km)	100以内	101 ~ 200	201 ~ 300	301 ~ 400	401 ~ 500	501 ~ 750	751 ~ 1 000	1 001 ~ 1 250	1 251 ~ 1 500	1 501 ~ 1 750	1 751 ~ 2 000	2 000 以上每增加250
费率(%)	0.8	0.9	1.0	1.1	1.2	1.5	1.7	2.0	2.2	2.4	2.6	0.2

4. 设备运输保险费的构成及计算

设备运输保险费指国内运输保险费。

$$运输保险费 = 设备原价 \times 保险费费率 \tag{4-21}$$

设备运输保险费费率一般为1%。

5. 设备采购及保管费的构成及计算

设备采购及保管费指采购、验收、保管和收发设备所发生的各种费用,包括设备采购人员、保管人员和管理人员的工资、工资附加费、办公费、差旅交通费,设备供应部门办公和仓库所占固定资产使用费、工具用具使用费、劳动保护费、检验试验费等。

$$采购及保管费 = 设备原价 \times 采购及保管费费率 \tag{4-22}$$

需要安装的设备的采购保管费费率为2.4%，不需要安装的设备的采购保管费费率为1.2%。

(二)工具、器具及生产家具(简称工器具)购置费的构成及计算

工器具购置费系指建设项目交付使用后为满足初期正常营运必须购置的第一套不构成固定资产的设备、仪器、仪表、工卡模具、器具、工作台(框、架、柜)等的费用。该费用不包括构成固定资产的设备、工器具和备品、备件,及已列入设备购置费中的专用工具和备品、备件。

对于工器具购置,应由设计单位列出计划购置的清单(包括规格、型号、数量),购置费的计算方法同设备购置费。

(三)办公和生活用家具购置费

办公和生活用家具购置费系指为保证新建、改建项目初期正常生产、使用和管理所必须购置的办公和生活用家具、用具的费用。范围包括:行政、生产部门的办公室、会议室、资料档案室、阅览室、单身宿舍及生活福利设施等的家具、用具。办公和生活用家具购置费按表4-16的规定计算。改建工程按表4-16列数80%计算。

办公和生活用家具购置费标准表　　表 4-16

工程所在地	路线(元/公路公里)				有看桥房的独立大桥(元/座)	
	高速公路	一级公路	二级公路	三、四级公路	一般大桥	技术复杂大桥
内蒙古、黑龙江、青海、新疆、西藏	21 500	15 600	7 800	4 000	24 000	60 000
其他省、自治区、直辖市	17 500	14 600	5 800	2 900	19 800	49 000

注:改建工程按表列数80%计。

三、工程建设其他费用

工程建设其他费用包括土地征用及拆迁补偿费、建设项目管理费、研究试验费、前期工作费、专项评价(估)费、施工机构迁移费、供电贴费、联合试运转费、生产人员培训费、固定资产投资方向调节税、建设期贷款利息等。

（一）土地征用及拆迁补偿费

土地征用及拆迁补偿费系指按照《中华人民共和国土地管理法》及《中华人民共和国土地管理法实施条例》、《中华人民共和国基本农田保护条例》等法律、法规的规定，为进行公路建设需征用土地所支付的土地征用及拆迁补偿费等费用。

1. 费用内容

（1）土地补偿费：指被征用土地地上、地下附着物及青苗补偿费，征用城市郊区的菜地等缴纳的菜地开发建设基金，租用土地费，耕地占用税，用地图编制费及勘界费，征地管理费等。

（2）征用耕地安置补助费：指征用耕地需要安置农业人口的补助费。

（3）拆迁补偿费：指被征用或占用土地上的房屋及附属构筑物、城市公用设施等拆除、迁建补偿费，拆迁管理费等。

（4）复耕费：指临时占用的耕地、鱼塘等，待工程竣工后将其恢复到原有标准所发生的费用。

（5）耕地开垦费：指公路建设项目占用耕地的，应由建设项目法人（业主）负责补充耕地所发生的费用；没有条件开垦或者开垦的耕地不符合要求的，按规定缴纳的耕地开垦费。

（6）森林植被恢复费：指公路建设项目需要占用、征用或者临时占用林地的，经县级以上林业主管部门审核同意或批准，建设项目法人（业主）单位按照有关规定向县级以上林业主管部门预缴的森林植被恢复费。

2. 计算方法

土地征用及拆迁补偿费应根据审批单位批准的建设工程用地和临时用地面积及其附着物的情况，以及实际发生的费用项目，按国家有关规定及工程所在地的省（自治区、直辖市）人民政府颁发的有关规定和标准计算。

森林植被恢复费应根据审批单位批准的建设工程占用林地的类型及面积，按国家有关规定及工程所在地的省（自治区、直辖市）人民政府颁发的有关规定和标准计算。

当与原有的电力电信设施、水利工程、铁路及铁路设施互相干扰时，应与有关部门联系，商定合理的解决方案和补偿金额，也可由这些部门按规定编制费用以确定补偿金额。

（二）建设项目管理费

建设项目管理费包括建设单位（业主）管理费、工程质量监督费、工程监理费、工程定额测定费、设计文件审查费和竣（交）工验收试验检测费。

1. 建设单位（业主）管理费

建设单位（业主）管理费系指建设单位（业主）为建设项目的立项、筹建、建设、竣（交）工验收、总结等工作所发生的费用，不包括应计入设备、材料预算价格的建设单位采购及保管设备、材料所需的费用。

费用内容包括：工作人员的工资、工资性补贴、施工现场津贴、社会保障费用（基本养老、基本医疗、失业、工伤保险）、住房公积金、职工福利费、工会经费、劳动保护费；办公费、会议费、差旅交通费、固定资产使用费（包括办公及生活房屋折旧、维修或租赁费，车辆折旧、维修、使用或租赁费，通信设备购置、使用费，测量、试验设备仪器折旧、维修或租赁费，其他设备折旧、维修或租赁费等）、零星固定资产购置费、招募生产工人费；技术图书资料费、职工教育经费、工程招标费（不含招标文件及标底或造价控制值编制费）；合同契约公证费、法律顾问费、咨询费；建设单位的临时设施费、完工清理费、竣（交）工验收费（含其他行业或部门要求的竣工验收费用）、各种税费（包括房产税、车船使用税、印花税等）；建设项目审计费、境内外融资费用(不含建设期贷款利息)、业务招待费、安全生产管理费和其他管理性开支。

由施工企业代建设单位(业主)办理"土地、青苗等补偿费"的工作人员所发生的费用,应在建设单位(业主)管理费项目中支付。当建设单位(业主)委托有资质的单位代理招标时,其代理费应在建设单位(业主)管理费中支出。

建设单位(业主)管理费以建筑安装工程费总额为基数,按表4-17的费率,以累进办法计算。

建设单位管理费费率表 表4-17

第一部分 建筑安装工程费(万元)	费率(%)	算例(万元)	
		建筑安装工程费	建设单位(业主)管理费
500以下	3.48	500	500×3.48%=17.4
501~1 000	2.73	1 000	17.4+500×2.73%=31.05
1 001~5 000	2.18	5 000	31.05+4 000×2.18%=118.25
5 001~10 000	1.84	10 000	118.25+5 000×1.84%=210.25
10 001~30 000	1.52	30 000	210.25+20 000×1.52%=514.25
30 001~50 000	1.27	50 000	514.25+20 000×1.27%=768.25
50 001~100 000	0.94	100 000	768.25+50 000×0.94%=1 238.25
100 001~150 000	0.76	150 000	1 238.25+50 000×0.76%=1 618.25
150 001~200 000	0.59	200 000	1 618.25+50 000×0.59%=1 913.25
200 001~300 000	0.43	300 000	1 913.25+100 000×0.43%=2 343.25
300 000以上	0.32	310 000	2 343.25+10 000×0.32%=2 375.25

水深>15m、跨度≥400m的斜拉桥和跨度≥800m的悬索桥等独立特大型桥梁工程的建设单位(业主)管理费按表4-17中的费率乘以1.0~1.2的系数计算。

由于风浪影响,工程施工期(不包括封冻期)全年月平均工作日少于15d的海上工程的建设单位(业主)管理费按表4-17中的费率乘以1.0~1.3的系数计算。

2. 工程质量监督费

工程质量监督费系指根据国家有关部门规定,各级公路工程质量监督机构对工程建设质量和安全生产实施监督应收取的管理费用。

工程质量监督费以建筑安装工程费总额为基数,按0.15%计算。

3. 工程监理费

工程监理费系指建设单位(业主)委托具有公路工程监理资格的单位,按施工监理规范进行全面的监督和管理所发生的费用。

费用内容包括:工作人员的基本工资、工资性津贴、社会保障费用(基本养老、基本医疗、失业、工伤保险)、住房公积金、职工福利费、工会经费、劳动保护费;办公费、会议费、差旅交通费、固定资产使用费(包括办公及生活房屋折旧、维修或租赁费,车辆折旧、维修、使用或租赁费,通信设备购置、使用费,测量、试验、检测设备仪器折旧、维修或租赁费,其他设备折旧、维修或租赁费等)、零星固定资产购置费、招募生产工人费;技术图书资料费、职工教育经费、投标费用;合同契约公证费、咨询费、业务招待费;财务费用、监理单位的临时设施费、各种税费和其他管理性开支。

工程监理费以建筑安装工程费总额为基数,按表4-18的费率计算。

工程监理费费率表 表4-18

工程类别	高速公路	一级及二级公路	三级及四级公路	桥梁及隧道
费率(%)	2.0	2.5	3.0	2.5

表4-18中的桥梁指水深大于15m的斜拉桥和悬索桥等独立特大型桥梁工程;隧道指水下隧道工程。

建设单位(业主)管理费和工程监理费均为实施建设项目管理的费用,执行时根据建设单位(业主)和施工监理单位所实际承担的工作内容和工作量,在保证监理费用的前提下,可统筹使用。

4. 工程定额测定费

工程定额测定费系指各级公路(交通)工程定额(造价管理)站为测定劳动定额、搜集定额资料、编制工程定额及定额管理所需要的工作经费。

工程定额测定费以建筑安装工程费总额为基数,按0.12%计算。

5. 设计文件审查费

设计文件审查费系指国家和省级交通主管部门在项目审批前,为保证勘察设计工作的质量,组织有关专家或委托有资质的单位,对设计单位提交的建设项目可行性研究报告和勘察设计文件以及对设计变更、调整概算进行审查所需要的相关费用。

设计文件审查费以建筑安装工程费总额为基数,按0.1%计算。

6. 竣(交)工验收试验检测费

竣(交)工验收试验检测费系指在公路建设项目交工验收和竣工验收前,由建设单位(业主)或工程质量监督机构委托有资质的公路工程质量检测单位按照有关规定对建设项目的工程质量进行检测,并出具检测意见所需要的相关费用。竣(交)工验收试验检测费按表4-19的规定计算。

竣(交)工验收试验检测费标准表 表4-19

项目	路线(元/公路公里)				独立大桥(元/座)	
	高速公路	一级公路	二级公路	三、四级公路	一般大桥	技术复杂大桥
试验检测费	15 000	12 000	10 000	5 000	30 000	100 000

关于竣(交)工验收试验检测费,高速公路、一级公路按四车道计算,二级及以下等级公路按双车道计算,每增加一条车道,按表4-19的费用增加10%。

(三)研究试验费

研究试验费系指为本建设项目提供或验证设计数据、资料进行必要的研究试验和按照设计规定在施工过程中必须进行试验、验证所需的费用,以及支付科技成果、先进技术的一次性技术转让费。

该费用不包括:

1. 应由科技三项费用(即新产品试制费、中间试验费和重要科学研究补助费)开支的项目。

2. 应由施工辅助费开支的施工企业对建筑材料、构件和建筑物进行一般鉴定、检查所发生的费用及技术革新研究试验费。

3. 应由勘察设计费或建筑安装工程费用中开支的项目。

计算方法:按照设计提出的研究试验内容和要求进行编制,不需验证设计基础资料的不计本项费用。

(四)建设项目前期工作费

建设项目前期工作费系指委托勘察设计、咨询单位对建设项目进行可行性研究、工程勘察设计,以及设计、监理、施工招标文件及招标标底或造价控制值文件编制时,按规定应支付的费用。该费用包括:

1. 编制项目建议书(或预可行性研究报告)、可行性研究报告、投资估算,以及相应的勘察、设计、专题研究等所需的费用。

2. 初步设计和施工图设计的勘察费(包括测量、水文调查、地质勘探等)、设计费、概(预)算及调整概算编制费等。

3. 设计、监理、施工招标文件及招标标底(或造价控制值或清单预算)文件编制费等。

计算方法:依据委托合同计列,或按国家颁发的收费标准和有关规定进行编制。

(五)专项评价(估)费

专项评价(估)费系指依据国家法律、法规规定需进行评价(评估)、咨询,按规定应支付的费用。

该费用包括环境影响评价费、水土保持评估费、地震安全性评价费、地质灾害危险性评价费、压覆重要矿床评估费、文物勘察费、通航论证费、行洪论证(评估)费、使用林地可行性研究报告编制费、用地预审报告编制费等费用。

计算方法:按国家颁发的收费标准和有关规定进行编制。

(六)施工机构迁移费

施工机构迁移费系指施工机构根据建设任务的需要,经有关部门决定成建制地(指工程处等)由原驻地迁移到另一地区所发生的一次性搬迁费用。

该费用不包括:

1. 应由施工企业自行负担的,在规定距离范围内调动施工力量以及内部平衡施工力量所发生的迁移费用。

2. 由于违反基建程序,盲目调迁队伍所发生的迁移费。

3. 因中标而引起施工机构迁移所发生的迁移费。

费用内容包括:职工及随同家属的差旅费,调迁期间的工资,施工机械、设备、工具、用具和周转性材料的搬运费。

计算方法:施工机构迁移费应经建设项目的主管部门同意按实计算。但计算施工机构迁移费后,如迁移地点即新工地地点(如独立大桥),则其他工程费内的工地转移费应不再计算;如施工机构迁移地点至新工地地点尚有部分距离,则工地转移费的距离,应以施工机构新地点为计算起点。

(七)供电贴费

供电贴费系指按照国家规定,建设项目应交付的供电工程贴费、施工临时用电贴费。

计算方法:按国家有关规定计列(目前停止征收)。

(八)联合试运转费

联合试运转费系指新建、改(扩)建工程项目,在竣工验收前按照设计规定的工程质量标准,进行动(静)载荷载试验所需的费用,或进行整套设备带负荷联合试运转期间所需的全部费用抵扣试车期间收入的差额。该费用不包括应由设备安装工程项下开支的调试费。

费用内容包括:联合试运转期间所需的材料、油燃料和动力的消耗,机械和检测设备使用费，工具用具和低值易耗品费，参加联合试运转人员工资及其他费用等。

联合试运转费以建筑安装工程费总额为基数，独立特大型桥梁按 0.075%、其他工程按 0.05 %计算。

(九)生产人员培训费

生产人员培训费系指新建、改(扩)建公路工程项目，为保证生产的正常运行，在工程竣工验收交付使用前对运营部门生产人员和管理人员进行培训所必需的费用。

费用内容包括：培训人员的工资、工资性补贴、职工福利费、差旅交通费、劳动保护费、培训及教学实习费等。

生产人员培训费按设计定员和 2 000 元/人的标准计算。

(十)固定资产投资方向调节税

固定资产投资方向调节税系指为了贯彻国家产业政策，控制投资规模，引导投资方向，调整投资结构，加强重点建设，促进国民经济持续稳定协调发展，依照《中华人民共和国固定资产投资方向调节税暂行条例》规定，公路建设项目应缴纳的固定资产投资方向调节税。

计算方法：按国家有关规定计算(目前暂停征收)。

(十一)建设期贷款利息

建设期贷款利息系指建设项目中分年度使用国内贷款或国外贷款部分，在建设期内应归还的贷款利息。费用内容包括各种金融机构贷款、企业集资、建设债券和外汇贷款等利息。

计算方法：根据不同的资金来源按需付息的分年度投资计算。

$$建设期贷款利息 = \sum(上年末付息贷款本息累计 + 本年度付息贷款额 \div 2) \times 年利率 \tag{4-23}$$

即：

$$S = \sum_{n=1}^{N}(F_{n-1} + b_n \div 2) \times i$$

式中：S——建设期贷款利息，元；

N——项目建设期，年；

n——施工年度；

F_{n-1}——建设期第 $(n-1)$ 年末需付息贷款本息累计，元；

b_n——建设期第 n 年度付息贷款额，元；

i——建设期贷款年利率，%。

【例 4-3】 某建设项目贷款 4 000 万元，建设期三年，第一年贷款 1 000 万元，第二年贷款 2 000 万元，第三年贷款 1 000 万元，贷款年利率为 7%，试计算该项目建设期贷款利息。

解：第一年利息：$1\,000 \div 2 \times 7\% = 35$ 万元

第二年利息：$(1\,000 + 35 + 2\,000 \div 2) \times 7\% = 142.45$ 万元

第三年利息：$(1\,000 + 35 + 2\,000 + 142.45 + 1\,000 \div 2) \times 7\% = 257.42$ 万元

建设期贷款利息为：$35 + 142.45 + 257.42 = 434.87$ 万元

四、预备费及回收金额

预备费由价差预备费及基本预备费两部分组成。在公路工程建设期限内，凡需动用预备费时，属于公路交通部门投资的项目，需经建设单位提出，按建设项目隶属关系，报交通部或交通厅(局、委)基建主管部门核定批准；属于其他部门投资的建设项目，按其隶属关系报有关部门核定批准。

(一)价差预备费

价差预备费系指设计文件编制年至工程竣工年期间,第一部分费用的人工费、材料费、机械使用费、其他工程费、间接费等以及第二、三部分费用由于政策、价格变化可能发生上浮而预留的费用及外资贷款汇率变动部分的费用。

1.计算方法:价差预备费以概(预)算或修正概算第一部分建筑安装工程费总额为基数,按设计文件编制年始至建设项目工程竣工年终的年数和年工程造价增涨率计算。

$$价差预备费 = P \times [(1+i)^{n-1} - 1] \tag{4-24}$$

式中:P——建筑安装工程费总额,元;

i——年工程造价增涨率,%;

n——设计文件编制年至建设项目开工年 + 建设项目建设期限,年。

2.年工程造价增涨率按有关部门公布的工程投资价格指数计算,或由设计单位会同建设单位根据该工程人工费、材料费、施工机械使用费、其他工程费、间接费以及第二、三部分费用可能发生的上浮等因素,以第一部分建安费为基数进行综合分析预测。

3.设计文件编制至工程完工在一年以内的工程,不列此项费用。

(二)基本预备费

基本预备费系指在初步设计和概算中难以预料的工程费用。其用途如下:

1.在进行技术设计、施工图设计和施工过程中,在批准的初步设计和概算范围内所增加的工程费用。

2.在设备订货时,由于规格、型号改变的价差;材料货源变更、运输距离或方式的改变以及因规格不同而代换使用等原因发生的价差。

3.由于一般自然灾害所造成的损失和预防自然灾害所采取的措施费用。

4.在项目主管部门组织竣(交)工验收时,验收委员会(或小组)为鉴定工程质量必须开挖和修复隐蔽工程的费用。

5.投保的工程根据工程特点和保险合同发生的工程保险费用。

计算方法:以第一、二、三部分费用之和(扣除固定资产投资方向调节税和建设期贷款利息两项费用)为基数按下列费率计算:

设计概算按5%计列;

修正概算按4%计列;

施工图预算按3%计列。

采用施工图预算加系数包干承包的工程,包干系数为施工图预算中直接费与间接费之和的3%。施工图预算包干费用由施工单位包干使用。该包干费用的内容为:

1.在施工过程中,设计单位对分部分项工程修改设计而增加的费用,但不包括因水文地质条件变化造成的基础变更、结构变更、标准提高、工程规模改变而增加的费用。

2.预算审定后,施工单位负责采购的材料由于货源变更、运输距离或方式的改变以及因规格不同而代换使用等原因发生的价差。

3.由于一般自然灾害所造成的损失和预防自然灾害所采取的措施的费用(例如一般防台风、防洪的费用)等。

(三)回收金额

概、预算定额所列材料一般不计回收,只对按全部材料计价的一些临时工程项目和由于工程规模或工期限制达不到规定周转次数的拱盔、支架及施工金属设备的材料计算回收金额。

回收率见表4-20。

回收率（%）表　　表4-20

回收项目	使用年限或周转次数				计算基数
	一年或一次	两年或两次	三年或三次	四年或四次	
临时电力、电信线路	50	30	10	—	材料原价
拱盔、支架	60	45	30	15	
施工金属设备	65	65	50	30	

五、公路工程建设各项费用的计算程序及计算方式

公路工程建设各项费用的计算程序及计算方式见表4-21。

公路工程建设各项费用的计算程序及计算方式　　表4-21

代号	项　目	说明及计算式
一	直接工程费（即工、料、机费）	按编制年工程所在地的预算价格计算
二	其他工程费	（一）×其他工程费综合费率或各类工程人工费和机械费之和×其他工程费综合费率
三	直接费	（一）+（二）
四	间接费	各类工程人工费×规费综合费率+（三）×企业管理费综合费率
五	利润	[（三）+（四）－规费]×利润率
六	税金	[（三）+（四）+（五）]×综合税率
七	建筑安装工程费	（三）+（四）+（五）+（六）
八	设备、工具、器具购置费（包括备品备件） 办公和生活用家具购置费	∑（设备、工具、器具购置数量×单价+运杂费）×（1+采购保管费率） 按有关定额计算
九	工程建设其他费用	
	土地征用及拆迁补偿费	按有关规定计算
	建设单位（业主）管理费	（七）×费率
	工程质量监督费	（七）×费率
	工程监理费	（七）×费率
	工程定额测定费	（七）×费率
	设计文件审查费	（七）×费率
	竣（交）工验收试验检测费	按有关规定计算
	研究试验费	按批准的计划编制
	前期工作费	按有关规定计算
	专项评价（估）费	按有关规定计算
	施工机构迁移费	按实计算
	供电贴费	按有关规定计算
	联合试运转费	（七）×费率
	生产人员培训费	按有关规定计算
	固定资产投资方向调节税	按有关规定计算

续上表

代号	项　　目	说明及计算式
	建设期贷款利息	按实际贷款数及利率计算
十	预备费	包括价差预备费和基本预备费两项
	价差预备费	按规定的公式计算
	基本预备费	[(七)+(八)+(九)－固定资产投资方向调节税－建设期贷款利息]×费率
	预备费中施工图预算包干系数	[(三)+(四)]×费率
十一	建设项目总费用	(七)+(八)+(九)+(十)

第四节　初步设计概算的编制

初步设计概算是初步设计文件的重要组成部分,是工程造价管理工作的重要环节。深入熟悉掌握设计概算编制的原则和方法,以及国家有关规定,对提高设计概算编制质量,节约建设资金,适应建立市场经济的要求,加强宏观调控,充分发挥投资效益,都具有十分重要的现实意义。

一、设计概算的作用

国家规定初步设计必须要有概算,设计概算由设计部门负责编制,并对其编制质量负责。设计概算一经批准,就是建设项目投资的最高限额,并具有一定的约束力,必须严格控制,认真执行,以确保建设项目的顺利实施。

设计概算的作用主要有以下几点:

1. 设计概算是确定建设项目总投资的依据。它是建设项目从筹建到竣工交付使用所需的全部费用的文件,一经批准,就不得随意突破。

2. 设计概算是编制基本建设计划的依据。国家确定基本建设计划的投资规格和投资方向,对国民经济各部门进行投资分配,都是以设计概算为依据的。所以,没有批准的概算,就不得列入年度基本建设计划。

3. 设计概算是签订建设项目总包合同,实行建设项目包干,订购主要材料、设备,安排重大科研项目,联系征用土地、拆迁等建设前期准备工作的依据。

4. 设计概算是分析比较设计方案和考核设计经济合理性的依据。要衡量建设项目的设计方案是否经济合理,必须以设计概算为依据。

5. 设计概算是考核建设工程成本的依据。在建设工程竣工后,通过设计概算与竣工决算的"两算"对比,检查分析建设工程成本的执行情况,总结经验教训,以不断提高投资效益和管理水平。

6. 设计概算是控制施工图预算的依据。当进行技术设计时,则是控制修正概算的依据。

7. 若以初步设计进行施工招标,设计概算是控制标底的依据,其标底必须控制在概算的范围内。

二、编制设计概算的依据

编制初步设计概算的依据概括起来主要有以下几项内容:

1. 初步设计图表资料和文字说明。根据设计图纸上所表示的结构形式和尺寸计算的工程数量,是编制设计概算的基础资料,是决定建设工程造价大小的一个主要因素。

2. 施工方案。根据交通部颁发的《公路工程基本建设项目设计文件编制办法》对编制施工方案的具体规定,应提出兴建工程项目年和季度的概略工程进度安排,以及临时工程和临时用地的需要数量,而这些都是确定与计价有关的主要因素,对设计概算有极其重要的影响。

3. 公路工程概算定额。概算定额是编制设计概算的基础资料,是交通部统一制订颁发的具有指令性的指标。在编制设计概算时,无论是划分工程项目,确定计量单位,还是计算工程量,都必须以概算定额作为标准和依据,才能做到不重不漏,符合规定。

4. 补充定额。当定额缺项时,应按概算定额的编制原则和方法编制补充定额,作为编制设计概算的依据。

5. 人工、材料、施工机械台班预算价格。人工、材料、施工机械台班预算价格是按建设工程所在地的实际价格确定的,是计算直接费的最直接的基础资料。其工资标准和材料的供应价格,应以当地公路(交通)工程定额(造价管理)站发布的价格信息为依据。

6. 其他工程费、间接费等各项取费标准。这些取费标准是交通部及各省自治区、直辖市的交通主管部门,根据国家有关基本建设方针政策和公路建设工程施工生产和管理情况,为直接和间接组织施工活动所需要消耗一定数量的人力和物力而制订的以费率形式表现的费用标准,是计算除直接工程费以外的各项费用的依据,是国家加强设计概算管理的工具之一,在工程造价管理中有着重要的作用。

7. 设计概算编制办法及其计算表格。它是交通部统一颁发的编制设计概算文件的重要依据,是规范人们编制设计概算行为的准则。

8. 工程量计算规则。公路工程概算定额中的章、节文字说明,对如何选用定额及计算计价工程量作了明确而具体的规定,是必须严格遵守的重要规则。

9. 国家颁发的建设征用土地补偿标准,工程勘察设计收费标准,以及其他应计入建设项目投资中有关规定的费用项目,也是编制设计概算的依据。

10. 可行性研究报告投资估算文件,是控制设计概算的依据,设计概算应在批准的投资估算允许幅度范围之内。

11. 国家有关的公路工程建设的方针、政策,以及工程造价管理的有关规定,也是编制设计概算的重要依据。

三、设计概算的编制程序与方法

编制设计概算应以初步设计图纸和说明书,施工方案和测设合同、协议,以及建设单位的要求等为依据来进行,并应严格贯彻执行国家有关公路建设的方针、政策,工程造价管理的各项规定。

(一)设计概算的编制程序

编制设计概算通常按如下先后次序进行有关的准备和编制工作。

1. 熟悉设计图纸资料,了解设计意图。对设计文件说明书及各类工程的具体设计图纸资料,要深入研究,了解设计意图。当一些工程的施工有特殊要求时,应事先研究妥善的解决办法。当有新结构、新材料、新设备、新工艺而又无定额可选用时,则可按编制定额的原则和方法,编制补充定额。

2. 整理外业调查资料,核对主要工程量,按照概算定额的要求,进行必要的分析汇总,正确摘取计价工程量。

3. 对施工方案要进行全面的分析和研究，结合施工方法和现场具体条件，掌握项目划分因素，正确选用工程定额，从实际出发，合理取定各项费率标准。

4. 按编制工程造价的有关规定，计算和填写人工、材料、施工机械台班预算价格的各种计算表和汇总表，以及其他工程费及间接费综合费率计算表。

5. 根据摘取的工程量套用概算定额，编制分项工程概算表及建筑安装工程费计算表。

6. 编制设备、工具、器具购置费计算表和工程建设其他费用计算表。

7. 编制汇总工程总概算表和分段汇总表，以及人工、主要材料、机械台班数量汇总表。

8. 写出编制说明，经复核、审核后，出版。

（二）设计概算的编制方法

设计概算是由第一、二、三部分费用和预备费组成，其编制方法如下：

1. 建筑安装工程费的编制

首先通过“分项工程概算表”的计算和累计汇总得到工、料、机费用，即直接工程费，再分别计入其他工程费、间接费、利润及税金等以费率计算的各项费用，最后汇总得到建筑安装工程费。

1）在编制分项工程概算表之前，要计算出人工、材料、施工机械台班的预算价格和其他工程费、间接费综合费率等基础数据资料。

（1）人工费单价。按部、省、自治区公路（交通）工程定额（造价管理）站发布的价格信息资料，结合建设工程的实际情况取定，并注意是否需要增计地区生活补贴等人工费用内容。

（2）材料预算价格。材料的规格品种多，而影响价格的因素又是多方面的，在计算时要注意以下有关事项，做到合理可靠。

①按经济合理、方便运输的原则，确定材料的供应地点和运输方式，并计算出平均运距及比重。

②确定材料的供应价格。编制概算时某些材料应取其综合价格作为该种材料的供应价格。如水泥是不分强度等级的，一般可按强度等级 42.5 级水泥的价格，或 32.5 级、42.5 级、52.5 级的算术平均值作为水泥的综合价格。

③凡施工单位自行开采加工的砂石材料，应按“自采材料料场价格计算表”的要求，套用预算定额第八章“材料采集及加工”进行计算确定。

④最后通过“材料预算单价计算表”计算出各种材料的预算价格。

（3）按选用的施工机械种类通过“机械台班单价计算表”计算其价格。

（4）编制“人工、材料、机械台班单价汇总表”。

（5）根据建设工程的实际情况，合理确定其他工程费、间接费的各项费率标准，并进行综合，编制“其他工程费及间接费综合费率计算表”。

（6）编制“辅助生产工、料、机械台班单位数量表”，该表是自采加工材料和自办运输工作根据预算定额计算的每单位工、料、机械台班数量的汇总，作为计算建设项目人工、材料、机械台班总需要量的依据之一。

2）编制“分项工程概算表”和“建筑安装工程费用计算表”。

按照“概算项目表”规定的项目序列要求，从临时工程开始到管理、养护及服务房屋为止，逐项分析计算，并按“目”、“节”的内容进行汇总。

（1）根据计取的工程量和采用的施工方法及选用概算定额，将有关的各种资料分别摘录于表内，其中人工、材料、机械台班的预算价格，其他工程费及间接费的综合费率则分别从上述相关的计算表中节录转到“分项工程概算表”内。

分项工程概算表内的“定额表号”是按概算定额的章节来编写的，共七位码，从左至右，第一位数为章次号,第 2 ~ 4 位数为节和项目号,第 5 ~ 7 位数为子目号。例如第六章第 2 节的 6-2-4第 9 个子目的代码为 6204009。

(2)完成分项工程概算表后,将相关内容转录入建筑安装工程费计算表内,分别计算利润和税金,然后逐项汇总并计算,完成建筑安装工程费的编制。

2. 设备、工具、器具及家具购置费的编制

设备、工具、器具及家具购置费是设计概算的第二部分费用,除办公和生活用家具购置费可按规定的费额计算外,需要购置的机械设备,由于公路工程的实际情况不同,差异大,尚无统一的规定标准,应根据建设主管部门或建设单位认定的数量,按本章第五节介绍的方法计算。

3. 工程建设其他费用的编制

工程建设其他费用是设计概算的第三部分费用,包括土地征用及拆迁补偿费、建设项目管理费、研究试验费、前期工作费、专项评价(估)费、施工机构迁移费、供电贴费、联合试运转费、生产人员培训费、固定资产投资方向调节税、建设期贷款利息等费用。应根据整理的外业调查资料和国家规定的有关标准,在"工程建设其他费用及回收金额计算表"中进行计算。此外,第一部分建筑安装工程费中的绿化工程补助费以及预备费等,也要利用该表进行计算。

4. 总概算的编制

总概算是根据所编制的建设工程项目的建筑安装工程费、设备、工具、器具及家具购置费,工程建设其他费用等概算文件资料,按照概算项目表组成的内容和如下方法进行编制。

(1)按工程或费用名称,依次将单位、工程数量、概算金额分别摘取填入"总概算表"相应的各栏内。

(2)按"项","目",第一、二、三部分及其合计,概算总金额,公路(桥梁)基本造价,依次算出各项工程或费用的小计、合计及总计。

(3)计算技术经济指标和各项费用的比例(%)。技术经济指标是以各项工程概算金额分别除以相应的工程数量。而各项概算金额除以概算总金额,即为相应的各项费用所占的比例。

(4)将建设项目需要的人工、主要材料、机械台班数量,按工程项目分别进行汇总,完成"人工、材料、机械台班数量汇总表",凡规定可计列场外运输操作损耗的材料要计入其相应损耗数量。

(5)当一个建设项目按分段编制概算时,应将各分段的工程数量,概算金额,以及人工、主要材料、机械台班数量进行汇总,编制完成"总概算汇总表"和"总概算人工、材料、机械台班数量汇总表"。

5. 写出编制说明

当设计概算汇总完成后,应如实、全面地说明编制过程中的有关情况,以利于决策机关作出正确的决策。同时,工程建成后,这些资料就成为宝贵的工程概算的历史资料,如果没有必要的说明,就无法进行造价资料的积累。所以,应认真地做好概算编制说明的编写工作。

第五节　技术设计修正概算的编制

修正概算的作用,以及编制依据、程序和方法与设计概算基本上是一样的,这里不再赘述。但初步设计和技术设计毕竟是两个不同的设计阶段,编制修正概算时,除应参考初步设计概算的编制内容与要求外,还应结合建设工程的实际情况,按下列要求做好修正概算的编制工作。

1. 熟悉对原初步设计方案修改的范围和深度、施工工期是否有调整、需要修正概算的各项

基础资料及有关内容，做到心中有数。

2. 做好搜集、整理和补充外业调查资料的工作。它包括两个方面的内容，一是对修改的工程结构部分有关外业资料的调查；二是对初步设计概算的外业调查资料的整理，找出影响修正概算的因素。如建设工程项目用地范围内，是否增加了新的建筑物、构筑物、耕地种植情况有无改变，技术物资供应情况有无变化等。

3. 根据技术设计图表资料，按照概算定额内容的要求，正确摘取各项工程数量，并提出与原设计概算工程量的比较表，用来进行修正概算的编制和经济分析。

4. 各个设计阶段工程造价文件的编制，按规定都应以工程所在地当时的实际价格作为计算依据，而编制修正概算一般不可能在编制初步设计概算的同一年度内进行，在市场经济的条件，各种价格变化的因素较多。因此，应了解在这期间，人工工资标准、材料供应价格有无变动，国家对工程造价的计价依据和办法有无修改，建设单位有无新的要求，以此作为编制修正概算的依据。

5. 当技术设计修改的范围仅影响局部工程数量的增减，人工、材料、机械台班的预算价格拟不作调整，仍以原设计概算资料作为计算依据时，可采用修正总概算表的办法编制修正概算。就是修正总概算表中有关变动部分的工程数量，然后以原概算的技术经济指标，即分部工程的概算单价分别乘以相应变动部分的工程数量，并按规定对总概算内有关费用进行修正。同时，修正变动部分工程的人工、材料、机械台班的需要数量，最后修正相关的汇总表。

6. 当有新增工程内容或人工、材料、机械台班的预算价格都发生了很大的变化时，则应按照编制设计概算的程序和方法，对新增加的工程内容进行工、料、机分析，编制分项工程概算表，同时修正人工、材料、机械台班的预算价格，重新计算建筑安装工程费，并据以修正总概算表的各项有关费用，编制修正总概算文件。

7. 无论采用哪种方法来完成编制修正概算，均应对编制说明加以修正，并按规定出版修正概算文件。

8. 修正概算编制完成后，要对照检查对初步设计批复意见的执行情况，有无不符合要求之处。若修正的总概算超出批准的设计概算时，要分析超出的原因，提出解决的办法或意见，供建设工程主管部门或建设单位决策时参考，并应补办报批手续，待原设计概算审批单位批准后，即为建设项目投资的最高限额。

第六节　施工图预算的编制

施工图预算是根据施工图设计文件资料和施工组织设计，以及国家颁布的预算定额、取费标准和预算编制办法，并按当地、当时的人工、材料、机械台班的实际价格来进行编制的，它是施工图设计文件的重要组成部分。

一、施工图预算的作用

(一)当施工图预算作为承包施工任务的依据时的作用

1. 施工图预算是施工单位组织施工的依据

施工图预算编制的主要目的，就是为了指导建设项目进行施工。施工单位在组织施工时，应根据施工图预算计算出来的各项工程的工程量编制计划组织施工，预算中提供的材料、半成品、各种构件的用量、品种、规格以及质量标准，是施工单位组织采购、加工、计划、供应的依据。

预算中提供的人工、机械台班用量也是安排施工计划的依据。

2. 施工图预算是施工单位统计完成工程量的依据

因为施工单位在掌握工程进度时，除了需要有工程量和形象进度外，还要有工作量，即以货币表现的工作量为依据。它是根据施工期内实际完成的各种工程量乘以相应的预算单价来计算的，是考核工程进度和完成计划的一个综合指标。

3. 施工图预算是施工企业进行经济核算的依据

施工图预算计算出来的工程单价，是建筑安装工程产品的计划价格，施工企业为了取得较好的经济效益，必须在预算提供产品价格的范围内，通过加强经济核算，努力提高劳动生产率，降低人力、物力、财力的消耗，以达到降低成本的目的，才能为企业提供更多的积累和盈利。

4. 施工图预算是施工单位和建设单位进行工程结算的依据

审定的施工图预算经建设单位和施工单位承发包合同确认后，是建设单位与施工单位进行工程结算的依据。单位工程竣工后或根据施工进度安排所完成的部分工程量的结算，都应以施工图预算中所确定的价格进行结算。

5. 施工图预算是建设银行进行工程拨款的依据

建设银行对于建筑安装工程的拨款，是以施工图预算和建设单位与施工单位结算的工作量为依据的；并以施工图预算对合同单位的甲、乙双方的财务实施监督，促进建设单位合理地使用国家的建设资金。

6. 施工图预算也是工程决算的依据

工程竣工后应根据所完成的工程量和施工图预算所确定的价格进行决算，最后形成总的新增固定资产的价值。

7. 建设项目需要由审计单位进行审计时，施工图预算是审计工作的依据。

(二)当建设项目在审定后的施工图预算的基础上组织招标时，施工图预算是编制工程标底的依据

建设项目如果是在审定后的施工图预算的基础上组织招标时，施工图预算提供的工程量、人工、材料、机械台班用量是编制工程标底的依据。

(三)施工图预算是衡量设计方案是否经济合理的依据

施工图预算的编制也是对初步设计或技术设计进一步的具体和深化，施工图预算提供的总预算造价指标和各种分项工程的造价指标与以往的技术经济指标进行比较，进一步论证初步设计或技术设计所确定的设计方案，修建原则是否经济合理。同时还可以检查概算编制的质量，不断总结经验，提高技术水平。

二、编制施工图预算的依据

施工图预算的编制依据主要有以下几点：

1. 就公路工程的不同设计阶段而言，作为编制施工图预算的主要依据之一，在一阶段设计中，是可行性研究报告投资估算；在两阶段设计中，是初步设计概算；在三阶段设计中，是技术设计修正概算。经批准的投资限额，是进行施工图限额设计的主要依据，一般施工图预算不得随意突破批准的投资限额。

2. 施工设计图纸和说明。这些资料都具体地规定了兴建工程的形式、内容、地质情况、结构尺寸、施工技术要求等，不仅是指导施工的指令性技术文件，而且是编制施工图预算，计算工程数量的主要依据。

3. 施工组织设计资料。施工组织设计对施工期限、施工方法、机械化程度,以及大型构件预制场、路面混合料拌和场、材料堆放地点、各种必须修建的临时工程的位置和临时占用土地数量等,都应作出明确而具体的规定。这些资料是计算辅助工程数量、临时工程数量、套用预算定额和计算有关各项费用的重要依据。

4.《公路工程预算定额》。它不仅是计算建设项目中的建筑安装工程费部分的人工、材料、机械台班消耗量的主要依据和标准,而且因为它规定了分项工程各自的工程内容和定额的一些换算方法,所以还是计算工程量的主要依据。

5. 人工、材料、机械台班预算价格,以及据以计算这些价格的工资标准、材料供应价、运价、机械台班费用定额、养路费等,都是编制施工图预算的基础资料。

6. 其他工程费、间接费等各项取费标准。结合我国的国情和建设实践,构成建设工程的造价的其他工程费、间接费、利润、税金,以及建设项目管理费等,均是以费率作为计算施工图预算费用的依据。

7. 工程量计算规则和预算编制办法。工程量计算规则包括两个方面的含意,一是根据施工设计图纸资料如何计算工程量;二是按预算定额的内容要求如何正确计取工程量,两者都是编制施工图预算时必须遵照执行的规则。预算编制办法,除规定了各种费率标准外,还对组成预算文件的各种计算表格的内容、填表程序和方法,都作出了十分明确的规定,不得随意修改,这些也是编制施工图预算的依据。

8. 勘察设计合同、直辖市以及建设项目主管部门或建设单位的有关规定。

9. 当采用新结构、新材料、新工艺、新设备而定额缺项时,按规定编制的补充定额,也是编制施工图预算的依据。

10. 有关的文件和规定。凡与编制预算有关的文件和规定,以及在外业调查中所签订的各种协议和合同都是编制预算的重要依据。

11. 其他资料。如工具书、标准图集等。

三、施工组织设计对预算的影响

施工组织设计和施工图预算是相互依存、相互影响的。确切地说,施工图预算的编制过程也是施工组织设计的过程。施工组织设计中的施工计划决定着施工图预算,反过来,施工图预算又制约着施工组织设计,两者是辩证统一的关系,是相辅相成的。

预算费用中与施工组织设计关系最大的是建筑安装工程费,而建筑安装工程费又是由直接工程费、其他工程费、间接费、利润和税金组成。就费用的计算过程来看,直接工程费的高低基本决定了建筑安装费的高低。从设计过程分析,只要降低了建筑安装工程的直接工程费,就达到了降低整个工程费的目的。

施工组织设计对预算的影响是多方面的,但主要是对直接工程费的影响,现就影响较大的主要因素进行分析。

(一)施工现场平面布置对预算的影响

施工现场平面布置是施工组织设计在空间上的综合描述,是施工组织设计的重要组成部分。它是在基础资料调查的基础上,结合建设工程的实际情况,按照一定的布置原则和方法,对建设工程在施工过程中的材料供应和运输路线、供电、供水、临时工程、工地仓库、生活设施、管理、机械设施、服务区、加油站、道班房、预制场、拌和场以及大型机械设备工作面的布置和安排。平面布置的确定,也就决定了预算中的直接费,如场内运输的价格、临时工程的费用以及租用土地费、平整场地费用等。在施工组织设计中应精心进行平面布置,从经济分析的角度反复比较技术上和经济上的合理性。平面布置一般应遵循以下原则:

1. 凡是永久性占用土地或需临时租用土地的工程,应结合地形、地貌,在满足施工的前提下,尽可能选择利用荒山、荒地和场地平整工程量小的地点,并尽量少占农田。

2. 合理确定工地仓库和自采材料堆放点,预制场、拌和站的位置,应避免材料的二次倒运和减短材料的场内运距。

3. 施工平面布置应与施工进度、施工方法等相适应,要重视保护生态环境。

4. 材料费在公路工程建设中占的比重很大,因此,合理选择材料、确定经济运距和运输方案是控制预算造价的重要手段。

(二)施工工期对预算的影响

任何一个建筑产品,它都有一定的合理生产周期。根据建设工程的实际情况,合理确定施工工期,对工程质量和预算造价都产生极大的影响。公路工程也不例外,在施工组织设计中应按合理的工期进行劳动力安排、材料的供应和机械设备的配置。

(三)施工方法的选择对预算的影响

在公路工程设计和建设中,施工方法的选择是至关重要的,必须依据工程条件和经济合理的原则进行多方面的比较。随着施工工艺、施工技术的不断发展和更新,完成一个项目的施工方法是多种多样的,而每种施工方法又有其自身的特点和不足,这就要求设计人员根据工程的实际情况,选择最经济又适用的施工方法。

1. 路基施工方法的选择

路基工程中,土石方施工的工程量是施工组织设计中控制预算造价的主要因素,施工方法的选择,对土石方施工中的工日消耗、机械台班消耗有很大影响。目前公路路基工程施工中,高等级公路为了满足施工质量一般都是机械化施工;而低等级公路一般采用人工、机械组合进行施工。

2. 路面施工方法的选择

路面工程的施工方法选择,对于路面基层主要分路拌和厂拌;对于面层施工主要有热拌、冷拌、贯入、厂拌等方法。各种施工方法的工程成本消耗各不相同,当路面基层结构一定时,选择不同施工方法的造价不一样。因此,应结合公路等级对路面的质量要求,路面工程规模和工期要求进行综合分析确定。

3. 构造物施工方法的选择

在公路建设工程中,通常将除路基土石方和路面工程以外的桥梁、涵洞、防护等各项工程统称为构造物。由于其种类多,结构各异,又各有不同的技术经济特征和施工工艺要求,所以其施工方法也各不相同。从某种意义上来讲,是既简单又复杂。所谓简单,主要是施工方法选择的余地有限,如石砌圬工是以人工施工为主,混凝土工程不是采用木模就是钢模,没有更多的施工方法可供优选;所谓复杂,因为有些构造物各有特殊的专业施工方法,这在工程设计时就已确定了,如T形梁的安装,一般都采用导梁作为安装工具,箱形拱桥则要采用缆索来进行吊装,悬臂拼装就要配悬臂吊机等,这是从长期建设实践经验中积累完善起来的施工方法和配置的定型配套的安装工具。但是,在一个建设项目中的桥涵工程,一般是比较多的,因此在进行桥型结构设计时,要尽可能采用标准设计,避免结构形式上的多样化,这不仅有利于施工,而且还可减少辅助工程费用;在进行施工组织设计时,则应尽可能按流水作业的原则安排施工进度计划,如某建设项目中有三座同跨径的石拱桥,支砌拱圈的工作,应在总的控制工期内实行流水作业,确定各个桥的拱圈施工起建时间。这样,就可提高拱盔支架的周转次数,达到降低工程造价的目的。另外在混凝土构件的预制与安装工作中,也存在类似的情况。所以,在编制施工组织设计时,要充分重视这些因素,这是有效控制工程造价的一个关键环节。

(四)运输组织计划对预算的影响

运输组织计划是施工组织设计中的一项重要内容,它不仅直接影响施工进度,而且在很大程度上也影响了工程造价。为了确保施工进度计划的执行,力求最大限度降低工程造价,就要求编制出合理的运输组织计划。运输组织计划一般应达到下列要求:

1. 运距最短,运输量最小。

2. 减少运转次数,力求直达工地。

3. 装卸迅速和运转方便。

4. 尽量利用原有交通条件,减少临时运输设施的投资。

5. 充分发挥运输工具的载运条件。

四、施工图预算的编制程序与方法

施工图预算的编制程序与方法,主要是由预算编制办法和《公路工程预算定额》(JTG/T B06-02—2007)决定的。预算编制人员不但要懂设计还要懂得施工,通晓有关的施工机械设备、施工方法、工艺过程,这对正确的套用定额和编制预算是非常重要的。

(一)施工图预算的编制程序

在编制施工图预算的工作中,应当根据施工设计图纸,在熟悉和掌握必备的基础资料的前提下,按照如下程序进行:

1. 熟悉施工设计图纸和整理外业调查资料。施工设计图纸是计算和计取编制施工图预算文件计价工程量的基本依据,不熟悉或了解不深,就无法正确进行计算和摘取工程量,而外业调查的内容和范围,十分广泛,对调查搜集的各种资料,通过必要的分析整理,才能做到合理可靠,使之符合编制要求。

2. 研究分析施工组织设计。施工组织设计是建设项目实施的指导性文件,分析研究其对施工图预算的影响是一个关键环节。

3. 正确计取工程量。

4. 编制人工、材料、机械台班预算价格。应按预算编制办法所规定的计算表格的内容和要求,完成下列各项计算工作。

(1)人工费单价的分析取定。

(2)机械台班单价计算。

(3)自采材料料场单价计算。

(4)材料预算单价计算。

(5)人工、材料、机械台班单价汇总。

(6)辅助生产工、料、机械台班单位数量计算。

5. 确定各种费率的收费标准,进行其他直接工程费费率、间接费综合费率计算。

6. 进行工、料、机分析。根据摘取的工程量与预算定额等资料进行如下两项计算工作:

(1)分项工程直接工程费和间接费的计算。

(2)建筑安装工程费计算。

7. 计算设备、工具、器具购置费。

8. 计算工程建设其他费用及回收金额。

9. 编制总预算。包括以下各项计算工作内容：

(1) 总预算计算(分段)。

(2) 总预算汇总计算。

(3) 辅助生产所需人工、材料、机械台班数量计算。

(4) 临时设施所需人工、材料及冬季、雨季和夜间施工增加工计算。

(5) 分段人工、主要材料、机械台班数量统计汇总。

(6) 总预算人工、主要材料、机械台班数量统计汇总。

10. 编写预算编制说明书。

11. 进行复核、审核和出版。

(二) 施工图预算的编制方法

施工图预算的编制方法与概算不同之处，主要表现在构成施工图预算第一部分建筑安装工程费的编制依据之一的工程定额，前者是预算定额，而后者是概算定额。至于第二、三部分费用的编制方法，则基本上是一样的。所以，充分了解概、预算编制之间的这种内在关系，对于做好施工图预算的编制工作，是十分重要的。

1. 建筑安装工程费的编制方法

构成施工图预算的第一部分建筑安装工程费的编制，通常是从以预算定额为依据进行工料机实物量分析入手的，这就为我们编制施工图预算规定了一个着手点，使编制方法系统化。预算定额多达二千多个定额子目，虽然编制一个建设项目的施工图预算，不会全部使用这些子目，但编制施工图预算的工作任务还是非常繁重的。因此，编制施工图预算时，必须利用一切可以利用的捷径。在不降低精确度的前提下，尽可能利用、参考批准的概算文件的有关数据和工程造价历史资料，减少计算工作，节省编制时间。

编制建筑安装工程费，应注意以下几点：

(1) 在进行工料机实物量分析之前，要根据摘取的工程量和整理好的外业调查资料，计算出人工、材料、机械台班的预算价格，它的计算原则和方法与编制概算是相同的。同时，为了有效控制工程造价，在计算这些预算价格时，应以批准的概算文件为基础，结合整理的外业调查资料，以及国家对人工、材料、机械台班的价格信息，有无修改变更等情况，综合分析取定。并对原概算文件资料进行必要的分析比较，以便了解概、预算之间可能发生的变化和对预算产生的影响程度。

在计算人工、材料、机械台班的预算价格时，应按要求编制以下几种计算表格：

①机械台班单价计算表。

②自采材料料场单价计算表。

③材料预算单价计算表。

④人工、材料、机械台班单价汇总表。

⑤辅助生产工、料、机械台班单位数量表。该表用来计算辅助生产所需的人工、材料、机械台班数量，包括材料的开采、加工、装卸、运输等工作内容。

(2) 根据建设项目的实际情况和批准的概算文件，以及国家有关规定，合理取定其他工程费、间接费的各项费率标准，并编制其他直接工程费、间接费综合费率计算表。同时，应与原批准的概算文件资料进行必要的比较分析，做到心中有数，也便于发现差错，及时纠正。

上述两项是编制施工图预算中的建筑安装工程费的基础资料，是计算各项费用之前，必不可少的计算过程,也是确保编制质量的重要条件。其计算原则和方法、定额标准,无论是编制投资估算、设计概算、修正概算和施工图预算,都是一样的。

(3)根据摘取的各种主体工程量和辅助工程量,结合施工组织设计的要求,正确套用预算定额,编制分项工程预算表和建筑安装工程费计算表。应按照预算项目表所规定的序列内容进行填写。现就路基、路面、构造物等的预算编制方法摘要说明如下:

①路基工程。属于路基土石方工程的其他零星工程,如人工挖土质台阶,耕地填前夯(压)实及填前挖松,整修路拱和边坡等多项工程,概算定额是将其综合扩大为路基零星工程一项,而预算则是要按实逐项进行计算。因此,一般情况下,可将人工挖土质台阶,耕地填前夯(压)实及填前挖松的费用综合在路基填方压实内,整修路拱边坡的费用分别计入路基土石方;或者将这些工程项目综合为路基其他一项,而以公里为计算单位,亦是可行的。

编制路基土石方预算时,要根据摘取的工程量,结合施工组织设计所安排的进度计划,施工方法,机械的选型配套资料,进行分析确定有关计算数据,如人工、机械施工的数量,及各种不同的增运运距等,分别套用定额进行计算。

②路面工程。路面混合料的运输费用和拌和设备的安拆费用,应综合在相应的路面结构内,都不单独反映这些费用项目。

③构造物工程。根据我国的实际情况,构造物工程应以分部与不同圬工结构进行项目划分,施工图预算中的分部工程预算所确定工程内容和范围,应以有利于加强建设项目实施阶段的工程造价管理为目的,尽可能为建设各方提供经济核算的可比依据。

a. 基础工程。编制基础工程的预算费用时,应按砌石、混凝土等不同结构来划分项目,挖基、防水、排水,以及基坑废方的远运处理等辅助工程所需的费用都可综合在内,不单独列项反映。

b. 下部工程。应按墩、台和不同圬工结构分别计算,至于墩台帽、盖梁、耳墙、背墙等,都不单列项目计算,应将其费用综合在桥台的圬工项目内。

c. 上部工程。桥梁的上部结构形式比较多,应结合实际情况确定项目,如预制混凝土结构,其预制与安装一般可分项进行计算,当然也可合并为一个项目。至于桥面铺装、人行道和栏杆等工程,均应分别列项计算。例如由16m以下标准跨径的预应力空心板的预制工作,应将浇筑混凝土、钢筋、钢绞线、张拉台座、预制场门架、构件出坑等工程内容综合为一项。预制场及构件安装需铺设的临时轨道,都要合并计入预算项目表的第一项“临时工程”的轨道铺设项目,不计入预制或安装构件的费用内。预制构件的安装工作应包括的工程内容是安装、构件运输、支座、泄水管、安装设备的安拆,至于绞缝混凝土的浇筑,则应合并在桥面铺装的混凝土内计算。

d. 编制构造物工程的施工图预算时,当砂浆与混凝土的强度等级设计与预算定额的规定不相同或安装设备的实际使用期超过四个月时,则可调整其强度等级的材料消耗量和设备的摊销费用定额,而编制概算时是不允许调整的。

④分项工程预算表中的定额表号,采用八位编码,从左至右,第1位为章次号,第2~5位为节和项目号,第6~8位为子目号,例如第四章第11节的4-11-16第4个子目的代码为41116004。

(4)在完成了工料机分析之后,即可根据计算确定的人工、材料、机械台班预算价格和其他工程费、间接费综合费率,分别计算出各项费用,然后按预算项目表序列内容要求,节录转入建筑安装工程费计算表内,进行施工技术装备费、计划利润和税金的计算,逐项汇总并求出建筑安装工程费金额。

2. 设备、工具、器具购置费的编制方法

编制施工图预算中第二部分设备、工具、器具购置费时，原则上应以批准的概算文件为准，但因编制期的不同，其设备等供应价格难免不发生变化，故除设备等的价格可按当时的实际情况进行调整外，其规格品种和数量是不能随意修改的。

3. 工程建设其他费用的编制方法

工程建设其他费用的性质各不相同，应按下列原则和方法分别进行编制。

(1) 土地征用及拆迁补偿费。按国家规定对被征用的土地及附着物给物主以经济补偿。而在施工图设计阶段所提出的这些资料，已是实际支付赔偿的原始凭证。所以，要求根据施工图设计中的用地图计算的用地数量，并结合整理的外业调查资料，如实地进行计算。若有差错或与实际不符，就会造成建设单位具体执行上的困难，从而影响工程建设。同时，应做好与原批准的概算文件资料的分析比较工作，以掌握其变化情况，也有利于总结经验，提高今后工程造价编制水平。

(2) 建设项目前期工作费。按国家颁发的收费标准和有关规定进行编制。

(3) 研究试验费。应以批准的概算文件资料为准，原则上不得进行调整。

(4) 建设期贷款利息。除国家对利率作了调整外，也是不应修改的，应以批准的概算数列入预算。

(5) 建设项目管理费、施工机构迁移费、供电贴费、联合试运转费、生产人员培训费、固定资产投资方向调节税等应结合建设工程的实际情况，按有关规定进行计算。

4. 预备费、回收金额的编制方法。

这是构成施工图预算的第一、二、三部分费用之外的几项费用，应按下列要求进行计算。

(1) 预备费。应结合建设工程的实际情况，按有关规定计算。

(2) 回收金额。为满足施工需要，凡达不到规定的周转次数而增加定额外的材料消耗量的定额项目，如拱盔、支架等，以及按一次材料使用量计入的临时电力、电信线路等，均应按规定对旧料计算回收金额，并单独列项反映。

5. 上述各项费用编制完成后，便可编制总预算表，即按预算项目表的序列依次将各项工程或费用单位、数量、金额节录转入，除按项和第一、二、三部分求出合计、总计外，还应计算技术经济指标和各项费用比例。若分标段编制施工图预算的，应再次将各标段进行汇总，计算出整个建设项目的技术经济指标和各项费用比例。同时，将建设项目和分标段所需的人工、主要材料、机械台班数量进行统计，据以编制汇总表。

6. 写出编制说明。在施工图预算编制完成之后，除应按规定要求的内容编写编制说明外，应进行工作总结，对预算与概算文件，作必要的"两算"对比分析。若预算超出批准的概算限额，要找出原因，提出解决的办法和意见，为建设工程的主管部门或建设单位进行决策提供依据。

当有多个设计单位共同承担施工图设计任务时，主管部门应指定某一单位负责汇编总预算。

思考题与习题

1. 概、预算文件和费用的组成是什么？
2. 简述建设单位(业主)管理费计算方法。
3. 建安费由哪些费用组成？

4.11 表计算的机械包括哪些表格所涉及的机械种类？

5.08 表编制的关键是什么？

6. 某路基工程所需片石由工地余方供应，但需要捡清，定额规定每捡清 $100m^3$ 片石需消耗人工 27.2 工日，若人工单价为 49.2 元/工日，试计算片石的料场单价。

7. 袋装水泥供应价 350 元/t，用汽车运输，山区路线平均运距 100km，运价率 0.5 元/t · km。装卸费 2.2 元/t，场外运输损耗率 1%，毛重系数 1.01，采购及保管费率 2.5%，不计包装回收，试计算其预算单价。

第五章　公路工程投资估算

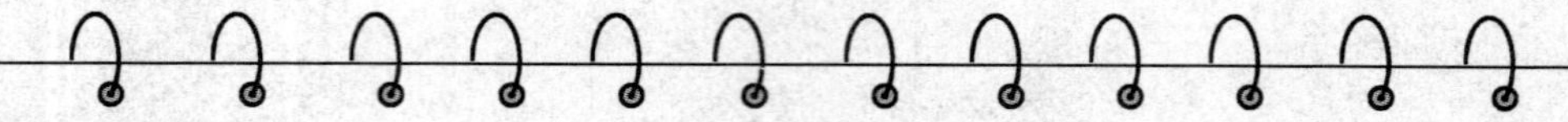

本章学习要点

本章主要介绍项目建议书投资估算和可行性研究报告投资估算的文件组成、项目表的使用、费用的组成和计算以及编制方法。

公路工程基本建设在前期工作阶段,要编制项目建议书及可行性研究报告。项目建议书是最初的前期工作阶段,是能否立项的重要依据,其相应的造价文件为项目建议书投资估算。可行性研究报告是决策的前期工作阶段,是建设项目是否可行的重要论证依据,其相应的造价文件为可行性研究报告投资估算。故投资估算分为项目建议书投资估算及可行性研究报告投资估算两类。

公路建设项目的投资包括:"第一部分 建筑安装工程费","第二部分 设备、工具、器具购置费","第三部分 工程建设其他费用",以及"预留费"。编制投资估算应按《公路基本建设工程投资估算编制办法》(交公路发[1996]611 号)(以下简称《估算编制办法》)规定的计算程序和计算方法来逐项进行。

第一节　项目建议书投资估算的编制

一、项目建议书投资估算的文件组成

项目建议书投资估算文件由封面、目录、估算编制说明及全部估算计算表格组成。

(一)封面及目录

估算文件的封面和扉页应按《公路工程基本建设项目设计文件编制办法》(交公路发[2007]358 号)中有关规定制作,扉页的次页应有建设项目名称,编制单位,编制、复核人员姓名并加盖资格印章,编制日期及第几册共几册等内容。目录应按估算表的表号顺序编排。

(二)估算编制说明

估算编制完成后,应写出编制说明,文字力求简明扼要。应叙述的内容一般有:

1. 项目建议书的依据及有关文号,依据的资料及比选方案等。

2. 采用的估算指标、费用标准及人工、材料单价的依据或来源,补充指标及编制依据的详细说明。

3. 与估算有关的委托书、协议书、会谈纪要的主要内容(或将抄件附后)。

4. 总估算金额,人工、钢材、水泥、木料、沥青的总需要量情况,各建设方案的经济比较以及

编制中存在的问题。

5. 其他与估算有关但不能在表格中反映的事项。

(三)估算表格

项目建设书投资估算应按统一的估算表格计算。

封面及表格式样见本书附录。

(四)估算文件

项目建议书投资估算文件包括的内容如下:

1. 项目建议书投资估算编制说明;

2. 项目建议书总估算汇总表(01 表);

3. 项目建议书总估算表(02 表);

4. 项目建议书人工、主要材料数量汇总表(03 表);

5. 项目建议书设备、工具、器具购置费与工程建设其他费用计算表(04 表);

6. 项目建议书工程估算表(05 表);

7. 项目建议书人工及主要材料价格计算表(06 表)。

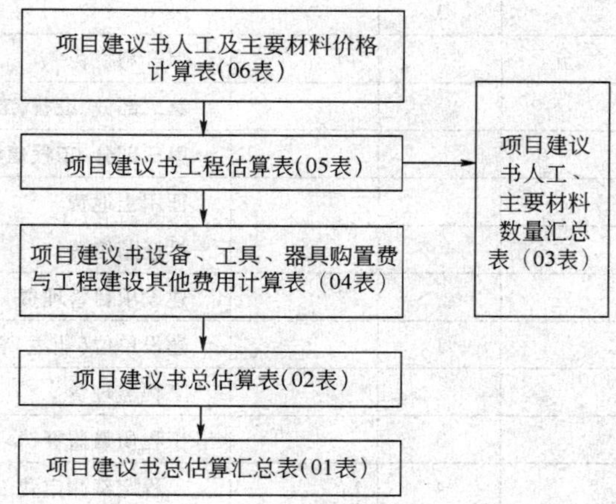

图 5-1 项目建议书投资估算文件组成关系图

以上 6 个估算表格之间的关系如图 5-1 所示。

二、项目建议书投资估算项目

项目建议书投资估算应按一个建设项目(如一条路线或一座独立大、中桥)来进行编制。当一个建设项目需要分段估算投资时,应分别编制"总估算表"(02 表),最后汇总编制"总估算汇总表"(01 表)。

项目建议书投资估算项目应按《估算编制办法》中的项目表的序列及内容编制,即"总估算表"(02 表)应参照项目表来编制。

项目表分为路线工程项目表(表 5-1)和独立桥梁工程项目表(表 5-2)。在应用项目表时应特别注意:第一、二、三部分序号应保留不变,例如:当"第二部分 设备、工具、器具购置费"不计时,"第三部分 工程建设其他费用"仍为第三部分,不能错误地改写为"第二部分 工程建设其他费用"。路线工程项目表中"第一部分 建筑安装工程费"的项可根据工程实际情况增列城市进出口处的大型互通式立体交叉工程。

项目建议书路线工程项目表 表 5-1

项	目	节	工程或费用名称	单 位	备 注
			第一部分 建筑安装工程费	**公路公里**	
一			路线工程	公路公里	按路段分目
	1		……		
二			桥长 1 000m 以上(含 1 000m)特大桥工程	m/座	按桥名分目
	1		……		
三			隧道工程	公路公里	按隧道名分目
	1		……		

续上表

项	目	节	工程或费用名称	单 位	备 注
四			附属工程	公路公里	按项目分目
	1		辅道工程	km	
	2		支线工程	km	
	3		……		
五			综合利税费	公路公里	
			第二部分 设备、工具、器具购置费	**公路公里**	
			第三部分 工程建设其他费用	**公路公里**	
一			征用土地费	市亩	
二			拆迁赔偿费	公路公里	
三			建设项目管理费	公路公里	
	1		建设单位(业主)管理费	公路公里	
	2		工程监理费	公路公里	
	3		工程质量监督费	公路公里	
	4		工程定额测定费	公路公里	
	5		设计文件审查费	公路公里	
四			研究试验费	公路公里	
五			建设项目前期工作费	公路公里	
六			供电贴费	公路公里	
七			固定资产投资方向调节税	公路公里	
八			建设期贷款利息	公路公里	
			第一、二、三部分费用合计	**公路公里**	
			预留费用	公路公里	
			1. 工程造价增涨预留费	公路公里	
			2. 预备费	公路公里	
			投资估算总金额	**公路公里**	
			平均每公路公里造价	万元	

项目建议书独立桥梁工程项目表 表 5-2

项	目	节	工程或费用名称	单 位	备 注
			第一部分 建筑安装工程费	**桥长米**	
一			引道工程	桥长米	
二			大桥工程	桥长米	
	1		主桥	m^2/m	按结构形式分节
		1	……		
	2		引桥	m^2/m	按结构形式分节
		1	……		
	3		调治工程	m^3	按结构形式分节
		1	……		
三			综合利税费	桥长米	

续上表

项	目	节	工程或费用名称	单位	备注
			第二部分 设备、工具、器具购置费	**桥长米**	
			第三部分 工程建设其他费用	**桥长米**	
一			征用土地费	市亩	
二			拆迁赔偿费	桥长米	
三			建设项目管理费	桥长米	
	1		建设单位(业主)管理费	桥长米	
	2		工程监理费	桥长米	
	3		工程质量监督费	桥长米	
	4		工程定额测定费	桥长米	
	5		设计文件审查费	桥长米	
四			研究试验费	桥长米	
五			建设项目前期工作费	桥长米	
六			供电贴费	桥长米	
七			固定资产投资方向调节税	桥长米	
八			建设期贷款利息	桥长米	
			第一、二、三部分费用合计	**桥长米**	
			预留费用	桥长米	
			1. 工程造价增涨预留费	桥长米	
			2. 预备费	桥长米	
			投资估算总金额	**桥长米**	
			平均每桥长米造价	万元	

三、项目建议书投资估算费用的组成及计算

(一)估算费用的组成

估算费用组成如图5-2所示。

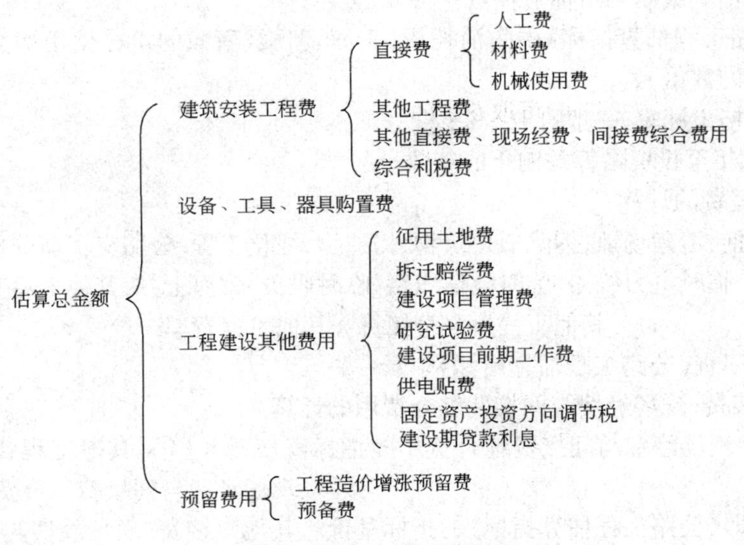

图5-2　项目建议书投资估算费用组成

（二）估算费用的计算

1. 建筑安装工程费的计算

建筑安装工程费，简称建安费，是指直接用于形成工程实体所发生的费用，其计算公式如下：

建筑安装工程费 = 直接费 + 其他工程费 + 其他直接费、现场经费、间接费综合费用 + 综合利税费

上式中，直接费的计算较难，是计算建安费的关键和核心，而其他工程费，其他直接费、现场经费、间接费综合费用，综合利税费的计算则比较简单，只需分别以规定的基数乘上各自的费率即可。具体的计算在项目建议书工程估算表（05 表）中进行。

（1）直接费的计算

直接费由主要工程的人工费、材料费、机械使用费组成。

要计算直接费，必须先深入地学习《公路工程估算指标》，正确熟练地套用该指标中的综合指标，得出在指标单位下主要工程的人工费、主要材料费、其他材料费、机械使用费的消耗量以及指标基价，然后通过下列公式计算直接费：

直接费 = 人工费 + 主要材料费 + 其他材料费 + 机械使用费

①人工费、主要材料费的计算

人工费 = 工程所在地的人工费单价 × 人工消耗量 × 工程量

主要材料费 = 工程所在地的材料预算单价 × 材料消耗量 × 工程量

工程所在地的人工费单价和材料预算单价按《公路工程基本建设项目概算预算编制办法》的规定计算，详见“第四章 公路工程概、预算”。

②其他材料费、机械使用费的计算

其他材料费、机械使用费在《公路工程估算指标》中是以人民币“元”表示的消耗量，是按1996 年价格计算的，它们在投资中占有一定的比例，应按年价格上涨率调整为投资估算编制年的指标消耗量。调整公式为：

$$A = B \times (1 + C)^{n-1} \tag{5-1}$$

式中：A——投资估算编制年指标消耗量；

B——《公路工程估算指标》中的消耗量（青海、新疆、西藏的机械使用费为乘以 1.15 系数后的数值）；

C——年价格上涨率，一般可取 5%；

n——1996 年至投资估算编制年的年数。

（2）其他工程费的计算

其他工程包括：清理场地，拆除旧建筑物、构造物，绿化工程，公路交工前养护费，临时轨道铺设，便道，便桥，临时电力线路，临时电信线路，临时码头，改河土方，其他零星工程等。

其他工程费 = 直接费 × 其他工程费率

其他工程费率查《公路工程估算指标》附录一。

（3）其他直接费、现场经费与间接费综合费用的计算

其他直接费、现场经费与间接费综合费用 = 指标直接费 ×（1 + 其他工程费率）× 其他直接费、现场经费与间接费综合费率

指标直接费即《公路工程估算指标》的指标基价。其他直接费、现场经费与间接费综合费率查《估算编制办法》附录，路线工程项目中的 1 000m 以上（含 1 000m）的特大桥工程按独立

桥梁工程的费率计算,附录中未列北京市、天津市、上海市的费率,北京市、天津市、上海市可采用邻近省份的费率计算。

(4)综合利税费的计算

综合利税费指施工技术装备费、计划利润和税金之和。计算公式如下:

综合利税费 =(直接费 + 其他工程费 + 其他直接费、现场经费与间接费综合费用)× 综合利税率

综合利税率取 10%。

【例 5-1】 广东新建一条四车道高速公路,路基宽 26m,平原微丘区,总里程 100km,1998 年编制项目建议书,试计算建筑安装工程费。

解:I. 在项目建议书工程估算表(05 表)中计算直接费,其他工程费,其他直接费、现场经费、间接费综合费用。05 表中"指标"栏由《公路工程估算指标》查出。

数量 = 指标 × 工程量

金额 = 单价 × 数量

①人工费、主要材料费的计算。

查《公路工程估算指标》综合指标 1 ~ 16,得出路线工程单位指标 1km 的人工消耗量(即 05 表中的"指标"栏)114 249 工日,路线工程工程量为 100km,则:

数量 = 指标 × 工程量 = 114 249 × 100 = 1 142 900 工日

人工费(05 表中的金额栏)= 人工单价 × 数量 = 20.826 × 114 249 × 100 = 237 934 967 元

主要材料(05 表中的金额栏)= 主要材料预算单价 × 数量,以原木为例:

原木金额 = 原木预算单价 × 数量 = 1 105 × 32.38 × 100 = 3 577 990 元

②其他材料费、机械使用费的计算。

投资估算编制年为 1998 年,价格上涨调整系数为 $(1+5\%)^{(1998-1996+1)-1}=1.1025$,填入对应的单价栏。

其他材料费 = 单价 × 数量 = 1.102 5 × 877 923 × 100 = 96 791 011 元

机械使用费的计算与其他材料费方法相同。

③直接费 = ∑金额 = 1 719 517 595 元,注意直接费为人工费、材料费、机械使用费之和,不可马虎地将指标基价计入直接费中。

④其他工程费 = 直接费 × 其他工程费率 = 1 719 517 595 × 2.264% = 38 929 877 元

⑤其他直接费、现场经费与间接费综合费用 = 指标直接费(即指标基价)×(1 + 其他工程费率)× 其他直接费、现场经费与间接费综合费率 = 1 424 623 900 ×(1 + 2.264%)× 27.7% = 403 555 036 元

II. 综合利税费 =(直接费 + 其他工程费 + 其他直接费、现场经费与间接费综合费用)× 综合利税率 =(1 719 517 595 + 38 929 877 + 403 555 036)× 10% = 216 200 251 元

III. 建筑安装工程费 = 直接费 + 其他工程费 + 其他直接费、现场经费、间接费综合费用 + 综合利税费 = 1 719 517 595 + 38 929 877 + 403 555 036 + 216 200 251 = 2 378 202 759 元

详细的计算见表 5-3。

2. 设备、工具、器具购置费

设备、工具、器具购置费是指为满足公路的营运、管理、养护而需要购置的设备、工具、器具的费用,包括渡口设备,隧道照明、通风的动力设备,高等级公路的监控设备,养护用的机械、设备和工具、器具等的购置费用。

表 5-3

项目建议书工程估算表

建设项目名称：××高速公路

编制范围：K0+000～K100+000

(05 表)

序号	工程名称			路线工程						合计	
	工程细目			高速公路 平微 广东							
	指标单位			1km							
	工程量			100							
	估算指标表号			1-16							
	工、料、机名称	单位	单价(元)	指标	数量	金额(元)	指标	数量	金额(元)	数量	金额(元)
1	人工	工日	20.826	114 249	11 424 900.0	237 934 967				11 424 900.0	237 934 967
2	原木	m^3	1 105	32.38	3 238.0	3 577 990				3 238.0	3 577 990
3	锯材	m^3	1 560	95.98	9 598.0	14 454 588				9 598.0	14 454 588
4	I 级钢筋	t	3 510	105.32	10 532.0	36 967 320				10 532.0	36 967 320
5	II 级钢筋	t	3 705	260.26	26 026.0	96 426 330				26 026.0	96 426 330
6	预应力粗钢筋	t	4 680	0.92	92.0	430 560				92.0	430 560
7	钢绞线	t	9 100	23.23	2 323.0	21 139 300				2 323.0	21 139 300
8	钢材	t	3 900	110	11 000.0	42 900 000				11 000.0	42 900 000
9	波形钢板及型钢立柱	t	6 890	43.87	4 387.0	30 226 430				4 387.0	30 226 430
10	加工钢材	t	6 500	34.17	3 417.0	22 210 500				3 417.0	22 210 500
11	钢板标志	t	9 100	1.34	134.0	1 219 400				134.0	1 219 400
12	铝合金标志	t	11 375	0.86	86.0	978 250				86.0	978 250
13	钢板网及铁丝编织网	m^2	24.7	1 043.6	104 360.0	2 577 692				104 360.0	2 577 692
14	水泥	t	455	3 550.05	355 005.0	161 527 275				355 005.0	161 527 275
15	石油沥青	t	1 820	697.43	69 743.0	126 932 260				69 743.0	126 932 260

续上表

序号	工程名称			路线工程						合计	
	工程细目			高速公路 平微 广东							
	指标单位			1km							
	工程量			100							
	估算指标表号			1-16							
	工、料、机名称	单位	单价(元)	指标	数量	金额(元)	指标	数量	金额(元)	数量	金额(元)
16	生石灰	t	91	1 907.65	190 765.0	17 359 615				190 765.0	17 359 615
17	砂、砂砾	m^3	31.46	17 092.6	1 709 260.0	53 773 320				1 709 260.0	53 773 320
18	片石	m^3	32.5	8 240.2	824 020.0	26 780 650				824 020.0	26 780 650
19	碎(砾)石	m^3	36.829	19 785.5	1 978 550.0	72 868 018				1 978 550.0	72 868 018
20	块石	m^3	67.6	1 346.1	134 610.0	9 099 636				134 610.0	9 099 636
21	其他材料费	元	1.102 5	877 923	87 792 300.0	96 791 011				87 792 300.0	96 791 011
22	设备摊销费	元	1.102 5	52 784	5 278 400.0	5 819 436				5 278 400.0	5 819 436
23	机械使用费	元	1.102 5	5 777 821	577 782 100.0	637 004 765				577 782 100.0	637 004 765
24	指标基价(指标直接费)	元	1	14 246 239	1 424 623 900.0	1 424 623 900				1 424 623 900.0	1 424 623 900
	直接费	元				1 719 517 595					1 719 517 595
	其他工程费	%	2.264			38 929 877					3 892 877
	综合费用	%	27.7			403 555 036					403 555 036
	直接工程费与间接费合计	元				2 162 002 510					2 162 002 510

各项费用之间关系:金额 = 单价 × 指标 × 工程量;综合费用 = [指标直接费 × (1 + 其他工程费率)] × 综合费率;其他工程费 = 直接费 × 其他工程费率

这部分费用有两种计算方法，一般情况下，最好采用第二种计算方法。

(1)按《估算编制办法》规定的费率计算

设备、工具、器具购置费 = 建筑安装工程费总额 × 设备、工具、器具购置费费率

(2)按照与建设项目的主管部门或建设单位商定的设备购置计划清单与市场价格计算

设备、工具、器具购置费 = ∑(设备、工具、器具购置数量 × 供应价 + 运杂费) × (1 + 采购保管费率)

计算从供应地点至工地的运杂费，当地点不明确时，其运杂费可按供应价的7%计算；采购保管费一般按供应价和运杂费之和的1%计算。这种计算方法更合理可靠，不会增加过多的工作任务且有利于可行性研究报告投资估算和概预算的编制工作。

3. 工程建设其他费用

工程建设其他费用包括征用土地费，拆迁赔偿费，建设项目管理费，研究试验费，建设项目前期工作费，供电贴费，固定资产投资方向调节税，建设期贷款利息。

(1)征用土地费按《估算编制办法》附录规定的亩数以工程所在地的价格计算。如与建设项目实际的亩数有较大出入时，可以抽换。

(2)拆迁赔偿费、研究试验费、建设项目前期工作费(即原勘察设计费)、供电贴费，固定资产投资方向调节税，建设期贷款利息，按《估算编制办法》的规定进行计算。

(3)建设项目管理费(即原建设单位管理费)包括建设单位(业主)管理费、工程监理费、工程质量监督费、工程定额测定费、设计文件审查费，按交通部《关于完善公路基本建设工程概预算编制办法有关内容的通知》(交公路发[2005]230号)的规定计算。

【例5-2】 某项目建筑安装工程费总额为2 378 202 772元，试计算建设单位(业主)管理费。

解：以建筑安装工程费总额为基数，按建设单位(业主)管理费费率表，以累进办法计算如下：

建设单位(业主)管理费 = [1 913.3 + (2 378 202 772/10 000 − 200 000) × 0.43%] × 10 000

= 20 758 772元

【例5-3】 某项目贷款3 000万元，贷款年利率为6%，建设期为3年，用款计划为第一年40%、第二年30%、第三年30%，试计算建设期贷款利息。

解：建设期贷款利息计算如下：

$$\begin{aligned}\sum_{j=1}^{n} P_j \times (n-j+k) \times i &= 3\,000 \times 40\% \times (3-1+1) \times 6\% + 3\,000 \times 30\% \times (3-2+1) \times 6\% + \\ &\quad 3\,000 \times 30\% \times (3-3+1) \times 6\% \\ &= 216 + 108 + 54 \\ &= 378(\text{万元})\end{aligned}$$

4. 预留费用

预留费用由工程造价增涨预留费及预备费用两部分组成。

(1)工程造价增涨预留费指设计文件编制年至工程竣工年期间，第一部分费用的人工费、材料费、机械使用费、其他直接费、现场经费、间接费等以及第二、三部分费用由于政策、价格变化可能发生上浮而预留的费用及外资贷款汇率变动部分的费用。工程造价增涨预留费按《公路工程基本建设项目概算预算编制办法》(JTG B06—2007)的规定计算。

计算方法：工程造价增涨预留费以建筑安装工程费总额为基数，按设计文件编制年始至建设项目工程竣工年终的年数和年工程造价增涨率计算。设计文件编制至工程完工在一年以内的工程，不列此项费用。

计算公式如下：

$$工程造价增涨预留费 = P \times [(1+i)^{n-1} - 1] \tag{5-2}$$

式中：P——建筑安装工程费总额；

i——年造价增涨率，一般可取5%；

n——设计文件编制年至建设项目开工年+建设项目建设期限。

【例 5-4】 某项目建筑安装工程费总额为10 000万元，1998年编制项目建议书投资估算，2000年年初开工，2004年年底竣工，试计算工程造价增涨预留费。

解：工程造价增涨预留费 $= P \times [(1+i)^{n-1} - 1]$

$= 10\,000 \times [(1+5\%)^{(2004-1998+1)-1} - 1]$

$= 3\,401$ 万元

(2)预备费以第一、二、三部分费用之和(扣除建设期贷款利息)的11%计算。

5. 计算程序及计算方式

项目建议书投资估算的计算程序及计算方式见表5-4。

项目建议书投资估算的计算程序及计算方式 表5-4

代号	项目	计算式
一	指标直接费	即《公路工程估算指标》中的基价
二	直接费(即人工费、材料费、机械使用费)	其中人工、主要材料按估算编制年工程所在地的预算价格计算，其他材料费和机械使用费按物价影响进行调整
三	其他工程费	(二)×《公路工程估算指标》规定的其他工程费率
四	其他直接费、现场经费与间接费综合费用	(一)×(1+其他工程费率)×其他直接费、现场经费与间接费综合费率
五	综合利税费	[(二)+(三)+(四)]×《估算编制办法》规定的综合利税费率
六	指标建筑安装工程费	(一)×(1+其他工程费率)+(四)+(五)
七	建筑安装工程费	(二)+(三)+(四)+(五)
八	设备、工具、器具购置费	按《估算编制办法》规定的费率或根据购置计划清单计算
九	工程建设其他费用	
	征用土地费	按《估算编制办法》规定或调查的数量，和当地政府规定的赔偿标准计算
	拆迁赔偿费	按《估算编制办法》规定或有关规定计算
	建设项目管理费	按交通部《关于完善公路基本建设工程概算预算编制办法有关内容的通知》(交公路发[2005]230号)的规定计算
	研究试验费	按有关规定计算
	建设项目前期工作费	按有关规定计算
	供电贴费	按有关规定计算
	固定资产投资方向调节税	按税法规定计算
	建设期贷款利息	按建设期计划贷款数及利率计算
十	预留费用	包括工程造价增涨预留费和预备费两项
	工程造价增涨预留费	以(七)为基数，按《编制办法》规定的公式计算
	预备费	[(七)+(八)+(九)-固定资产投资方向调节税-建设期贷款利息]×11%
十一	建设项目投资估算总金额	(七)+(八)+(九)+(十)

四、项目建议书投资估算编制的依据

项目建议书投资估算编制的主要依据有：

1. 建设规模和技术标准。即通过踏勘和调查后，提出的路线或桥型方案设想，取定的平原微丘区、山岭重丘区路段的长度和主要工程数量、征用土地等基础资料，加工整理好的外业调查资料，以及项目建议书文字说明。

2. 建设项目总体实施规划与要求的意见。

3. 交通部颁布的《公路工程估算指标》（交公路发[1996]611 号）及指标中规定的工程量计算规则。

4. 交通部颁布的《估算编制办法》（交公路发[1996]611 号）。

5. 当地公路（交通）工程定额（造价管理）站发布的人工费单价、材料供应价格信息。

6. 当地交通运输主管部门颁布的运输和装卸价格，但应考虑运输市场的影响因素，合理取定运价。

7. 当地人民政府颁布的征地、拆迁赔偿标准和有关的各项规定。

8. 编制项目建议书的委托书、合同或协议的有关规定和要求。

9. 经研究商定或批准的设备、工具、器具购置计划清单。

10. 建设项目的主管部门或建设单位对建设项目的有关通知与要求。

11. 交通部颁布的《编制办法》（交公路发[1996]612 号）。

12. 交通部颁布的《关于完善公路基本建设工程概算预算编制办法有关内容的通知》（交公路发[2005]230 号）。

五、项目建议书投资估算的编制步骤

1. 编制项目建议书总估算表(02 表)。

列项：参照《估算编制办法》中的项目表填好以下几栏：项、目、节、工程或费用名称、单位、数量。

注意：估算金额、技术经济指标、各项费用比例这三栏暂时不填。

估算金额计算提示："第一部分 建筑安装工程费"中除最后一项"综合利税费"以外的各项估算金额，由项目建议书工程估算表（05 表）中的"直接工程费与间接费合计"转来；"综合利税费"等于前面各项金额之和为基数，乘上《估算编制办法》规定的综合利税费率 10%。"第二部分 设备及工具器具购置费"、"第三部分 工程建设其他费用"、"预留费用"的估算金额在项目建议书设备及工具器具购置费与工程建设其他费用计算表(04 表)中计算。

技术经济指标计算提示：技术经济指标 = 估算金额/数量

各项费用比例计算提示：各项费用比例 = 估算金额/投资估算总金额

2. 编制项目建议书工程估算表(05 表)。

用于计算项目建议书总估算表(02 表)中"第一部分 建筑安装工程费"中除最后一项"综合利税费"以外的各项估算金额；将 05 表中的人工、主要材料数量汇总后可填入项目建议书人工、主要材料数量汇总表(03 表)。

(1)套《公路工程估算指标》，填好工程名称，工程细目名称，指标单位，估算指标表号，序号，工、料、机名称，单位，指标，指标基价。填好工程量，例如路线长 50km，路线工程的指标单位为 1km，工程量为 50。

注意：套用《公路工程估算指标》时，将踏勘调查和拟订方案提出的主要工程数量，与《公路工程估算指标》附录五所列工程量，进行分析比较，确定是否调整路基土方、路基石方、排水与防护、路面、大（中）桥、互通式或分离式立体交叉工程的含量。考虑路面的厚度对投资估算的影响，根据《公路工程估算指标》附录三，确定是否要进行调整。公路工程综合估算指标，是按一般标准路基宽度编制的，若拟建的项目的路基宽度与指标所采用的宽度不同时，也应进行调整。综合估算指标是以新建工程为对象制订的，当是改建工程时，其指标应乘以0.8的系数；若新建改建工程合并在一起计算，按下列调整系数调整使用指标：

$$k=\frac{L_1+L_2\times0.8}{L} \tag{5-3}$$

式中：L_1——拟建项目中的新建长度，km；

L_2——拟建项目中的改建长度，km；

L——拟建项目的总长度，km。

（2）计算：数量 = 指标 × 工程量。

注意：单价、金额、直接费、其他工程费、综合费用、直接工程费与间接费合计暂时不计算。

人工及主要材料的单价要由项目建议书人工及主要材料价格计算表（06表）转来；其他材料费、设备摊销费、机械使用费在估算指标中是以人民币“元”表示的消耗量，应按年价格上涨率予以调整为编制年的金额，其单价取：$(1+5\%)^{(编制年-1996+1)-1}$。

$$金额 = 单价 \times 数量$$

直接费 = ∑金额。注意直接费为人工费、材料费、机械使用费之和，不可马虎地将指标基价计入直接费中。

其他工程费 = 直接费 × 其他工程费率。其他工程费率查《公路工程估算指标》附录一。

综合费用 = 指标直接费 ×（1 + 其他工程费率）× 其他直接费、现场经费与间接费综合费率，指标直接费即《公路工程估算指标》的基价，其他直接费、现场经费与间接费综合费率查《估算编制办法》附录。

$$直接工程费与间接费合计 = 直接费 + 其他工程费 + 综合费用。$$

3. 编制项目建议书人工及主要材料价格计算表（06表）。

工程所在地的人工费单价和材料预算单价按《编制办法》的规定计算，详见本教材的“第四章 公路工程概预算”。《公路工程估算指标》中所列的主要材料一般都综合了不同的品种规格[如水泥是不分强度等级的，碎（砾）石包括了各种规格的碎石、砾石和石屑]，故应采用综合价格作为其预算价格。综合价格的计算根据《公路工程估算指标》附录二“材料预算价格的规格取定表”并结合拟建项目的实际情况，采用算术平均法或加权平均法取定。

4. 将项目建议书工程估算表（05表）剩余部分填完。

5. 填项目建议书总估算表（02表）中“第一部分 建筑安装工程费”估算金额。

6. 编制项目建议书设备及工具器具购置费与工程建设其他费用计算表（04表）。

7. 项目建议书总估算表（02表）填完。

8. 编制项目建议书人工、主要材料数量汇总表（03表）。

因为其他工程（即清理场地，拆除旧建筑、拆除构筑物，绿化工程，临时轨道铺设，便桥，便道，临时电力线路，临时电信线路，临时码头，改河土方，其他零星工程等），是以主要工程费为基数，乘上费率计算的，所以这部分工程所需的人工和主要材料数量，以及冬雨季、夜间施工增加的人工和临时设施用工，可参照以往的工程造价历史资料予以增列。其次，凡规定可计列场外运输损耗的材料，其损耗亦应予以增列。

9. 若是分段编制投资估算的，还应编制“项目建议书总估算汇总表”(01 表)，汇总后应再次计算出技术经济指标和各项费用比重(%)。

10. 写出编制说明，进行复核与审核。

11. 出版、盖章、上报。

第二节　可行性研究报告投资估算的编制

可行性研究报告以批准的公路建设项目建议书为依据，按照《公路建设项目可行性研究报告编制办法》的要求，提出多个方案，进行多个方案的经济比选。可行性研究报告投资估算编制前，估算编制人员应配合设计人员深入现场调查研究，掌握有关估算编制基础资料，并了解设计方案的工程项目和工程量情况，合理选用估算指标和各种费率。估算编制后，应通过经济分析，论证设计方案在经济方面的合理性。

一、可行性研究报告投资估算文件的组成

可行性研究报告投资估算文件由封面、目录、估算编制说明及全部估算计算表格组成。

1. 封面及目录

估算文件的封面和扉页按《公路工程基本建设项目设计文件编制办法》中规定制作，扉页的次页应有建设项目名称，编制单位，编制、复核人员姓名并加盖资格印章，编制日期及第几册共几册等内容。目录应按估算表的表号顺序编排。

2. 估算编制说明

估算编制完成后，应写出编制说明，文字力求简明扼要。应叙述的内容一般有：

(1)可行性研究报告的依据及有关文号、依据的资料及比选方案等。

(2)采用的估算指标、费用标准及人工、材料单价的依据或来源，补充指标及编制依据的详细说明。

(3)与估算有关的委托书、协议书、会谈纪要的主要内容(或将抄件附后)。

(4)总估算金额，人工、钢材、水泥、木料、沥青的总需要量情况，各建设方案的经济比较以及编制中存在的问题。

(5)其他与估算有关但不能在表格中反映的事项。

3. 估算表格

可行性研究报告投资估算应按统一的估算表格计算。详见《估算编制办法》。

4. 估算文件

可行性研究报告投资估算文件包括的内容如下：

(1)可行性研究报告投资估算编制说明；

(2)可行性研究报告总估算汇总表(01 表)；

(3)可行性研究报告总估算表(02 表)；

(4)可行性研究报告人工、主要材料数量汇总表(03 表)；

(5)可行性研究报告设备、工具、器具购置费计算表(04 表)；

(6)可行性研究报告工程建设其他费用计算表(05 表)；

(7)可行性研究报告分项工程估算表(06 表)；

(8)可行性研究报告其他直接费、现场经费及间接费综合费率计算表(07 表);

(9)可行性研究报告材料预算价格计算表(08 表)。

可行性研究报告投资估算文件组成关系如图 5-3 所示。

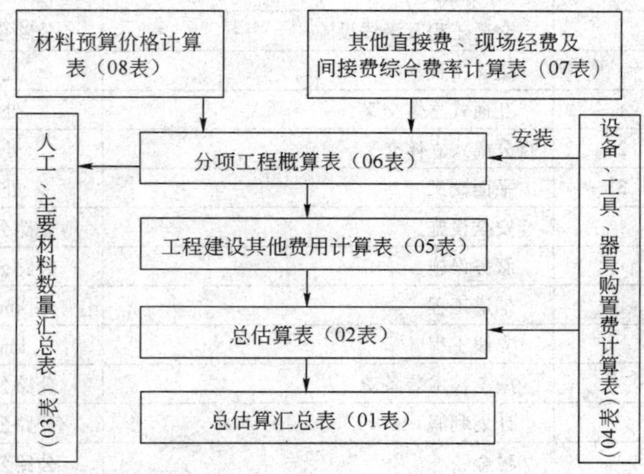

图 5-3　可行性研究报告投资估算文件组成关系图

二、可行性研究报告投资估算项目

可行性研究报告投资估算项目应按项目表的序列及内容编制,如实际不发生某部分费用时,第一、二、三部分的序号应保留不变,如“第二部分 设备、工具、器具购置费”在该项目中不发生,“工程建设其他费用”仍为第三部分。估算应按一个建设项目(如一条路线或一座独立大、中桥)进行编制。当一个建设项目需要分段编制投资估算时,应分别编制可行性研究报告总估算表(02 表),汇总编制可行性研究报告总估算汇总表(01 表)。

可行性研究报告投资估算项目分为路线工程估算项目(表 5-5)和独立桥梁工程估算项目(表 5-6)。

可行性研究报告投资估算路线工程项目表　　表 5-5

项	目	节	工程或费用名称	单 位	备 注
			第一部分 建筑安装工程费	**公路公里**	
一			路基	公路公里	
	1		土方	m^3	
	2		石方	m^3	
	3		排水防护工程	m^3	
	4		特殊路基处理	km	
二			路面	公路公里	
三			桥梁涵洞	公路公里	
	1		涵洞	道	
	2		小桥及标准跨径 <20m 中桥	m/座	
	3		标准跨径 >20m 中桥及大桥	m/座	按结构类型分节
		1	预应力混凝土 T 形梁桥	m/座	
		2	……	m/座	
四			隧道	公路公里	

续上表

项	目	节	工程或费用名称	单位	备注
	1		土质隧道	m/座	
	2		石质隧道	m/座	
五			交叉工程及沿线设施	公路公里	
	1		交叉工程	处	
		1	互通式立体交叉	处	
		2	分离式立体交叉	处	
		3	平面交叉	处	
	2		安全设施	公路公里	
	3		服务设施	公路公里	
	4		辅道工程	km	
	5		支线工程	km	
六			施工技术装备费	公路公里	
七			计划利润	公路公里	
八			税金	公路公里	
			第二部分 设备、工具、器具购置费	**公路公里**	
一			设备购置	公路公里	
二			工具、器具购置	公路公里	
三			办公及生活用家具购置	公路公里	
			第三部分 工程建设其他费用	**公路公里**	
一			土地、青苗等补偿费和安置补助费	公路公里	
二			建设项目管理费	公路公里	
	1		建设单位(业主)管理费	公路公里	
	2		工程监理费	公路公里	
	3		工程质量监督费	公路公里	
	4		工程定额测定费	公路公里	
	5		设计文件审查费	公路公里	
三			建设项目前期工作费	公路公里	
四			研究试验费	公路公里	
五			施工机构迁移费	公路公里	
六			供电贴费	公路公里	
七			固定资产投资方向调节税	公路公里	
八			建设期贷款利息	公路公里	
			第一、二、三部分费用合计	**公路公里**	
			预留费用	公路公里	
			1. 工程造价增涨预留费	公路公里	
			2. 预备费	公路公里	
			投资估算总金额	**公路公里**	
			平均每公路公里造价	元	

可行性研究报告投资估算独立桥梁工程项目表

表 5-6

项	目	节	工程或费用名称	单位	备注
			第一部分 建筑安装工程费	**桥长米**	
一			桥头引道	桥长米	
	1		路基	km	
		1	土方	m^3	
		2	……		
	2		路面	m^2	
	3		桥梁涵洞	m/座(道)	涵洞为道
		1	涵洞	道	
		2	……		
	4		……		
二			大桥	桥长米	
	1		主桥	m/m^2	按结构类型分节
	2		引桥	m/m^2	按结构类型分节
	3		调治构造物	m^3	
		1	导流坝	m^3	
		2	驳岸	m^3	
		3	……		
	4		……		
三			施工技术装备费	桥长米	
四			计划利润	桥长米	
五			税金	桥长米	
			第二部分 设备、工具、器具购置费	**桥长米**	
一			设备购置	桥长米	
二			工具、器具购置	桥长米	
三			办公及生活用家具购置	桥长米	
			第三部分 工程建设其他费用	**桥长米**	
一			土地、青苗等补偿费和安置补助费	桥长米	
二			建设项目管理费	桥长米	
	1		建设单位(业主)管理费	桥长米	
	2		工程监理费	桥长米	
	3		工程质量监督费	桥长米	
	4		工程定额测定费	桥长米	
	5		设计文件审查费	桥长米	
三			建设项目前期工作费	桥长米	
四			研究试验费	桥长米	
五			施工机构迁移费	桥长米	
六			供电贴费	桥长米	

续上表

项	目	节	工程或费用名称	单 位	备 注
七			固定资产投资方向调节税	桥长米	
八			建设期贷款利息	桥长米	
			第一、二、三部分费用合计	**桥长米**	
			预留费用	桥长米	
			1. 工程造价增涨预留费	桥长米	
			2. 预备费	桥长米	
			投资估算总金额	**桥长米**	
			平均每桥长米造价	元	
			平均每平方米桥面造价	元	

三、可行性研究报告投资估算费用的组成及计算

(一)可行性研究报告投资估算费用的组成

可行性研究报告投资估算费用的组成如图 5-4 所示。

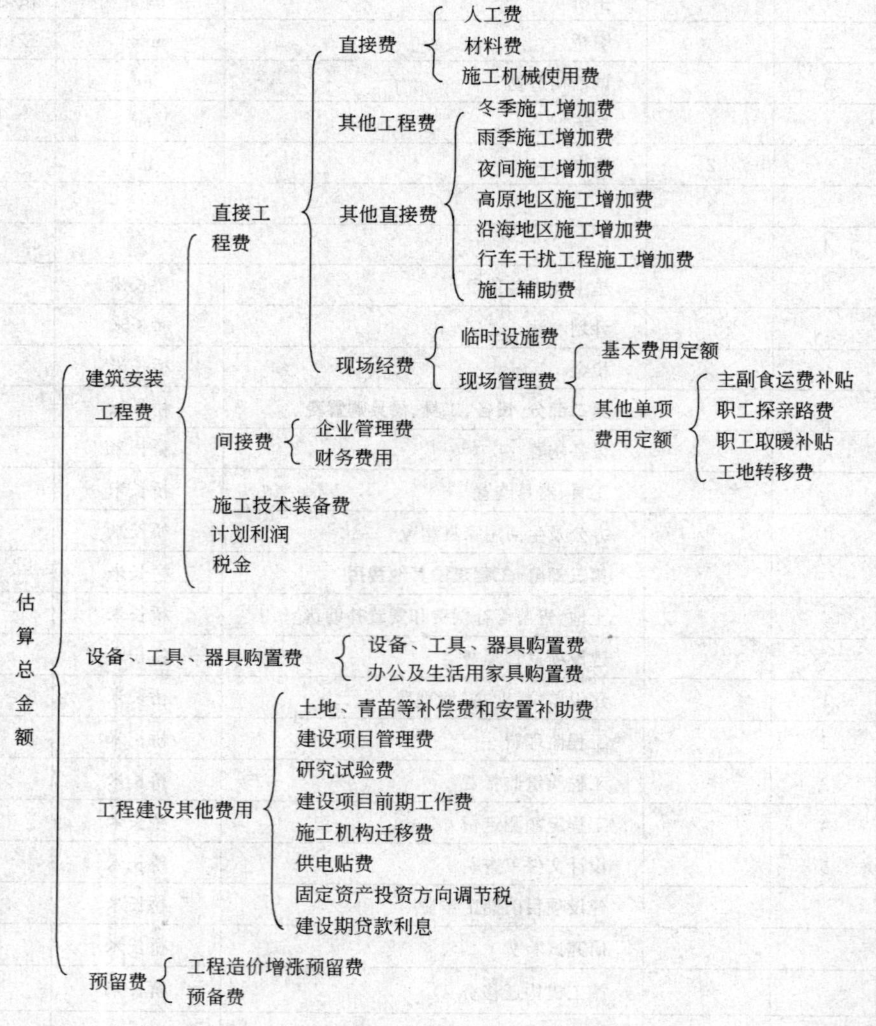

图 5-4 可行性研究报告投资估算费用组成

(二)可行性研究报告投资估算费用的计算

1. 计算程序及计算方式

可行性研究报告投资估算的计算程序及计算方式见表5-7。

可行性研究报告投资估算的计算程序及计算方式　　表5-7

序　号	项　目	说明及计算公式
一	指标直接费	指公路工程估算指标的基价
二	直接费(即工、料、机费)	其中人工和主要材料按估算编制年工程所在地的预算价格计算,其他材料费和机械使用费按年价格上涨率进行调整
三	其他工程费	(二)×《公路工程估算指标》附录一规定的其他工程费率
四	其他直接费	(一)×(1+其他工程费率)× 其他直接费综合费率
五	现场经费	(一)×(1+其他工程费率)× 现场经费综合费率
六	指标直接工程费	(一)×(1+其他工程费率)+(四)+(五)
七	直接工程费	(二)+(三)+(四)+(五)
八	间接费	(六)×间接费综合费率
九	施工技术装备费	[(六)+(八)]×施工技术装备费费率
十	计划利润	[(六)+(八)]×计划利润率
十一	税金	[(七)+(八)+(十)]×综合税率
十二	指标建筑安装工程费	(六)+(八)+(九)+(十)+(十一)
十三	建筑安装工程费	(七)+(八)+(九)+(十)+(十一)
十四	设备、工具、器具购置费	
	设备、工具、器具购置费	Σ(设备、工具、器具购置数量×单价+运杂费)×(1+采购保管费率)
	办公和生活用家具购置费	按《编制办法》有关规定计算
十五	工程建设其他费用	
	土地、青苗等补偿费和安置补助费	按有关规定计算
	建设项目管理费	按交通部《关于完善公路基本建设工程概算预算编制办法有关内容的通知》(交公路发[2005]230号)的规定计算
	研究试验费	按批准的计划编制
	建设项目前期工作费	按有关规定计算
	供电贴费	按有关规定计算
	固定资产投资方向调节税	按税法的规定计算
	建设期贷款利息	按计划贷款额度、年度使用贷款及利率计算
十六	预留费用	
	工程造价增涨预留费用	以(十三)为基数按《编制办法》中规定的公式计算
	预留费	[(十三)+(十四)+(十五)-固定资产投资方向调节税-建设期贷款利息]×费率(9%)
十七	可行性研究报告投资估算总金额	(十三)+(十四)+(十五)+(十六)

注:其他工程费费率查《公路工程估算指标》附录一;其他直接费综合费率、现场经费综合费率、间接费综合费率、施工技术装备费率、计划利润率、税金的综合税率均查《编制办法》的有关规定及各省的补充规定。预留费查《公路基本建设工程估算编制办法》的有关规定,取9%。

2. 建筑安装工程费的计算

建筑安装工程费由直接工程费、间接费、施工技术装备费、计划利润、税金五部分组成。其中:直接工程费由主要工程的直接费(即工、料、机费)、其他工程费、其他直接费和现场经费四部分组成。查《公路工程估算指标》中的分项指标可得出在指标单位下主要工程的人工、主要材料、其他材料费、机械使用费的消耗量以及指标基价,按表5-7所列计算程序及计算式具体分述如下。

(1)指标直接费指《公路工程估算指标》分项指标中所列的指标基价。

(2)直接费(即工、料、机费)的计算。

直接费 = 人工费 + 主要材料费 +其他材料费 + 机械使用费

①人工费、主要材料费的计算。人工费、主要材料费,由查《公路工程估算指标》中的分项指标所得的工、料数量,乘上工程所在地的人工费单价、材料预算单价可计算得出。工程所在地的人工费单价和材料预算单价,根据《公路工程估算指标》附录二"材料预算价格的规格取定表"综合的材料规格,按《编制办法》的规定计算。

②其他材料费及机械使用费的计算。由查《公路工程估算指标》中的分项指标得出其他材料费、机械使用费,但应按《公路基本建设工程估算编制办法》第一章第七条的规定调整,具体的计算见本章第一节的相关内容。青海、新疆、西藏三省(区),可将指标内"机械使用费"乘以1.15系数后,再按上述规定调整。

(3)其他工程费的计算。

其他工程包括:清理场地,拆除旧建筑物、构造物,绿化工程,公路交工前养护费,临时轨道铺设,便道,便桥,临时电力线路,临时电信线路,临时码头,改河土方,其他零星工程等。

以直接费为基数按《公路工程估算指标》附录一规定的其他工程费费率计算。

(4)其他直接费的计算。

其他直接费:指直接费以外施工过程中发生的直接用于工程的费用。内容包括冬季施工增加费、雨季施工增加费、夜间施工增加费、高原地区施工增加费、沿海地区工程施工增加费、行车干扰工程施工增加费、施工辅助费七项。公路工程中的水、电费及因场地狭小等特殊情况而发生的材料二次搬运等其他直接费已包括在概、预算定额中,不再另计。

其他直接费 = 指标直接费×(1+其他工程费率)×《编制办法》规定的其他直接费综合费率。

(5)现场经费的计算。

现场经费:指为施工准备、组织施工生产和管理所需的费用。内容包括临时设施费和现场管理费。

现场经费 = 指标直接费×(1+其他工程费率)×《编制办法》规定的现场经费综合费率。

(6)指标直接工程费 = 指标直接费×(1+其他工程费率)+其他直接费+现场经费。

(7)直接工程费 = 直接费 + 其他工程费 + 其他直接费 + 现场经费。

(8)间接费的计算。

间接费由企业管理费、财务费用两项组成。

间接费 = 指标直接工程费×《编制办法》规定的间接费综合费率。

(9)施工技术装备费的计算。

施工技术装备费:指为施工企业逐步扩大施工技术装备的费用。施工技术装备费按指标直接工程费与间接费之和为基数乘上《编制办法》规定的施工技术装备费费率计算。该项费用直接列入企业资本公积金。

(10)计划利润的计算。

计划利润:指按照国家有关规定的施工企业应取得的计划利润。计划利润按指标直接工程费与间接费之和为基数乘上《编制办法》规定的计划利润率计算。

(11)税金的计算。

税金:指按国家税法规定应计入建筑安装工程造价内的营业税、城市维护建设税及教育费附加。税金以直接工程费、间接费及计划利润之和的3.41%计算。

(12)指标建筑安装工程费 = 指标直接工程费 + 间接费 + 施工技术装备费 + 计划利润 + 税金。

(13)建筑安装工程费 = 直接工程费 + 间接费 + 施工技术装备费 + 计划利润 + 税金。

【例5-5】 某二级公路可行性研究报告投资估算中,服务设施的直接费为2 000 000元,指标直接费为1 000 000元,其他工程费费率为4.127%,其他直接费综合费率为5%,现场经费综合费率为10%,间接费综合费率为4%,施工技术装备费费率为3%,计划利润率为4%,综合税率为3.41%。求该工程服务设施的建筑安装费。

解: 直接费 = 2 000 000元;

指标直接费 = 1 000 000元;

其他工程费 = 直接费 × 其他工程费费率 =2 000 000×4.127% =82 540元;

其他直接费 = 指标直接费 ×(1 + 其他工程费费率)× 其他直接费综合费率
=1 000 000×(1+4.127%)×5% =52 064元;

现场经费 = 指标直接费 ×(1 + 其他工程费费率)× 现场经费综合费率
=1 000 000×(1+4.127%)×10% =104 127元;

指标直接工程费 = 指标直接费 ×(1 + 其他工程费费率)+ 其他直接费 + 现场经费
=1 000 000×(1+4.127%)+52 064+104 127=1 197 461元;

直接工程费 = 直接费+其他工程费+ 其他直接费 + 现场经费
=2 000 000+82 540+52 064+104 127=2 238 731元;

间接费 = 指标直接工程费 × 间接费综合费率 =1 197 461×4% =47 898元;

施工技术装备费 =(指标直接工程费 + 间接费)× 施工技术装备费费率
=(1 197 461+47 898)×3% =37 361元;

计划利润 =(指标直接工程费 + 间接费)× 计划利润率
=(1 197 461+47 898)×4% =49 814元;

税金 =(直接工程费 + 间接费 + 计划利润)× 综合税率
=(2 238 731+47 898+49 814)×3.41% =79 673元;

建筑安装费 = 直接工程费+间接费+ 施工技术装备费 + 计划利润 + 税金
=2 238 731+47 898+37 361+49 814+79 673=2 453 477元;

由上述计算得出该工程服务设施的建筑安装费为2 453 477元。

3.设备、工具、器具购置费的计算

设备、工具、器具购置费系指为满足公路的营运、管理、养护需要购置的设备、工具、器具的费用。包括渡口设备,隧道照明、通风的动力设备,高等级公路的监控设备,养护用的机械、设备和工具、器具等的购置费用。

(1)设备、工具、器具购置费

设备、工具、器具购置费应列出计划购置清单,按《编制办法》中规定的公式计算。需要安装的设备,应在第一部分建安工程费的有关项目内另计安装工程费。

设备、工具、器具购置费 = ∑(设备、工具、器具购置数量×单价+运杂费)×(1+采购保管费率)

(2)办公和生活用家具购置费

办公和生活用家具购置费系指为保证新建、改建项目初期正常生产、使用和管理所必须购置的办公和生活用家具、用具的费用。范围包括:办公室、单身宿舍及生活福利设施等的家具、用具。

办公和生活用家具购置费按《编制办法》有关规定计算。

4. 工程建设其他费用

工程建设其他费用中的土地、青苗等补偿费和安置补助费,建设项目管理费,研究试验费,建设项目前期工作费,施工机构迁移费,供电贴费,固定资产投资方向调节税,建设期贷款利息等均应按《编制办法》中规定的内容和要求计算。

(1)土地、青苗等补偿费和安置补助费:指按照国家规定所应支付的土地补偿费、青苗补偿费,被征用土地上的房屋、水井、树木等附着物补偿费,迁坟费和安置补助费以及土地征收管理费和租用土地费、复耕费。

计算方法:根据建设用地和临时用地面积,按各省、自治区、直辖市人民政府规定的各项补偿费、安置补助费标准和耕地占用税税率计算。拟建项目与原有的电力电信设施、水利工程、铁路及铁路设施干扰时,应与有关部门联系,商定合理的解决方案和赔偿金额。

(2)建设项目管理费:详见本章第一节或交通部《关于完善公路基本建设工程概算预算编制办法有关内容的通知》(交公路发[2005]230号)中的有关规定。

(3)研究试验费:指为本建设项目设计提供或验证数据以及在施工过程中进行试验所需的费用。不包括:应由科技三项费用(即新产品试制费、中间试验费和重要科学研究补助费)开支的项目;应由施工辅助费开支的施工企业对建筑材料、构件和建筑物进行一般鉴定、检查所发生的费用及技术革新研究试验费;应由勘察设计费、勘察设计单位的事业费或基本建设投资中开支的项目。

计算方法:按照设计提出的研究试验内容和要求进行编制。

(4)建设项目前期工作费(原勘察设计费):指委托勘察设计、咨询单位对建设项目进行可行性研究、工程勘察设计,依据国家法律须进行评价评估、咨询,及设计、监理、施工招标文件、施工招标标底文件编制时,按规定应支付的费用。

按《公路工程勘察设计收费标准》计算。

(5)施工机构迁移费:指施工机构根据建设任务的需要,经有关部门决定将工程处由原驻地迁移到另一地区所发生的一次性搬迁费用。不包括:应由施工企业自行负担的,在规定距离范围内调动施工力量以及内部平衡施工力量所发生的迁移费用;由于违反基建程序,盲目调迁队伍所发生的迁移费;因中标而引起施工机构迁移所发生的迁移费。费用内容包括:职工及随同家属的差旅费,调迁期间的工资,施工机械、设备、工具、用具和周转性材料的搬运费。

计算方法:施工机构迁移费应经建设项目的主管部门同意按实计算。但计算施工机构迁移费后,如迁移地点为新工地地点(如独立大桥),则现场经费内工地转移费应不再计算;如施工机构迁移地点至新工地地点尚有部分距离,则工地转移费的距离,应以施工机构新地点为计算起点。

(6)供电贴费:指按照国家规定,建设项目应交付的供电工程贴费、施工临时用电贴费。

计算方法:按水利电力部关于供电工程收取贴费的暂行规定执行。

(7)固定资产投资方向调节税:指依照《中华人民共和国固定资产投资方向调节税暂行条例》规定,应缴纳的固定资产投资方向调节税。目前国家对公路基础设施建设暂不征收调节税,但公路建设中的服务性房屋建筑应征收该项税。

(8)建设期贷款利息:指建设项目中分年度使用国内贷款或国外贷款部分,在建设期内应归还的贷款利息。计算方法与项目建议书投资估算相同。

5. 预留费用

预备费以第一、二、三部分费用之和(扣除固定资产投资方向调节税、建设期贷款利息)的9%计算。

四、可行性研究报告投资估算的编制

(一)可行性研究报告投资估算的作用

根据公路基本建设程序的有关规定和要求,为科学地组织建设项目的实施,减少失误,根据长期的建设实践经验,可行性研究报告投资估算的作用主要有:

1. 可行性研究报告投资估算是项目建设投资决策的依据。

2. 可行性研究报告投资估算是经济评价的基础,若没有投资估算资料,就无法进行经济评价。

3. 可行性研究报告投资估算,是编制初步设计概算或施工图预算(采用一阶段设计时)的主要依据。国家规定初步设计概算与可行性研究报告投资估算的误差不能超过10%,初步设计概算的编制必须严格控制在投资估算的允许范围内。

4. 可行性研究报告投资估算,是资金筹措的依据。目前,世界银行等许多国际金融组织,都把可行性研究报告作为建设项目能否给予贷款的先决条件,国内银行贷款也是通过对可行性研究报告的审查了解,确认该项目有较好的经济效益,并具有偿还贷款能力,才能给予贷款。同时,他们在确定贷款的额度时,都是按投资估算的一定比例作为贷款的主要依据的。

(二)编制可行性研究报告投资估算的依据

1. 经批准的项目建议书投资估算文件。

2. 通过踏勘调查和必要的测量、地质钻探,根据万分之一的地形图上确定的路线方案而提出的路基土石方、排水与防护工程、路面、桥梁涵洞等主要工程数量,以及对一些典型路段和有代表性的大型构造物做出的典型初步设计资料,都是编制可行性研究报告投资估算的基本依据。

3. 建设项目施工组织规划设计的意见。

4. 交通部颁布的《公路工程估算指标》(交公路发[1996]611号)中的分项指标及其相应的有关各项工程量的计算方法的规定。

5. 交通部颁布的《估算编制办法》(交公路发[1996]611号)中规定的八种计算表格,以及可行性研究报告投资估算路线和独立桥梁工程项目表的序列及内容的规定。

6. 交通部颁布的《编制办法》(交公路发[1996]612号)中规定的其他直接费、现场经费、间接费、计划利润、综合税率、建设项目管理费等费率标准,以及有关相应的计算规定。

7. 交通部颁布的《关于完善公路基本建设工程概算预算编制办法有关内容的通知》(交公

路发[2005]230号)中关于建设项目管理费费率的标准。

8. 当地公路(交通)工程定额(造价管理)站发布的人工费单价、材料供应价格信息及有关规定。

9. 当地交通运输主管部门颁布的运价和有关规定,以及收取过路费、过桥费的标准。但应考虑运输市场的影响因素,合理取定运价。

10. 当地人民政府颁布的征地、拆迁赔偿标准和有关规定。

11. 国家颁布的《公路工程勘察、设计收费标准》及有关各项计算的规定。

12. 编制可行性研究报告的委托书、合同或协议的有关规定和要求。

13. 建设项目的主管部门或建设单位,对拟建项目投资估算有关的通知和要求。

(三)可行性研究报告投资估算的外业调查工作

要使初步设计概算与可行性研究报告投资估算的误差不超过10%,关键在于做好外业调查工作,内容包括:

1. 根据批准的项目建议书的筹资方式、贷款额度、年度贷款计划,向建设项目的主管部门或建设单位进一步了解落实,是否有变动或新的意图,以便确定建设期贷款利息。

2. 调查掌握公路沿线的水文地质、地形地貌情况,以便正确摘取工程数量套用分项指标。《公路工程估算指标》中的路基土方、路基石方、涵洞工程、小桥及标准跨径小于20m的中桥、通道等分项指标,是按平原微丘区、山岭重丘区等不同地形条件,分别制定估算指标的;标准跨径大于20m的中桥及大桥的各种桥型结构,分干处、水中两种不同的指标。

3. 调查落实建设项目所在地的各种外购材料的供应地点、供应渠道,以及计算的过路费、过桥费和运费标准。

4. 调查落实公路沿线砂石材料的产供情况和市场销售价格,施工单位自行开采的可能性与开采条件,规格品种、质量、数量,并绘制出筑路材料运距示意图,提出筑路材料调查表,作为计算材料预算价格的原始依据。

5. 调查建设项目占用土地和拆迁建筑物、构筑物的种类和数量,以及当地人民政府颁布的征用土地赔偿标准、耕地占用税等有关规定,作为计算土地、青苗等补偿费和安置补助费的依据。

6. 调查选定大型混凝土构件预制场和路面混合料拌和场的设置地点和规模,提出需要占用土地的面积和需要恢复耕种土地的各项有关费用。

7. 凡列入可行性研究报告投资估算内的设备、工具、器具购置费,应以批准的项目建议书投资估算的购置计划清单为依据,但要调查市场供应价格。若认为原购置计划清单有不恰当之处时,可作必要的调整,但应取得建设单位的书面认可。

8. 搜集当地工程造价历史资料,供编制可行性研究报告投资估算参考。

(四)编制可行性研究报告投资估算的程序和方法

1. 编制工程可行性研究投资估算的程序

(1)熟悉设计方案和各种图表资料,对各项主要工程数量进行必要的核对和计算,然后按分项指标的内容要求,正确摘取各种计价工程数量。

(2)研究建设安排和实施方案的内容和要求是否合理可行,如建设工期、工程进度等。

(3)取定人工费单价和材料供应价格,按照运距示意图确定的运输方案和平均运距,计算材料的预算价格。

(4)正确取定其他直接费、现场经费、间接费等费率标准,并进行汇总。

(5)对各种分项估算指标中的其他材料费、机械使用费,按指标规定的调整计算公式进行调整。

(6)根据摘取的主要工程数量和选用的分项估算指标,计算出人工和材料的实物量。

(7)根据确定的人工、材料的预算价格和各种费率标准,计算出各项费用,并进行累计汇总。

(8)编制设备、工具、器具购置费和工程建设其他费用。

(9)编制总估算表及统计汇总人工和主要材料数量。

(10)若是分段编制投资估算的,再编制总估算汇总表。

(11)写出编制说明,进行复核与审核。

(12)出版、盖章、上报。

2. 编制可行性研究报告投资估算的方法

交通部颁布的《估算编制办法》对编制可行性研究报告投资估算规定了八种计算表格,加上封面和编制说明,就构成了可行性研究报告投资估算文件的全部内容。

可行性研究报告投资估算与项目建议书投资估算的编制的一个显著不同点,就是《估算编制办法》只规定了其计算表格、计算程序及计算方式,至于各种费率标准,如其他直接费、现场经费、间接费、施工技术装备费、计划利润、综合税率等,均应以《编制办法》所规定的为准。这样做更有利于减少与初步设计概算的误差。现结合这些特点,说明如下:

(1)建筑安装工程费的编制。

建筑安装工程费是投资估算的主要部分,是通过计算表格采用实物量法进行编制的。因此在分析计算之前,要求事先做好一些有关的准备工作,然后着手进行人工和材料实物量的计算。

①根据摘取的工程量和选用的各种分项估算指标,并按指标规定的公式调整分项指标中的其他材料费、机械使用费,按年价格上涨率5%计算。

②《公路工程估算指标》中的分项指标,其中以1km或1道为计量单位的项目是按路基的一般标准宽度取定的,当路基的设计宽度与指标规定不同时,可以按《公路工程估算指标》中的规定进行调整。

③交叉工程中的匝道指标,是按匝道宽7m以km为计量单位取定的,匝道的设计宽度与指标规定不同时,亦应按《公路工程估算指标》中的规定进行调整。

④根据路面施工技术规范的规定,当路面面层、稳定土基层、级配碎(砾)石基层的压实厚度超过15cm,填隙碎石基层压实厚度超过12cm,垫层及其他种类基层的压实厚度超过20cm时,要分层进行铺筑,故需增计碾压机具的台班费和跟机找补的人工费。因此,特在《公路工程估算指标》中制定了一项"分项指标路面压实厚度超过规定厚度机械费加倍取值表",即当同一结构形式的路面需分层进行拌和、碾压时,就可将"加倍取值"指标资料并入相应的分项路面指标内进行计算,亦可单独列项计算,然后累计汇总。若分三层进行铺筑时,则"加倍取值"指标资料应再乘以2的系数。

⑤取定人工费单价,并与批准的项目建议书投资估算文件比较,了解其变化程度。

⑥根据外业调查资料取定的材料供应价格和计算的平均运距,以及运价和运输方式,通过"可行性研究报告材料预算价格计算表(08表)"计算出各种材料的预算价格。至于要由施工单位自行开采加工的砂石材料的供应价格,即料场价格,则可按《公路工程预算定额》及《编制办法》的有关规定分析计算取定。

⑦根据《估算编制办法》的规定编制“可行性研究报告其他直接费、现场经费、间接费综合费率计算表(07 表)”。

⑧根据经过核对和外业调查后摘取的主要工程数量和调整好的拟选用的各种分项估算指标,以及经过计算取定的人工、材料预算价格,其他直接费、现场经费、间接费综合费率,《公路工程估算指标》中规定的“综合指标及分项指标其他工程指标费率”,分别取定填入“可行性研究报告分项工程估算表(06 表)”中的各行各栏内,首先计算出人工和材料的实物量,然后逐项计算各种费用。同时,在该表上将构成建筑安装工程费的计划利润和税金,最后一并计算完成,并按照《估算编制办法》所规定的可行性研究报告的路线工程或独立桥梁工程项目表序列及内容进行累计,以便据以转入总估算表(02 表)汇总。

⑨当可行性研究报告的工作深度,已达到初步设计的深度时,可采用《公路工程概算定额》编制可行性研究报告投资估算中的建筑安装工程费用。

(2)编制设备、工具、器具购置费计算表(04 表)。

(3)编制工程建设其他费用计算表(05 表),计算预留费后也填入 05 表。

(4)编制总估算表(02 表):将“分项工程概算表(06 表)”、“设备、工具、器具购置费计算表(04 表)”,“工程建设其他费用计算表(05 表)”的金额填入“总估算表(02 表)”中,计算技术经济指标和各项费用的比例。

(5)若采用分段编制可行性研究报告投资估算时,应编制“可行性研究报告总估算汇总表(01 表)”。经汇总后,计算出整个建设项目的技术经济指标和各项费用比重。

(6)编制人工、主要材料数量汇总表(03 表)。

根据“可行性研究报告分项工程估算表(06 表)”计算的人工、主要材料数量进行统计汇总。同时,将以费率形式计入投资估算的其他工程所需的人工和主要材料数量,以及冬雨季、夜间施工增加的人工和临时设施用工,参照以往工程造价资料,予以增计。其次,凡规定可增计的场外运转操作损耗的材料,其损耗亦应注意不要漏计。

(7)最后应按可行性研究报告投资估算编制的规定要求,写出编制说明,经复核、审核定稿后,就可出版、上报。

思考题与习题

1. 投资估算分为哪两类?

2. 公路建设项目的投资由哪些费用组成?

3. 编制投资估算时,如何计算直接费?如何计算其他工程费?

4. 直接费中的其他材料使用费及机械使用费的计算要考虑年价格上涨率,工程造价增涨预留费用也要考虑年价格上涨率,这两者的含义及计算年数是否一样,如何确定年数?

5. 项目建议书投资估算及可行性研究投资估算的计算表格各有哪些?

6. 某二级公路可行性研究报告投资估算中,土方的直接费为 1 000 000 元,指标直接费为 900 000 元,其他工程费费率为 4.127%,其他直接费综合费率为 8%,现场经费综合费率为 9%,间接费综合费率为 4%,施工技术装备费费率为 3%,计划利润率为 4%,综合税率为 3.41%。求该工程土方的建筑安装费。

7. 若已计算出某二级公路的建筑安装工程费总额为 800 万元,试计算该公路的建设项目管理费。

第六章　公路工程竣工决算

本章学习要点

通过本章的学习，让学生了解竣工项目从筹建到交付使用全过程各项资金的使用情况和设计概算执行的结果，掌握竣工决算的概念与作用，了解竣工决算文件的内容，掌握竣工决算文件的编制步骤和具体的编制方法。

第一节　概　　述

一、建设工程竣工决算及其分类

竣工决算是在公路、桥梁建设项目完工后，由建设单位（业主）根据工程结算及其他有关工程资料为基础按一定的格式和要求进行编制的。竣工决算全面反映了竣工项目从筹建到交付使用全过程各项资金的使用情况和设计概算执行的结果，是公路建设成果和财务情况的总结性文件。

为了严格执行基本建设项目竣工验收制度，正确核定新增固定资产价值，考核投资效果，建立健全法人责任制，按照国家关于基本建设项目竣工验收的规定，所有的新建、改建、扩建和恢复项目竣工后都要编制竣工决算。根据建设项目规模的大小，可分为大、中型建设项目竣工决算和小型建设项目竣工决算两大类。

竣工决算所反映的公路工程项目建设造价，不仅包括建筑安装工程结算费用，还包括：设备、工具、器具及家具购置费，工程建设其他费用（包括征地拆迁、勘察设计、建设期贷款利息等）等用于建设项目全部实际支出费用的总和。

二、竣工决算的作用

竣工决算的作用是编制竣工决算报告的目的所决定的。主要有以下几个方面：

1. 全面反映竣工项目最初计划和最终建成的工程概况。

竣工决算报告要求编制的概况表及有关说明，反映了竣工项目计划和实际的建设规模、技术标准、建设工期、投资、用地、质量及主要工程数量、材料消耗等工程的全面情况。

2. 考核竣工项目设计概算的执行结果。

竣工决算与设计概算逐项进行比较，可以反映设计概算的实际执行情况。通过比较分析，总结成绩与经验教训，为今后修订概（预）算定额与补充定额，改进设计，推广先进技术，降低建设成本、提高投资效益，提供了参考资料。

3. 竣工决算核定竣工项目的新增固定资产和流动资产价值，是建设单位向使用或管理单位移交财产的依据。

竣工决算报告要求编制的基本建设项目交付使用资产总表及明确交付具体项目的名称、价值、规格、数量等资料的基本建设项目交付使用资产明细表，详细计算交付财产的全部项目的价值，其中包括形成固定资产的建筑安装工程、设备、其他费用以及流动资产的价值，作为建设单位向使用或管理单位移交财产的依据。

4. 竣工决算全面反映了竣工项目建设全过程的财务情况。

竣工决算报告要求编制的财务有关表格，反映了竣工项目从工程可行性研究至竣工时为止，全部资金来源和运用情况，以及最终的汇总情况与成果，为改进财务管理和贷款监督工作提供了重要资料。

5. 竣工决算界定了项目经营的基础，为项目进行后评估提供依据。

及时编制竣工决算，办理新增固定资产及动资产移交手续，可以缩短建设周期，界定项目经营的期限和资产，核定节约基建投资额。否则，不仅不能及时提取固定资产折旧费，而且公路桥梁项目营运所发生的养护费、设备更新维修费、人工工资等，继续在基建投资中开支，增加了基建费用，也不利于项目管理。

6. 竣工决算报告作为重要的技术经济文件，是存档的需要，也是工程造价积累的基础资料之一。

根据要求，竣工决算报告在竣工验收委员会审查同意及项目通过正式动用验收后三个月内报出。大中型建设项目的竣工决算报告报送交通部一式四份，报送中国人民建设银行总行一份。属经营性投资的建设项目还需报送国家投资公司一式四份。小型建设项目竣工决算报告报送项目主管单位。

第二节　编制竣工决算报告的依据

一、竣工决算编制的有关规定

根据财政部、国家计委联合发布的《建设项目（工程）竣工验收办法》的要求，交通部根据公路、桥梁建设项目的特点于 2004 年 4 月制定了《交通基本建设项目竣工决算报告编制办法》（以下简称《办法》），是公路桥梁工程项目编制竣工决算的法定性文件和依据。各省市根据具体实际情况，对《办法》内容及有关表格进行修改及增减，制订适用于本地区的竣工决算报告的标准及格式也是编制竣工决算的依据。

按《建设项目（工程）竣工验收办法》规定，凡公路、桥梁基本建设项目完建后，均需按照本办法编制竣工决算报告。基本建设项目完建后，在竣工验收之前应当根据有关资料估列的数字预编竣工决算报告。未预编竣工决算报告的项目原则上不能通过竣工动用验收。

建设单位预编制的竣工决算报告须提交竣工验收委员会审查。未经竣工验收委员会审查的竣工决算报告不得作为正式的竣工决算报告上报。经竣工委员会审查并根据审查意见修改后的竣工决算报告作为财产移交、财务处理并结束有关待处理事宜的依据。竣工决算报告上报前须经建设银行经办行审核签证。1994 年财政部收回原委托中国人民建设银行代行的财政职能后[（94）财办字第 24 号]，并在有关加强基本建设财务管理的通知[财基字（1996）145 号]中指出：财政部门要加强对财政投资的建设项目的竣工验收和竣工决算的审查工作，并会同国有资产管理部门，做好交付使用资产转为国有资产部分的审查、验收工作。

二、编制竣工决算报告编制的依据

编制竣工决算报告时应当依据以下文件资料:

(1)经批准的初步设计,修正概算,变更设计文件以及批准的开工报告文件。

(2)历年年度的基本建设投资计划。

(3)经复核的历年年度的基本建设财务决算。

(4)与有关部门或单位签订的施工合同、投资包干合同和竣工决算文件;与有关单位签订的重要经济合同(或协议)等有关文件。

(5)工程质量鉴定、检验等有关文件,工程监理等有关资料。

(6)施工企业交工报告等有关技术经济文件。

(7)有关资金的筹集、借贷、使用等方面的资料。

(8)上级主管部门对工程的指示、文件及其他有关的重要文件。

(9)有关工程项目副产品、简易投产、试生产、重负荷试车等资料。

第三节　竣工决算报告的内容及编制办法

一、竣工决算报告的内容

按照《办法》的要求,公路工程建设项目分公路建设项目、独立的公路桥梁建设项目两种类型编制竣工决算报告。竣工决算报告由以下四个内容组成。

1. 竣工决算报告的封面、目录

2. 竣工工程平面示意图

竣工工程平面示意图按经过施工实际,将设计平面图修改后的工程设计平面图绘制。

3. 竣工决算报告说明书

竣工报告说明书是竣工决算报告的主要组成部分。竣工决算报告说明书概括了竣工工程建设成果和经验,是全面考核分析工程投资与造价的书面总结,主要内容包括:

(1)建设项目概况与评价。

(2)会计财务的处理、财产物资的情况及债权债务的清偿情况。

(3)投资支出、资金结余、基建结余资金等的上缴分配情况。

(4)主要技术经济指标的分析、计算情况,如公路等级,单方造价,设计车速与荷载等。

(5)公路项目建设过程和工程管理工作中的重大事件、经验教训,管理及决算中存在的问题及建议,如投资与方案决策效果、项目管理模式、投资估算与资金使用情况。

(6)需说明的其他注意事项,如工程遗留问题和需要解决的问题等。

4. 竣工决算表格

按照《办法》的规定,表格分为决算审批表、工程概况专用表和财务通用表。

1)竣工决算审批表(交建竣 1 表)

2)工程概况专用表

(1)公路建设项目工程概况表(交建竣 2-1 表);

(2)桥梁隧道建设项目工程概况表(交建竣 2-2 表);

(3)内河航运建设项目工程概况表(交建竣 2-3 表);

(4)港口(码头)建设项目工程概况表(交建竣2-4表);

(5)其它建设项目工程概况表(交建竣2-5表);

3)财务通用表

(1)建设项目竣工财务决算总表(交建竣3-1表);

(2)资金来源情况表(交建竣3-2表);

(3)待核销基建支出及转出投资明细表(交建竣3-3表);

(4)工程造价和概算执行情况表(交建竣4表);

(5)外资使用情况表(交建竣5表);

(6)基本建设项目交付使用资产总表(交建竣6-1表);

(7)基本建设项目交付使用资产明细表(交建竣6-2表)。

《办法》规定,编制的竣工决算报告需填制全套报表,必须完整。

二、竣工决算的编制步骤

1. 收集、整理和分析有关依据数据

在编制公路工程竣工决算文件前,必须准备一套完整齐全的资料。这是准确、迅速编制竣工决算的必要条件。在工程的竣工验收阶段,应注意收集资料,系统地整理所有的技术资料、工程结算的经济文件、施工图纸,审查施工过程中各项工程变更、索赔、价格调整、暂定金额等支付项目是否符合合同件规定,签证手续是否完备;审查各中期支付和最终支付是否与竣工图表资料、合同文件相符。

2. 清理各项账务、债务和结余物资

在收集、整理和分析有关资料中,要特别注意建设工程从筹建到竣工投产(或使用)的全部费用的各项账务、债权和债务的整理,做到工完账清。既要核对账目,又要查点库存实物的数量,做到账与物相等,账与账相符,对结余的各种材料、工器具和设备要逐项清点核实,妥善管理,并按规定及时处理,收回资金。对各种往来款项要及时进行全面清理,为编制竣工决算提供准确的数据和结果。

3. 填写竣工决算报表

按照公路工程决算表格中的内容,根据编制过程中的有关资料进行统计或计算各个项目的数量,并将其结果填到相应表格的栏目,完成所有报表的填写。它是编制建设工程竣工决算的主要工作。

4. 编写建设工程竣工决算说明书

按照公路工程竣工决算说明的要求,根据编制依据材料和填写在报表中的结果编写说明。

5. 上报主管部门审查

上述编写的文字说明和填写的表格经核对无误,装订成册,即为建设工程竣工决算文件。将其上报主管部门审查,并将其中财务成本部分送交开户银行签证。竣工决算在上报主管部门的同时,抄送有关设计部门。大中型建设项目的竣工决算还应抄送财政部,建设银行总行和省、市、自治区财政局和建设银行分行各一份。

三、竣工决算报告的编制

建设单位从项目筹建开始,即应明确专人负责,根据竣工决算报告要求的内容,做好有关资料的收集、整理、积累和分析工作。项目完建后,应组织工程技术、计划、财务、物资、统计等有关人员共同完成竣工决算报告的编制工作。竣工决算报告的具体编制办法如下：

(一)交通基本建设项目竣工决算报告封面

1.“主管部门”填写需上报竣工决算报告的主管部门或单位。

2.“建设项目名称”指建设单位的主管部门。

3.“建设项目名称”是指“大中型”或“小型”。

4.“建设性质”是指建设项目属于续建、新建、改建、迁建、恢复建设等内容。

5.“级别”是指中央级或地方级的建设项目。

(二)竣工工程平面示意图

公路建设项目可按设计文件中的大比例平面示意图编制，独立的公路桥梁项目可按桥位平面图进行编制。

(三)竣工报告说明书

竣工决算报告说明书是竣工决算报告的重要组成部分。主要内容包括：工程项目概况，工程建设过程和工程管理工作中的重大事件、经验教训；工程投资支出和财务管理工作的基本情况；以及工程遗留问题和有哪些需要解决的问题。

(四)竣工决算表格

1. 竣工决算审批表(交建竣1表)

中央级大中型基本建设项目，其项目竣工决算报告经省级交通主管部门或部属一级单位签署意见后报部备案(一式四份)。

2. 建设项目概况表(交建竣2-1表、2-2表、2-3表、2-4表、2-5表)

(1)建设时间开工和竣工日期按照实际开工和办理竣工验收的日期填列。如实际开工日期与批准的开工日期不符应作出说明。

(2)表中初步设计、调整概算的批准机关、日期、文号应按历次审批文件填列。

(3)表中有关项目的设计、概算、决算等指标，根据批准的设计文件和概算、决算等确定的数字填写。

(4)表中“总投资”按批准的概算和调整概算数及累计实际投资数填列。

(5)表中“基建支出合计”是指建设项目从开工起至竣工止发生的全部基本建设支出，根据财政部门或主管部门历年批准的“基建投资表”中有关数字填列。

(6)表中所列工程主要特征、完成主要工程量、主要材料消耗量、主要技术经济指标等，根据主管部门批准的概算、建设单位统计资料和施工企业提供的有关成本核算资料等分别填列。

(7)“主要收尾工程”填写工程内容和名称、预计投资额及完成时间等。如果收尾工程内容较多，可增设“收尾工程项目明细表”。这部分工程的实际成本，可根据具体情况进行估算，并作说明，完工以后不再调整竣工决算，但应将收尾工程执行结果按规定程序补报有关资料。

(8)“工程质量评定”填列经工程质量监督部门检测评定的单项工程质量评定及工程综合评价结果。

3. 财务决算总表、资金来源情况表、待核销基建支出及转出投资明细表，反映竣工工程从工开始建设起至竣工时为止全部资金来源和运用情况

1)基本建设项目竣工财务决算总表(交建竣3-1表)。

(1)表中有关“交付使用资产”、“基建拨款”、“项目资本”、“基建借款”等项目，填列自开工建设至竣工止的累计数，上述指标根据历年批复的年度基本建设财务决算和竣工年度的基本建设财务决算中资金平衡表相应项目的数字进行汇总填列(包括收尾工程的估列数)。

(2)表中其余各项目反映办理竣工验收时的结余数，根据竣工年度财务决算中资金平衡表的有关项目期末数填表。

(3)资金占用总额应等于资金来源总额。

(4)补充资料的“基建投资借款期末余额”反映竣工时尚未偿还的基建投资借款数，应根据竣工年度资金平衡表内的“基建投资借款”项目期末数填列；“应收生产单位投资借款期末数”，应根据竣工年度资金平衡表内的“应收生产单位投资借款”项目的期末数填列；“基建结余资金”反映竣工时的结余资金，应根据竣工财务决算总表中有关项目计算填列。

(5)基建结余资金的计算。基建结余资金 = 基建拨款 + 项目资本 + 项目资本公积 + 基建投资借款 + 企业债券资金 + 待冲基建支出-基本建设支出-应收生产单位投资借款。

2)资金来源情况表(交建竣 3-2 表)。

本表反映建设项目分年度的投资计划与资金拨付到位情况，表中有关基建拨款、项目资本、基建投资借款等资金来源内容，根据历年批复的年度基本建设财务决算和竣工年度的基本建设财务决算中资金平衡表相应项目的数字填列(包括收尾工程的估列数)。

3)待核销基建支出及转出投资明细表(交建竣 3-3 表)。

(1)“待核销基建支出”反映非经营性项目发生的江河清障、航道清淤、补助群众造林、水土保持、取消项目的可行性研究费以及项目报废等不能形成资产部分的投资支出。

(1)“转出投资”反映非经营性项目为项目配套而建成的、产权不归属本单位的专用设施的实际成本，按照规定的内容分项逐笔填列。

4. 工程造价和概算执行情况表(交建竣 4 表)

(1)本表反映工程实际建设成本和总造价、以及概算投资节余和概算投资包干部分节余的情况，应按照概算项目或单项工程(费用项目)填列。

(2)待摊投资按照某一单项工程投资额占全部投资的比例分摊到单项工程上。不计入固定资产价值的支出不分摊待摊投资。

5. 外资使用情况表(交建竣 5 表)

本表反映建设项目外资使用情况，按照使用外资支出费用项目填列。应说明批准初步设计时的汇率、记账汇率、竣工时的汇率以及外资贷款的转贷金额和转贷单位等情况。各有关表格中，外币折合人民币时，应以项目竣工时的汇率为准。

6. 交付使用资产总表和交付使用资产明细表

(1)交付使用资产总表中各栏数字应根据交付使用资产明细表中相应项目的数字汇总填列。交付使用资产明细表作为建设单位管理项目资产使用，可不纳入上报的竣工决算报告，其具体格式各单位可根据情况进行修改。

(2)交付使用资产总表中固定资产、流动资产、无形资产和递延资产各栏的合计数，应分别与竣工财务决算表交付使用资产的相应数字相符。

第四节　竣工决算编制示例

【例 6-1】1. 建设项目概况：某高速公路全长 201.499km，该建设项目总投资为 324 262 万元，其中调整概算为 320 651 万元，该工程平均每公里平均造价核定为 1 611 万元。建设周期从 1993 年 3 月开工至 1998 年 12 月交工，历时 5 年 9 个月。

2. 公路的投资来源：共安排投资累计 32 亿元，具体包括：

（1）交通部车购费拨款 63 700 万元；

（2）省管养路费拨（贷）款 82 200 万元；

（3）省能交基金贷款 4 700 万元；

（4）客运附加费拨（贷）款 6 500 万元；

（5）货运附加费拨（贷）款 2 000 万元；

（6）通行费拨（贷）款 10 000 万元；

（7）世界银行贷款（美元折合）62 194 万元；

（8）招商银行贷款 30 000 万元；

（9）发行公路债券 113 000 万元；

（10）厅转其他商业银行贷款 35 000 万元；

（11）车购费省分成 14 000 万元。

以上共计安排投资拨（贷）款为 320 294 万元，而某公路估计最终支付为 324 262 万元，加上建成通车后多负担的借款利息 19 565 万元，仍需资金 23 533 万元。这些资金主要支付交通工程、房建收尾工程、未偿还的贷款、多负担的某路通车后利息等。

3. 建设造价的分析及编制说明

截至 2002 年 4 月底，实际完成投资为 312 305 万元，加上未完工程投资约 12 195 万元，最终列入交付使用财产支出将是 324 262 万元，比调整概算 320 651 万元超 3 611 万元，比交通厅拨款超 3 968 万元，现将各项开支分析如下：

（1）建筑安装工程投资

工程造价和概算执行情况表所列建筑安装工程投资 232 561 万元，超概算 1 335 万元（概算列建筑安装工程 231 226 万元）。

（2）设备工器具及大型专用设备购置费

工程造价和概算执行情况表所列该项费用 6 238 万元，比概算节余 975 万元（概算列该项费用 7 213 万元）。

（3）其他基本建设费用

此项费用总的来说比调整概算节约 1 313 万元。其中：

①土地及青苗补偿费和安置补助费支出 19 405 万元（征地拆迁费 17 699 万元；耕地占用税 1 706 万元），较概算节余 315 万元（概算列该项费用 19 720 万元）。

②质量监督费支出 201 万元，概算中未安排此项目。

③国际招标及工程监理费支出 4 135 万元（国内监理费 2 689 万元；国外监理费 1 058 万元；招标代理费 388 万元），较概算节余 836 万元（概算列该项费用 4 971 万元）。

④研究试验费支出 492 万元，较概算 815 万元节余 323 万元。

⑤勘察设计费支出 4 020 万元（勘察设计费 3 637 万元，文物钻探费 383 万元），与概算持平。

⑥其他支出共计 1 506 万元，其中包括：债券发行费 63 万元；出国联络费 57 万元；外国技术人员费 39 万元；印花税 147 万元；人员培训费 466 万元和其他支出 734 万元。

（4）预留费用

此项费用共计支付 28 247 万元，其中包含：

①工程价格调整 21 585 万元。

②设备材料差价 6 662 万元。此项费用支出这么大，原因主要是如前所述，1993 年至 1996 年全国零售物价平均年增长 9%，导致建筑材料价格上涨，因此向承包人支付材料差价达28 247 万元。

(5)建设期贷款利息

此项费用共支付 18 487 万元，其中包含：

①国内银行贷款利息 14 309 万元。

②世界银行贷款利息 3 399 万元。

③世界银行贷款手续费及承诺费 779 万元。

(6)汇兑损益

在与承包人签订承包合同时，美元对人民币的汇率为 1∶5.454 8，而以后国家实行汇率并轨后，汇率骤涨，与承包人结算的汇率始终以 1∶5.454 8 计算，而向世行报账提款时，汇率按提款当天汇率计算，平均汇率为 1∶8.278，由此造成汇兑损失 5 979 万元。

通过上述分析可以清楚看到，建设造价如果再考虑支付未完工程(交通工程和其他收尾工程)12 195 万元后，超调整概算 3 611 万元。但如果扣除建设期汇兑损益 5 978 万元，整个工程尚能节余 2 367 万。且该段全线于 1998 年底全线双向通车，至 2002 年底 A ~ D 高速公路累计收入通行费为 79 731 万元，取得了很大的经济效益。

4. 利用外资项目情况

某高速公路的北半幅工程，属于世界银行贷款项目。该项目世界银行贷款总额为 12 000 万美元，其中分配给 A ~ D 高速公路为 7 472 万美元，由省高等级公路建设指挥部实施。

某高速公路截至 2002 年已向世界银行提款 7 512 万美元，折合人民币 62 194 万元。

5. 应收及预付款项

建设项目竣工财务决算总表中预付及应收款反映为 21 548 万元，其主要组成如下：

(1)应收款

①预付某开关厂、香港某洋行两家承包人工程款 358 万元，此款不久可在结算未完工程款中扣回。

②其他应收款 21 189 万元，其中：

a. 甲水泥厂欠款 500 万元及厅物资站欠款 144 万元，系项目开工初期为提供钢材、水泥而预付的料款，走向市场经济后，承包人所需材料，不再提供，而上述两个单位，因经济效益不佳，无力偿还此项预付款，拖延至今，可能将成为坏账。

b. 应收利息 19 565 万元(自 1998 年 6 月至 2000 年 12 月底发生数)，是建成通车后所发生的各项贷款利息费用(根据会计准则第三十条固定资产的成本核算的规定，在固定资产交付使用或已投入使用但尚未办理竣工决算后，所发生的借款利息和有关费用，不应计入固定资产成本)，故调入"其他应收款"科目中，请上级部门予以拨付此项代垫的贷款利息数。

③预支香港某洋行 399 万元。

(2)应付款

建设项目竣工财务决算总表中应付款共计 26 478 万元，其中：

①应付未付 11 家承包人工程款 1 502 万元。

②应付未付21家承包人质量保证金406万元。

③应付职工购房集资款560万元。

④应付省工行国际部贷款利息542万元。

⑤厅财务处预拨款5 200万元(1999年底已与厅财务的应拨通车后利息款对冲)。

⑥暂估收尾工程支付12 195万元。

6. 竣工决算报表编制

(1)公路建设项目工程概况表。

(2)财务决算总表。

(3)财务决算明细。

(4)资金来源情况表。

(5)应核销投资及转出投资明细表。

(6)建设成本和概算执行情况表。

(7)外资使用情况表。

(8)交付使用财产总表。

(9)交付使用流动资产明细表。

(10)交付使用无形资产明细表。

(11)递延资产明细表。

(12)待摊投资明细表。

【例6-2】 某投资公司承担的某高速公路工程项目,竣工时反映的财务核算资料如下:

(1)经验收合格,交付使用的资产有:①线路、桥梁,隧道等建筑安装工程资产价值218 560万元;设备、收费、通信系统价值54 775万元;②为运营准备使用期在一年以内的工器具、物品等125万元;使用期在一年以上,单件价值在2 000元以上的工器具40万元;③建设期间购买非专利技术75万元,摊销期5年;④筹建期间的开办费136万元。

(2)收尾零星工程支出的项目有:①建筑安装工程支出185万元;②设备、工器具投资45万元;③建设单位管理费、勘察设计费等待摊投资25万元;④其他支出35万元。

(3)非经营性项目发生待核销基建支出60万元。

(4)购置需安装设备65万元,其中待处理设备损失8万元。

(5)货币资金9 560万元。

(6)应收有偿调出材料款45万元。

(7)建设单位自有固定资产原值8 750万元,累计折旧2 140万元。

反映在“资金平衡表”上的资金来源的资金余额是:

(1)预算拨款72 350万元。

(2)自筹资金拨款62 639万元。

(3)商业银行借款145 962万元。

(4)交付使用资产价值中,有120万元属利用投资借款形成的待冲基建支出。

(5)应付设备商设备款965万元,应付承包人工程款(扣留的保留金未归还部分)8 123万元尚未支付。

(6)未交税金158万元;未交基建收入24万元。试编制建设项目竣工财务决算表。

解:建设项目竣工财务决算表见表6-1。

竣工财务决算表(货币单位:人民币万元)　　表6-1

资金来源	金额	资金占用	金额
一、基建拨款	134 989	一、基本建设支出	274 061
1. 预算拨款	72 350	1. 交付使用资产	273 711
2. 基建基金拨款		2. 在建工程	290
3. 进口设备转账拨款		3. 待核销基建支出	60
4. 器材转账拨款		4. 非经营性项目转出投资	
5. 煤代油转用基金拨款		二、应收借款	
6. 自筹资金拨款	62 639	三、应收生产单位投资借款	
7. 其他拨款		四、器材	65
二、项目资本		其中待处理器材损失	8
1. 国家资本		五、货币资金	9 560
2. 法人资本		六、预付及应收款	45
3. 个人资本		七、有价证券	
三、项目资本公积金		八、固定资产	6 610
四、基建借款	145 962	固定资产原值	8 750
五、上级拨入投资借款		减：累计折旧	2 140
六、企业债券资金		固定资产净值	6 610
七、待冲基建支出	120	固定资产清理	
八、应付款	9 088	待处理固定资产损失	
九、未交款	182		
1. 未交税金	158		
2. 未交基建收入	24		
3. 未交基建包干结余			
4. 其他未交款			
十、上级拨入资金			
十一、留成收入			
合计	290 341	合计	290 341

思考题与习题

1. 竣工决算的概念与作用是什么?
2. 竣工决算文件的内容有哪些?
3. 竣工决算文件的编制步骤包括哪些内容?

第七章　公路工程投资估算、预算编制实例

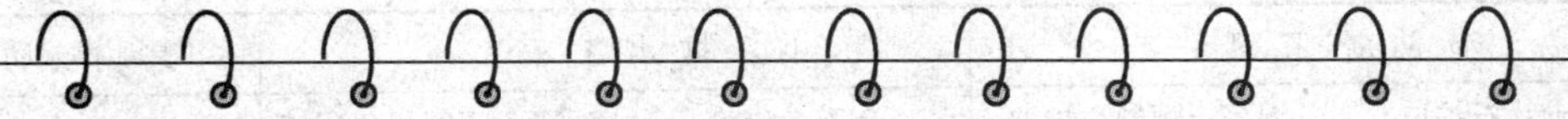

本章学习要点

本章根据所介绍的公路工程项目概况及相关设计资料编制投资估算、预算实例。

第一节　公路工程可行性研究报告投资估算编制实例

一、工程项目名称及地理位置

该工程项目为内蒙古境内××市绕城公路东环线，地处平原微丘区，冬季气温区为冬四区，雨量区及雨季期为Ⅰ区1月。在初步踏勘和必要的测量的基础上取定工程量，编制其可行性研究报告投资估算文件。

二、主要设计资料

1. 该项目为一级新建公路，路基宽度26m，路线长15.946km，里程桩号为K0+000~K15+946，其中利用原有公路路基3.296km，主要工程内容细目详见相应表格。

2. 该项目建设期为三年，建设期第一年向银行贷款3 460万元、第二年向银行贷款4 615万元、第三年向银行贷款3 460万元，当年计息，利息率为6.12%。

3. 该项目不计供电贴费，工地转移距离600km，主副食综合里程3km。按施工期平均每昼夜双向行车次数51~100次来计取行车干扰增加费。

4. 该项目研究试验费为191万元，建设项目前期工作费为706万元。

5. 本路段占地及设备购置情况详见相应表格。

6. 本项目人工单价20.7元/工日，除其他材料费、机械使用费按年价格上涨率5%考虑外，其余不考虑工程造价增涨因素。主要材料供应价格、运距、运价率见相应表格。

三、主要工程数量

1. 路基土方（表7-1）

2. 防护工程（表7-2）

3. 特殊路基处理

全线有12.746km处于下湿地段，需进行特殊路基处理，见表7-3。

路 基 土 方 表

表 7-1

新建路段土方施工			旧路利用土方施工		
计价土方量(m^3)	汽车运土方		计价土方量(m^3)	汽车运旧路土方	
	运量(m^3)	平均运距(km)		运量(m^3)	平均运距(km)
1 031 122	1 031 122	8	47 587	47 587	8

防护工程数量表

表 7-2

防 护 工 程		排 水 工 程		其他排水防护工程
浆砌片石护坡(m^3)	混凝土预制块护坡(m^3)	砌石急流槽(m^3)	混凝土预制块急流槽(m^3)	长度(km)
20 297	1 133	303	430	15.946

特 殊 路 基 处 理

表 7-3

土　方		软土地基处理	
挖土方(m^3)	汽车运土方(km)	抛石挤淤(m^3)	土工布处理软土地基(m^3)
212 203	8	153 600	192 000

4. 路面工程(表 7-4)

路 面 工 程

表 7-4

石 渣 垫 层	水泥碎石稳定土基层		面　层	路 缘 石
压实厚度 20cm 工程数量(m^3)	压实厚度 20cm 工程数量(m^3)	压实厚度 32cm 工程数量(m^3)	沥青混凝土面层(m^3)	混凝土预制块(m^3)
165 525	638 647	197 300	47 646.3	3 579

5. 桥梁涵洞(表 7-5)

桥 梁 涵 洞

表 7-5

涵　洞	小桥及跨径 <20m 的中桥		跨径≥20m 的中桥	
道	m/座	桥面面积(m^2)	m/座	桥面面积(m^2)
9	31.5/1	756	106.6/1	1 279

6. 交叉工程及沿线设施(表 7-6)

交叉工程及沿线设施

表 7-6

锡林大街互通式立体交叉		GD303X 互通式立体交叉				平面交叉		安全设施	服务设施
预应力空心板立交桥	匝道	预应力空心板立交桥	匝道	被交道二级主线上跨路况差	匝道	被交道二级	被交道三级	标志、标线、隔离栅、里程碑	通信监控、供电、收费、服务房屋
桥面面积(m^2)	长度(km)	桥面面积(m^2)	长度(km)	长度(km)	长度(km)	处	处	路线长度(km)	路线长度(km)
1 950	2.854	2 080	1.2	0.36	0.532	2	1	15.946	15.946

注:匝道设计路基宽度为 8.5m。

四、主要材料供应价格、运距、运价率(表7-7)

材料供应价格、运距、运价率一览表 表7-7

序号	代号	规格名称	单位	原价(元)	供应地点	运输方式及运距	运价率[元/(t·km)]	装卸费(元/t)
1	10	原木	m^3	1 100	×市-工地	汽车,10km	0.72	5.4
2	11	锯材	m^3	1 400	×市-工地	汽车,10km	0.512	5.4
3	16	Ⅰ级钢筋	t	3 700	×市-工地	汽车,10km	0.512	5.4
4	17	Ⅱ级钢筋	t	3 700	×市-工地	汽车,10km	0.72	5.4
5	20	钢绞线	t	6 500	×市-工地	汽车,10km	0.512	5.4
6	30	钢材	t	3 700	×市-工地	汽车,10km	0.512	5.4
7	38	空心钢纤	kg	15	×市-工地	汽车,10km	0.512	5.4
8	40	合金钻头	个	25	×市-工地	汽车,10km	0.512	5.4
9	47	波形钢板及型钢立柱	t	4 000	×市-工地	汽车,10km	0.512	5.4
10	50	加工钢材	t	4 500	×市-工地	汽车,10km	0.512	5.4
11	158	钢板标志	t	5 300	×市-工地	汽车,10km	0.512	5.4
12	159	铝合金标志	t	6 500	×市-工地	汽车,10km	0.512	5.4
13	165	钢板网及铁丝编织网	m^2	20	×市-工地	汽车,10km	0.512	5.4
14	240	水泥	t	310	×市-工地	汽车,10km	0.512	5.4
15	250	硝铵炸药	kg	6	×市-工地	汽车,10km	0.8	7.5
16	251	导火线	m	1	×市-工地	汽车,10km	0.8	7.5
17	254	普通雷管	个	1.2	×市-工地	汽车,10km	0.8	7.5
18	260	石油沥青	t	4 200	×市-工地	汽车,10km	0.8	7.5
19	278	生石灰	t	150	×市-工地	汽车,10km	0.512	5.4
20	289	砂、砂砾	m^3	6.71	×市-工地	汽车,10km	0.576	4.4
21	305	片石	m^3	25.12	×市-工地	汽车,10km	0.576	4.4
22	312	石渣	m^3	15	×市-工地	汽车,10km	0.576	4.4
23	324	碎石	m^3	35	×市-工地	汽车,10km	0.576	4.4
24	325	碎(砾)石	m^3	57.37	×市-工地	汽车,10km	0.576	4.4
25	343	块石	m^3	67.53	×市-工地	汽车,10km	0.576	4.4

五、××市绕城公路东环线可行性研究报告投资估算计算表

根据上述资料,用《海德纵横 SmartCost 公路工程造价系统》8.3.0 版软件编制。计算结果见表7-8~表7-16。

总 估 算 表

表 7-8

建设项目名称：××市绕城公路东环线

编 制 范 围：K0 +000 ~ K15 +946

第 1 页　共 1 页　(02 表)

项	目	节	工程或费用名称	单 位	数 量	估算金额(元)	技术经济指标	各项费用比例(%)	备 注
			第一部分　建筑安装工程费	**公路公里**	15.946	217 541 146	13 642 364.61	94.47	
一			路基	公路公里	15.946	57 278 872	3 592 052.68	24.87	
	1		土方	m^3	1.000	30 666 595	30 666 595.00	13.32	
		1	新建路段土方施工	km	1 031 122.000	29 095 807	28.22	12.64	
		2	旧路利用土方施工	km	47 587.000	1 570 788	33.01	0.68	
	3		排水防护工程	m^3	22 163.000	7 067 209	318.87	3.07	
	4		特殊路基处理	km	12.746	19 545 068	1 533 427.59	8.49	
二			路面	公路公里	15.946	82 258 156	5 158 544.84	35.72	
三			桥梁涵洞	公路公里	15.946	4 818 084	302 150.01	2.09	
五			交叉工程及沿线设施	公路公里	15.946	55 776 364	3 497 827.92	24.22	
	1		锡林大街互通式立体交叉	处	1.000	12 017 801	12 017 801.00	5.22	
	2		GD303X 互通式立体交叉	处	1.000	9 771 917	9 771 917.00	4.24	
	3		平面交叉	处	1.000	4 510 362	4 510 362.00	1.96	
	4		安全设施	公路公里	15.946	14 362 287	900 682.74	6.24	
	5		服务设施	公路公里	15.946	15 113 997	947 823.72	6.56	
六			施工技术装备费	公路公里	15.946	4 449 801	279 054.37	1.93	1 483 267 05 ×0.03
七			计划利润	公路公里	15.946	5 933 068	372 072.50	2.58	1 483 267 05 ×0.04
八			税金	公路公里	15.946	7 026 801	440 662.30	3.05	(200 131 476 +5 933 068.2) ×0.034 1
			第二部分　设备及工具、器具购置费	**公路公里**	15.946				
			第三部分　工程建设其他费用	**公路公里**	15.946	12 729 480	798 286.72	5.53	
二			建设项目前项工作费	公路公里	15.946	7 060 000	442 744.26	3.07	
四			研究试验费	公路公里	15.946	1 910 000	119 779.26	0.83	
九			建设期贷款利息	公路公里	1.000	3 759 480	3 759 480.00	1.63	
			第一、二、三部分费用合计	**公路公里**	15.946	230 270 626	14 440 651.32	100.00	217 541 146 +0 +12 729 480
			预留费用	元	15.946				
			投资估算总金额	**元**	15.946	230 270 626	14 440 651.32	100.00	230 270 626 +0
			平均每公路公里造价	元		14 440 651		6.27	230 270 626/15.946

编制：　　　　　　　　　　　　　　　　　　　　复核：

表 7-9

人工、主要材料数量汇总表

建设项目名称：××市绕城公路东环线

编 制 范 围：K0 + 000 ~ K15 + 946

第 1 页 共 2 页 （03 表）

序号	规格名称	单位	代号	总数量	分项统计										场外运输损耗	
					路基	路面	桥梁涵洞		交叉工程及沿线设施		其他				%	数量
1	人工	工日	1	638 863.750	229 678	64 149	41 563	303 473								
2	机械工	工日	3	14 949.023	10 389	4 560										
3	原木	m^3	10	107.181	31	29	48									
4	锯材	m^3	11	668.369	34	1	47	586								
5	Ⅰ级钢筋	t	16	369.413	26		55	288								
6	Ⅱ级钢筋	t	17	399.113	1		106	292								
7	钢绞线	t	20	69.526			25	44								
8	钢材	t	30	1 240.365			10	1 230								
9	波形钢板及型钢立柱	t	47	541.703				542								
10	加工钢材	t	50	40.501	4		9	28								
11	铁钉	kg	151	1 670.400	1 670											
12	钢板标志	t	158	13.395				13								
13	铝合金标志	t	159	27.746				28								
14	钢板网及铁丝编织网	m^2	165	4 097.890				4 098								
15	土工布	m^2	210	214 118.391	214 118											
16	水泥	t	240	34 034.998	2 584	20 617	1 435	9 399							4.00	340.35
17	石油沥青	t	260	8 719.931	21	7 776	11	912							12.00	261.60
18	柴油	kg	265	727 405.415	527 295	200 110										
19	水	m^3	268	3 641.550		3 642										
20	生石灰	t	278	3 172.754		2	6	3 165							9.00	95.18

续上表

建设项目名称：××市绕城公路东环线

编 制 范 围：K0 +000 ~ K15 +946

第2页　共2页　(03 表)

序号	规格名称	单位	代号	总数量	分项统计										场外运输损耗	
					路基	路面	桥梁涵洞		交叉工程及沿线设施		其他				%	数量
21	砂、砂砾	m^3	289	74 065.581	19 174	24 951	3 399	26 542							10.00	1 851.64
22	片石	m^3	305	202 147.535	192 114		1 767	8 267								
23	石渣	m^3	312	46 793.002	13 870	32 923									2.00	467.93
24	碎石	m^3	324	267 834.313		267 834									1.00	2 678.34
25	碎(砾)石	m^3	325	95 882.041	2 258	51 857	2 567	39 199							4.00	958.82
26	块石	m^3	343	5 338.791	2 404	1 001	1 339	595								
27	其他材料费	元	391	8 550 585.354	323 780	860 085	403 650	6 963 071								
28	设备摊销费	元	392	41 596.769		17 650	17 822	6 125								
29	材料总重量	t	394	748 100.138	291 475	456 625										
30	机械使用费	元	400	39 863 508.900	24 296 178	7 928 012	460 207	7 179 111								
31	定额基价	元	999	108 603 184.206	35 204 872	36 761 484	2 996 172	33 640 656								

编制：　　　　　　　　复核：

工程建设其他费用计算表

表 7-10

建设项目名称：× ×市绕城公路东环线

编 制 范 围：K0 + 000 ~ K15 + 946　　　　第 1 页　共 1 页　（05 表）

序　号	费用名称及回收金额项目	说明及计算式	金额(元)	备　注
	第三部分　工程建设其他费用		12 729 480	
二	建设项目前项工作费		7 060 000	
四	研究试验费		1 910 000	
九	建设期贷款利息		3 759 480	
	第一年	105.876 × 10 000	1 080 189	105.876 × 10 000
	第二年	147.698 6 × 10 000	1 506 880	147.698 6 × 10 000
	第三年	114.915 2 × 10 000	1 172 411	114.915 2 × 10 000

编制：　　　　复核：

表 7-11

分项工程估算表

建设项目名称：××市绕城公路东环线

编 制 范 围:K0+000 ~ K15+946　　　　第1页　共6页　(06表)

序号	工料机名称	单位	单价(元)	指标	数量	金额	指标	数量	金额	指标	数量	金额	指标	数量	金额
	工程项目			路基土方									合计		
	工程细目			三、四级以上汽车运土方8km											
	指标单位			1 000m³											
	工程数量			1 031.12											
	估算指标表号			1-1-26+27×15											
1	人工	工日	20.70	11.000	11 342.342	234 786								11 342.342	234 786
2	机械使用费	元	1.00	17 245.140	17 781 843.247	17 781 843								17 781 843.247	17 781 843
3	定额基价	元	1.00	17 421.000	17 963 176.362	17 963 176								17 963 176.362	17 963 176
	直接费(元)					18 016 629									18 016 629
	其他工程费(元)					547 706									547 706
	其他直接费(元)					648 419									648 419
	现场经费(元)					1 138 193									1 138 193
	间接费(元)					328 926									328 926
	直接工程费与间接费合计(元)					20 679 872									20 679 872

本分项费用	人工费：		材料费：		机械使用费：		直接工程费：		指标直接工程费：	

续上表

建设项目名称：××市绕城公路东环线

编 制 范 围:K0 +000 ~ K15 +946

第 2 页 共 6 页 (06 表)

序号	工程项目			路基土方									合计		
	工程细目			三、四级以上汽车运土方 8km											
	指标单位			1 000m^3											
	工程数量			47.59											
	估算指标表号			1-1-26 +27 ×15											
	工料机名称	单位	单价(元)	指标	数量	金额	指标	数量	金额	指标	数量	金额	指标	数量	金额
1	人工	工日	20.70	11.000	523.457	10 836								523.457	10 836
2	机械使用费	元	1.00	17 245.140	820 644.477	820 644								820 644.477	820 644
3	定额基价	元	1.00	17 421.000	829 013.127	829 013								829 013.127	829 013
	直接费(元)					831 480									831 480
	其他工程费(元)					25 277									25 277
	其他直接费(元)					113 388									113 388
	现场经费(元)					154 734									154 734
	间接费(元)					57 508									57 508
	直接工程费与间接费合计(元)					1 182 387									1 182 387

本分项费用	人工费：		材料费：		机械使用费：		直接工程费：		指标直接工程费：	

续上表

建设项目名称：××市绕城公路东环线

编 制 范 围：K0 +000 ~ K15 +946

第 3 页 共 6 页 (06 表)

序号	工程项目			路基排水与防护			路基排水与防护			路基排水与防护			路基排水与防护		
	工程细目			浆砌片石护坡			混凝土预制块护坡			砌石急流槽			混凝土预制块急流槽		
	指标单位			$100m^3$			$100m^3$			$100m^3$			$100m^3$		
	工程数量			202.97			11.33			3.03			4.03		
	估算指标表号			1-4-1			1-4-2			1-4-1			1-4-2		
	工料机名称	单位	单价(元)	指标	数量	金额	指标	数量	金额	指标	数量	金额	指标	数量	金额
1	人工	工日	20.70	342.000	69 415.740	1 436 906	848.000	9 607.840	198 882	342.000	1 036.260	21 451	848.000	3 646.400	75 480
2	原木	m^3	1 140.42	0.110	22.327	25 462	0.150	1.700	1 938	0.110	0.333	380	0.150	0.645	736
3	锯材	m^3	1 445.76	0.060	12.178	17 607	1.250	14.163	20 476	0.060	0.182	263	1.250	5.375	7 771
4	Ⅰ级钢筋	t	3 805.42				0.420	4.759	18 108				0.420	1.806	6 873
5	Ⅱ级钢筋	t	3 805.42				0.040	0.453	1 725				0.040	0.172	655
6	钢材	t	3 803.26												
7	加工钢材	t	4 555.60				0.010	0.113	516				0.010	0.043	196
8	水泥	t	331.90	8.090	1 642.027	544 989	37.980	430.313	142 821	8.090	24.513	8 136	37.980	163.314	54 204
9	石油沥青	t	4 453.30				1.320	14.956	66 602				1.320	5.676	25 277
10	砂、砂砾	m^3	23.56	67.600	13 720.772	323 261	210.600	2 386.098	56 216	67.600	204.828	4 826	210.600	905.580	21 335
11	片石	m^3	42.48	103.300	20 966.802	890 670	0.400	4.532	193	103.300	312.999	13 296	0.400	1.720	73
12	碎(砾)石	m^3	76.08	0.400	81.188	6 177	98.400	1 114.872	84 819	0.400	1.212	92	98.400	423.120	32 191
13	块石	m^3	88.56	11.300	2 293.561	203 118				11.300	34.239	3 032			
14	其他材料费	元	1.00	234.998	47 697.544	47 698	3 441.619	38 993.543	38 994	234.998	712.044	712	3 441.619	14 798.962	14 799
15	机械使用费	元	1.00	82.191	16 682.307	16 682	1 055.754	11 961.693	11 962	82.191	249.039	249	1 055.754	4 539.742	4 540
16	定额基价	元	1.00	13 567.000	2 753 693.990	2 753 694	43 431.000	492 073.230	492 073	13 567.000	41 108.010	41 108	43 431.000	186 753.300	186 753

续上表

建设项目名称：××市绕城公路东环线

编 制 范 围：K0 +000 ~ K15 +946

第4页 共6页 (06表)

序号	工料机名称	单位	单价(元)	指标	数量	金额	指标	数量	金额	指标	数量	金额	指标	数量	金额
	工程项目			路基排水与防护			路基排水与防护			路基排水与防护			路基排水与防护		
	工程细目			浆砌片石护坡			混凝土预制块护坡			砌石急流槽			混凝土预制块急流槽		
	指标单位			$100m^3$			$100m^3$			$100m^3$			$100m^3$		
	工程数量			202.97			11.33			3.03			4.03		
	估算指标表号			1-4-1			1-4-2			1-4-1			1-4-2		
	直接费(元)					3 512 569			643 252			52 437			244 129
	其他工程费(元)					106 782			19 555			1 594			7 422
	其他直接费(元)					207 957			37 195			3 104			14 117
	现场经费(元)					491 315			87 877			7 335			33 351
	间接费(元)					227 468			40 685			3 396			15 441
	直接工程费与间接费合计(元)					4 546 091			828 564			67 866			314 460

本分项费用	人工费：		材料费：		机械使用费：		直接工程费：		指标直接工程费：	

续上表

建设项目名称：××市绕城公路东环线

编 制 范 围：K0+000～K15+946 第5页 共6页 (06表)

序号	工程项目			路基排水与防护											
	工程细目			一级路其他排水防护工程											
	指标单位			1公路公里									合计		
	工程数量			15.95											
	估算指标表号			1-4-5											
	工料机名称	单位	单价(元)	指标	数量	金额	指标	数量	金额	指标	数量	金额	指标	数量	金额
1	人工	工日	20.70	1 195.000	19 055.470	394 448								102 761.710	2 127 167
2	原木	m^3	1 140.42	0.350	5.581	6 365								30.586	34 880
3	锯材	m^3	1 445.76	0.140	2.232	3 228								34.130	49 344
4	Ⅰ级钢筋	t	3 805.42	1.240	19.773	75 245								26.338	100 226
5	Ⅱ级钢筋	t	3 805.42	0.010	0.159	607								0.785	2 986
6	钢材	t	3 803.26	0.030	0.478	1 819								0.478	1 819
7	加工钢材	t	4 555.60	0.250	3.987	18 161								4.143	18 873
8	水泥	t	331.90	20.290	323.544	107 384								2 583.712	857 534
9	石油沥青	t	4 453.30											20.632	91 879
10	砂、砂砾	m^3	23.56	122.700	1 956.574	46 097								19 173.852	451 736
11	片石	m^3	42.48	76.200	1 215.085	51 617								22 501.138	955 848
12	碎(砾)石	m^3	76.08	40.000	637.840	48 527								2 258.232	171 806
13	块石	m^3	88.56	4.800	76.541	6 778								2 404.341	212 928
14	其他材料费	元	1.00	13 059.168	208 241.493	208 241								310 443.586	310 444
15	机械使用费	元	1.00	2 363.870	37 694.271	37 694								71 127.052	71 127
16	定额基价	元	1.00	51 008.000	813 373.568	813 374								4 287 002.098	4 287 002

续上表

建设项目名称：××市绕城公路东环线

编 制 范 围：K0 +000 ~ K15 +946　　　　第6页　共6页　（06表）

序号	工料机名称	单位	单价(元)	指标	数量	金额	指标	数量	金额	指标	数量	金额	指标	数量	金额
	工程项目			路基排水与防护											
	工程细目			一级路其他排水防护工程											
	指标单位			1 公路公里									合计		
	工程数量			15.95											
	估算指标表号			1-4-5											
	直接费(元)					1 006 212									5 458 599
	其他工程费(元)					30 589									165 942
	其他直接费(元)					61 356									323 729
	现场经费(元)					144 959									764 837
	间接费(元)					67 113									354 103
	直接工程费与间接费合计(元)					1 310 228									7 067 209
本分项费用	人工费：		材料费：		机械使用费：		直接工程费：		指标直接工程费：						

各项费用之间关系：金额 = 工料机单价 × 指标 × 数量；其他直接费，现场经费 = 指标基价 × 相应费率；间接费 =（指标基价 + 其他直接费 + 现场经费）× 间接费率

编制　　　　复核：

其他直接费、现场经费及间接费综合费率计算表

表 7-12

建设项目名称：××市绕城公路东环线

编制范围：K0+000~K15+946　　　　第1页　共1页　(07表)

序号	项　目	其他直接费率								现场经费(%)							间接费率(%)		
										临时设施费	现场管理费					综合费率			
		冬季施工增加费	雨季施工增加费	夜间施工增加费	高原施工增加费	沿海地区增加费	行车干扰增加费	施工辅助费	综合费率		基本费用	其他单项费用					企业管理费	财务费用	综合费率
												主副食运费补贴	职工探亲路费	职工取暖补贴	工地转移费				
1	人工土方	6.870	0.120				5.520	2.760	15.270	6.670	11.150	0.920		0.340	1.758	20.838	4.810	0.880	5.690
2	机械土方	6.080	0.070				2.450	0.830	9.430	3.380	4.680	0.390		0.380	2.866	11.696	4.140	0.510	4.650
3	汽车运土	1.070	0.070				2.630	0.260	4.030	2.120	2.570	0.390		0.370	1.624	7.074	1.330	0.510	1.840
4	人工石方	1.460	0.080				5.240	2.620	9.400	6.670	11.150	0.680		0.340	1.758	20.598	4.810	0.930	5.740
5	机械石方	1.340	0.070				2.450	0.910	4.770	5.720	6.050	0.440		0.410	2.330	14.950	4.450	0.550	5.000
6	高级路面	3.740	0.060				1.310	1.310	6.420	4.350	2.200	0.230		0.220	3.300	10.300	2.970	0.630	3.600
7	其他路面	1.660	0.060				1.310	1.310	4.340	4.330	4.510	0.230		0.220	3.300	12.590	4.410	0.750	5.160
8	构造物 I	3.670	0.050				1.290	2.260	7.270	6.110	7.140	0.350		0.340	3.236	17.176	5.490	0.900	6.390
9	构造物 II	3.540	0.050	0.500			1.240	2.180	7.510	5.900	6.890	0.340		0.320	3.236	16.686	5.290	0.900	6.190
10	技术复杂大桥	3.680	0.050	0.500				2.260	6.490	5.100	6.170	0.270		0.250	3.246	15.036	3.860	0.900	4.760
11	隧道	1.480						2.040	3.520	5.290	6.180	0.310		0.290	2.916	14.986	4.980	0.900	5.880
12	钢桥上部	0.350						0.700	1.050	4.040	2.120	0.250		0.200	3.204	9.814	2.970	0.900	3.870
13	费率为0																		

编制：　　　　复核：

材料单价预算表

表 7-13

建设项目名称：××市绕城公路东环线

编制范围：K0 +000 ~ K15 +946

第 1 页　共 2 页　(08 表)

序号	代号	规格名称	单位	原价（元）	运杂费					原价运费合计（元）	场外运输损耗		采购及保管费		预算单价（元）
					起讫地点	运输方式、比重及运距（km）	毛重系数或单位毛重	运杂费构成说明或计算式	单位运费(元)		费率（%）	金额（元）	费率（%）	金额（元）	
1	10	原木	m^3	1 100.000	×市-工地	汽车,10km	1.000 00	0.72×10+5.40	12.600	1 112.60			2.500	27.815	1 140.420
2	11	锯材	m^3	1 400.000	×市-工地	汽车,10km	1.000 00	0.51×10+5.40	10.500	1 410.50			2.500	35.263	1 445.760
3	16	Ⅰ级钢筋	t	3 700.000	×市-工地	汽车,10km	1.000 00	0.72×10+5.40	12.600	3 712.60			2.500	92.815	3 805.420
4	17	Ⅱ级钢筋	t	3 700.000	×市-工地	汽车,10km	1.000 00	0.72×10+5.40	12.600	3 712.60			2.500	92.815	3 805.420
5	20	钢绞线	t	6 500.000	×市-工地	汽车,10km	1.000 00	0.51×10+5.40	10.500	6 510.50			2.500	162.763	6 673.260
6	30	钢材	t	3 700.000	×市-工地	汽车,10km	1.000 00	0.51×10+5.40	10.500	3 710.50			2.500	92.763	3 803.260
7	47	波形钢板及型钢立柱	t	4 000.000	×市-工地	汽车,10km	1.000 00	0.51×10+5.40	10.500	4 010.50			1.000	40.105	4 050.600
8	50	加工钢材	t	4 500.000	×市-工地	汽车,10km	1.000 00	0.51×10+5.40	10.500	4 510.50			1.000	45.105	4 555.600
9	151	铁钉	kg		×市-工地	汽车,10km	0.001 00	(0.51×10+5.40)×0.001	0.010	0.01			2.500		0.010
10	158	钢板标志	t	5 300.000	×市-工地	汽车,10km	1.000 00	0.51×10+5.40	10.500	5 310.50			1.000	53.105	5 363.600
11	159	铝合金标志	t	6 500.000	×市-工地	汽车,10km	1.000 00	0.51×10+5.40	10.500	6 510.50			1.000	65.105	6 575.600
12	165	钢板网及铁丝编织网	m^2	20.000	×市-工地	汽车,10km	0.004 45	(0.51×10+5.40)×0.004 4	0.050	20.05			2.500	0.501	20.550
13	210	土工布	m^2		×市-工地	汽车,10km	0.000 60	(0.51×10+5.40)×0.000 6	0.010	0.01			2.500		0.010

续上表

建设项目名称：× ×市绕城公路东环线

编制范围:K0 +000 ~ K15 +946

第2页　共2页　(08表)

序号	代号	规格名称	单位	原价（元）	运杂费					原价运费合计（元）	场外运输损耗		采购及保管费		预算单价（元）
					起讫地点	运输方式、比重及运距	毛重系数或单位毛重	运杂费构成说明或计算式	单位运费(元)		费率（%）	金额（元）	费率（%）	金额（元）	
14	240	水泥	t	310.000	×市-工地	汽车,10km	1.010 00	(0.51×10+5.40)×1.01	10.600	320.60	1.00	3.206	2.500	8.095	331.900
15	260	石油沥青	t	4 200.000	×市-工地	汽车,10km	1.170 00	(0.80×10+7.50)×1.17	18.140	4 218.14	3.00	126.544	2.500	108.617	4 453.300
16	278	生石灰	t	150.000	×市-工地	汽车,10km	1.000 00	0.51×10+5.40	10.500	160.50	3.00	4.815	2.500	4.133	169.450
17	289	砂、砂砾	m^3	6.710	×市-工地	自办运输，10km	1.540 00	(0.58×10+4.40)×1.54	15.710	22.42	2.50	0.561	2.500	0.575	23.560
18	305	片石	m^3	25.120	×市-工地	自办运输，10km	1.600 00	(0.58×10+4.40)×1.6	16.320	41.44			2.500	1.036	42.480
19	312	石渣	m^3	15.000	×市-工地	自办运输，10km	1.500 00	(0.58×10+4.40)×1.5	15.300	30.30	1.00	0.303	2.500	0.765	31.370
20	324	碎石	m^3	35.000	×市-工地	自办运输，10km	1.500 00	(0.58×10+4.40)×1.5	15.300	50.30	1.00	0.503	2.500	1.270	52.070
21	325	碎(砾)石	m^3	57.370	×市-工地	自办运输，10km	1.580 00	(0.58×10+4.40)×1.58	16.120	73.49	1.00	0.735	2.500	1.856	76.080
22	343	块石	m^3	67.530	×市-工地	自办运输，10km	1.850 00	(0.58×10+4.40)×1.85	18.870	86.40			2.500	2.160	88.560

编制：　　　　复核：

表 7-14

建筑安装工程费计算表

建设项目名称：××市绕城公路东环线　　本表各栏数据之间关系：5～14 由 08 表转来；15＝(13＋14)×15 的费率

编制范围：K0＋000～K15＋946　　16＝(13＋14)×16 的费率；17＝(12＋14＋16)×17 的费率；18＝12＋14＋15＋16＋17；19＝18÷4　　第 1 页　共 1 页　(09 表)

序号	工程名称	单位	工程量	指标基价(元)	直接工程费(元)							指标直接工程费(元)	间接费(元)	施工技术装备费(元)费率	计划利润(元)费率	税金(元)综合税率	建安工程费	
					直接费				其他直接费	现场经费	合计						合计(元)	单价(元)
					人工费	材料费	机械使用费	合计						3.00%	4.00%	3.41%		
1	2	3	4	5	6	7	8	9	10	11	12	13	14	15	16	17	18	19
1	新建路段土方施工	km	1031122.000	23791077	234786		17781842	26265605	648419	1138193	28766881	26292354	328926	546160	728214	730016	31100197	30.16
2	旧路利用土方施工	km	47587.000	1097975	10836		820645	1212176	113388	154734	1513280	1399079	57508	32046	42727	41776	1687337	35.46
3	排水防护工程	m^3	22163.000	4287002	2127167	3260304	71127	5458599	323729	764837	6713106	5541510	354103	176869	235824	249033	7728933	348.73
4	特殊路基处理	km	12.746	12264461	2381541	7655750	5622563	15659854	1201431	1490131	18827477	15432083	717591	484489	645987	688514	21364061	1676138.47
5	路面	公路公里	15.946	36523494	1327892	61953281	7928012	71209188	1679070	4870851	79923867	45238175	2334289	1427174	1902900	2869892	88458121	5547354.89
6	桥梁涵洞	公路公里	15.946	2996172	860360	2377952	460208	3698520	225996	533934	4570885	3868537	247199	123472	164629	169910	5276096	330872.70
7	锡林大街互通式立体交叉	处	1.000	6600581	1319829	5422740	2754520	9497090	500852	1183305	11469958	8573448	547843	273638	364852	422248	13078540	13078540.00
8	GD303X 互通式立体交叉	处	1.000	5462233	1179241	4483976	2029419	7692636	414105	978360	9318958	7088555	452959	226246	301660	343509	10643331	10643331.00
9	平面交叉	处	1.000	2069026	354922	1989127	1108029	3452078	331965	453011	4341998	2958946	168364	93819	125093	158069	4887343	4887343.00
10	安全设施	公路公里	15.946	9946955	1436848	8828553	443249	10708650	746811	1764404	13545408	12783713	816879	408018	544024	508305	15822634	992263.51
11	服务设施	公路公里	15.946	9561860	1991056	8716263	843893	11551212	720676	1702659	14325704	12336351	788293	393740	524985	533290	16566012	1038881.98
	各项费用合计			114600836	13224478	104687946	39863507	166405608	6906442	15034419	193317522	141512751	6813954	4185671	5580895	6714562	216612605	13642365

编制：　　复核：

表 7-15

人工、材料、机械单价汇总表

建设项目名称：××市绕城公路东环线

编制范围：K0 + 000 ~ K15 + 946　　　　第 1 页　共 1 页　（10 表）

序号	名　称	单位	代号	预算单价(元)	备　注	序号	名　称	单位	代号	预算单价(元)	备　注
1	人工	工日	1	20.70		17	石油沥青	t	260	4 453.30	
2	机械工	工日	3	20.70		18	柴油	kg	265	4.90	
3	原木	m^3	10	1 140.42		19	水	m^3	268	0.50	
4	锯材	m^3	11	1 445.76		20	生石灰	t	278	169.45	
5	I 级钢筋	t	16	3 805.42		21	砂、砂砾	m^3	289	23.56	
6	II 级钢筋	t	17	3 805.42		22	片石	m^3	305	42.48	
7	钢绞线	t	20	6 673.26		23	石渣	m^3	312	31.37	
8	钢材	t	30	3 803.26		24	碎石	m^3	324	52.07	
9	波形钢板及型钢立柱	t	47	4 050.60		25	碎(砾)石	m^3	325	76.08	
10	加工钢材	t	50	4 555.60		26	块石	m^3	343	88.56	
11	铁钉	kg	151	0.01		27	其他材料费	元	391	1.00	
12	钢板标志	t	158	5 363.60		28	设备摊销费	元	392	1.00	
13	铝合金标志	t	159	6 575.60		29	材料总质量	t	394	0.00	
14	钢板网及铁丝编织网	m^2	165	20.55		30	机械使用费	元	400	1.00	
15	土工布	m^2	210	0.01		31	定额基价	元	999	1.00	
16	水泥	t	240	331.90							

编制：　　　　复核：

表 7-16

购置费与其他费用计算表

建设项目名称：××市绕城公路东环线

编制范围：K0 +000 ~ K15 +946　　　　第 1 页　共 1 页　(11 表)

序　号	费用名称及回收金额项目	说明及计算式	金额(元)	备　注
	第二部分　设备及工具、器具购置费			
	第三部分　工程建设其他费用		12 729 480	
二	建设项目前项工作费		7 060 000	
四	研究试验费		1 910 000	
九	建设期贷款利息		3 759 480	

编制：　　　　复核：

第二节　公路工程施工图预算编制实例

一、工程项目名称及地理位置

该工程项目为内蒙古境内×县县际公路，地处平原微丘区，冬季气温区为冬三区，雨量区及雨季期为Ⅰ区1月。该项目工程可行性研究报告已批准，并已进行了详细的外业勘测和内业设计，现根据设计资料编制其一阶段施工图预算文件。

二、主要设计资料

1. 全线按平原微丘区三级公路标准设计，为改建工程。路基宽8.5m，路面宽6.0m，路线长8.196km，里程桩号为K0+000～K8+196，主要工程内容细目详见相应表格。

2. 该项目建设期为一年，2008年开工建设，2008年底竣工。

3. 该项目不计供电贴费，工地转移距离为50km，主副食综合里程为4km。按施工期平均每昼夜双向行车次数51～100次来计取行车干扰增加费。养老保险见相应表格。

4. 公路交工前养护费按养护1个月考虑。

5. 征用土地与拆迁情况见相应表格。

6. 本项目人工单价49.2元/工日，主要材料供应价格、运距、运价率见相应表格。费率标准执行《公路工程基本建设项目概算预算编制办法》(JTG B06—2007)，养路费执行北京标准。

7. 规费见表7-17。

规　费　　表7-17

养老保险费	失业保险费	医疗保险费	住房公积金	工伤保险费
20.000	2.000	8.500	7.000	1.500

三、主要工程数量

1. 路基工程及边沟加固(表7-18、表7-19)

路 基 工 程　　表7-18

<table>
<tr><td colspan="2">人工挖运土方(m^3)</td><td>$20m^3$挖掘机挖装土方(m^3)</td><td colspan="2">推土机推土(m^3)</td><td colspan="2">12t自卸汽车运土方(m^3)</td></tr>
<tr><td>普通土3 804</td><td>运距20m</td><td>普通土154 095</td><td>普通土7 787</td><td>运距100m</td><td>运量154 095</td><td>运距1km</td></tr>
<tr><td colspan="2">12t压路机碾压填方路基(m^3)</td><td colspan="3">整修路基</td><td colspan="2">软土地基处理</td></tr>
<tr><td colspan="2">压实体积</td><td>机械整修路拱(m^2)</td><td colspan="2">整修边坡(km)</td><td colspan="2">路床0～0.8m换填砂砾(m^3)</td></tr>
<tr><td colspan="2">157 899</td><td>69 666</td><td colspan="2">8.196</td><td colspan="2">905</td></tr>
</table>

边 沟 加 固　　表7-19

7.5号浆砌片石边沟(m^3)	沟底铺砂砾垫层(m^3)	水泥砂浆抹面(m^2)厚2cm	人工挖基深3m以内干处土方(m^3)
1 313.60	859.50	1 769	2 578.56

2. 路面工程(表7-20)

路 面 工 程 表7-20

(拌和)细粒式沥青混凝土面层			运输沥青混合料		摊铺细粒式沥青混合料	沥青混合料拌和设备生产能力150t/h以内的安装、拆除
压实厚度(cm)	工程数量(m^2)		运量(m^3)	运距(km)	工程数量(m^3)	工程数量(座)
3	49 653		1 489.6	4	1 489.6	1
(拌和)石灰粉煤灰稳定砂砾基层			运输基层混合料		120km以内平地机摊铺基层混合料	稳定土厂拌设备生产能力250t/h以内的安装、拆除
压实厚度(cm)	配合比	工程数量(m^2)	运量(m^3)	运距(km)	工程数量(m^2)	工程数量(座)
20	石灰:粉煤灰:砂砾 = 8:12:80	51 087	51 087	4	51 087	1

沥青下封层	路面垫层		培路肩		路缘石(混凝土预制块)
工程数量(m^2)	压实厚度(cm)	工程数量(m^2)	路肩厚度(cm)	工程数量(m^2)	工程数量(m^2)
51 087	20	55 185	43	23 605	486.86

3. 其他工程(表7-21)

其 他 工 程 表7-21

伐树挖根除草清除表土		平整场地
砍挖灌木林(直径10cm以下)(m^2)	推土机清除表土(135kW)(m^3)	场地不碾压(m^2)
9 570	2 949	6 667

四、主要材料供应价格、运距、运价率(表7-22)

材料供应价格、运距、运价率一览表 表7-22

序号	代号	规格名称	单位	原价(元)	供应地点	运输方式	运距(km)	运价率[元/(t·km)]	装卸费(元/t)
1	10	原木	m^3	1 100	料场-工地	汽车	45	0.59	4.5
2	11	锯材	m^3	1 200	料场-工地	汽车	45	0.46	4.5
3	38	空心钢钎	kg	15	料场-工地	汽车	45	0.46	4.5
4	40	合金钻头	个	25	料场-工地	汽车	45	0.46	4.5
5	150	铁件	kg	5.8	料场-工地	汽车	45	0.46	4.5

续上表

序号	代号	规格名称	单位	原价(元)	供应地点	运输方式	运距(km)	运价率[元/(t·km)]	装卸费(元/t)
6	151	铁钉	kg	5.8	料场-工地	汽车	45	0.52	4.5
7	153	8~12号铁丝	kg	5.5	料场-工地	汽车	45	0.46	4.5
8	242	32.5级水泥	t	300	料场-工地	汽车	87	0.46	4.5
9	243	42.5级水泥	t	310	料场-工地	汽车	87	0.46	4.5
10	260	石油沥青	t	2 300	料场-工地	汽车	45	0.72	7
11	263	重油	kg	1.6	料场-工地	汽车	45	0.72	7
12	264	汽油	kg	4	料场-工地	汽车	10	0.72	7
13	265	柴油	kg	3.5	料场-工地	汽车	10	0.72	7
14	266	煤	t	100	料场-工地	汽车	45	0.46	4.5
15	275	青(红)砖	千块	230	料场-工地	汽车	45	0.46	4.5
16	278	生石灰	t	50	料场-工地	汽车	45	0.46	4.5
17	285	砂	m^3	5.03	料场-工地	汽车	10	1.27	3.5
18	286	中(粗)砂	m^3	5.03	料场-工地	汽车	10	1.27	3.5
19	287	砂砾	m^3	5.79	料场-工地	汽车	10	1.27	3.5
20	305	片石	m^3	24.88	料场-工地	汽车	10	1.27	3.5
21	313	粉煤灰	m^3	3	料场-工地	汽车	45	0.46	4.5
22	315	矿粉	t	95	料场-工地	汽车	87	0.46	4.5
23	321	碎石(4cm)	m^3	70	料场-工地	汽车	45	0.42	3.5
24	323	碎石(8cm)	m^3	60	料场-工地	汽车	45	0.42	3.5
25	326	石屑	m^3	85	料场-工地	汽车	45	0.42	3.5
26	327	路面用碎石(1.5cm)	m^3	85	料场-工地	汽车	45	0.42	3.5
27	343	块石	m^3	40	料场-工地	汽车	10	1.27	3.5

五、×县县际公路一阶段施工图预算计算表

根据上述资料,用《海德纵横 SmartCost 公路工程造价系统》8.3.0版软件编制,计算结果见表7-23~表7-32。

总预算表

表 7-23

建设项目名称:内蒙古境内×县县际公路

编制范围:K0+000~K8+196　　　　第1页　共2页　(01表)

项	目	节	细目	工程或费用名称	单位	数量	预算金额(元)	技术经济指标	各项费用比例(%)	备注
				第一部分　建筑安装工程费	**公路公里**	8.196	35 885 451	4 378 410.32	100.00	
二				路基工程	km	8.196	2 454 685	299 497.93	6.84	
	10			边沟加固	km	8.196	507 933	61 973.28	1.42	
	20			挖方	m^3	154 095.000	1 243 580	8.07	3.47	
		10		挖土方	m^3	154 095.000	1 243 580	8.07	3.47	
	30			填方	m^3	157 899.000	508 845	3.22	1.42	
		10		路基填方	m^3	157 899.000	508 845	3.22	1.42	
	35			整修路基	m^2	69 666.000	107 876	1.55	0.30	
	40			特殊路基处理	km	8.196	86 451	10 547.95	0.24	
		10		软土处理	km	905.000	86 451	95.53	0.24	
三				路面工程	km	8.196	33 356 960	4 069 907.27	92.95	
	10			路面垫层	m^2	55 185.000	717 842	13.01	2.00	
	30			路面基层	m^2	51 087.000	1 827 246	35.77	5.09	
	40			透层、黏层、封层	m^2	51 087.000	253 892	4.97	0.71	
		30		封层	m^2	51 087.000	253 892	4.97	0.71	
	50			沥青混凝土面层	m^2	49 653.000	30 036 162	604.92	83.70	
	60			路面附属工程	km	8.196	521 818	63 667.40	1.45	
四				其他工程	km	8.196	73 806	9 005.12	0.21	
	10			伐树挖根除草 清除表土	m^2	9 570.000	36 324	3.80	0.10	

续上表

建设项目名称：内蒙古境内×县县际公路

编制范围：K0+000～K8+196

第2页　共2页　（01表）

项	目	节	细目	工程或费用名称	单位	数量	预算金额(元)	技术经济指标	各项费用比例(%)	备注
	30			交工前养护费	公路公里	8.196	37 482	4 573.21	0.10	
				第二部分　设备及工具、器具购置费	**公路公里**	8.196				
				第三部分　工程建设其他费用	**公路公里**	8.196				
				第一、二、三部分费用合计	**公路公里**	8.196	35 885 451	4 378 410.32	100.00	
				预备费	元					
				新增加费用项目（不作预备费基数）	元					
				概(预)算总金额	**元**		35 885 451		100.00	
				其中：回收金额	元					
				公路基本造价	公路公里	8.196	35 885 451	4 378 410.32	100.00	

编制：　　　　复核：

人工、主要材料、机械台班数量汇总表

表 7-24

建设项目名称:内蒙古境内×县县际公路

编制范围:K0+000~K8+196

第 1 页　共 4 页　(02 表)

序号	规格名称	单位	代号	总数量	分项统计								辅助生产	其他	场外运输损耗	
					路基工程	路面工程	其他工程								%	数量
1	人工	工日	1	26 593.373	7 562	18 140	891									
2	机械工	工日	2	11 341.345	2 797	8 534	9									
3	锯材	m^3	102	0.022												
4	型钢	t	182	1.111		1										
5	钢板	t	183	0.049												
6	电焊条	kg	231	4.869		5										
7	组合钢模板	t	272	0.191												
8	铁件	kg	651	259.103		259										
9	32.5 级水泥	t	832	560.441	151	409									1.00	5.60
10	石油沥青	t	851	6 144.818		6 145										
11	重油	kg	861	733 597.978		733 598										
12	汽油	kg	862	101 511.610		101 512										
13	柴油	kg	863	185 541.646	129 345	55 733	463									
14	煤	t	864	11.750		12									1.00	0.12
15	电	kW·h	865	504 003.067		504 003										
16	水	m^3	866	8 339.987	2 630	5 710										
17	木柴	kg	867													
18	生石灰	t	891	1 685.360		1 685									3.00	50.56
19	砂	m^3	897	23 397.487		23 397									2.50	584.94
20	中(粗)砂	m^3	899	1 718.065	596	1 080									2.50	41.90

续上表

建设项目名称:内蒙古境内×县县际公路

编制范围:K0 +000 ~ K8 +196

第2页 共4页 (02表)

序号	规格名称	单位	代号	总数量	分项统计								辅助生产	其他	场外运输损耗	
					路基工程	路面工程	其他工程								%	数量
21	砂砾	m^3	902	26 481.251	2 294	24 187									1.00	264.81
22	片石	m^3	931	2 408.370	1 511	898										
23	粉煤灰	m^3	945	3 370.107		3 370									3.00	101.10
24	矿粉	t	949	6 566.914		6 376									3.00	191.27
25	碎石(4cm)	m^3	952	586.279		586									1.00	5.86
26	石屑	m^3	961	13 385.240		13 385									1.00	133.85
27	路面用碎石(1.5cm)	m^3	965	35 910.041		35 910									1.00	359.10
28	块石	m^3	981	1 097.940		1 098										
29	其他材料费	元	996	17 415.274	315	17 100										
30	设备摊销费	元	997	372 721.505		372 722										
31	75kW 以内履带式推土机	台班	1003	126.361	126											
32	135kW 以内履带式推土机	台班	1006	4.718			5									
33	$0.6m^3$ 履带式单斗挖掘机	台班	1027	21.860		22										
34	$2.0m^3$ 履带式单斗挖掘机	台班	1037	177.209	177											
35	$1.0m^3$ 轮胎式装载机	台班	1048	766.642		767										
36	$2.0m^3$ 轮胎式装载机	台班	1050													

续上表

建设项目名称:内蒙古境内×县县际公路

编制范围:K0+000~K8+196　　　　第3页　共4页　(02表)

序号	规格名称	单位	代号	总数量	分项统计							辅助生产	其他	场外运输损耗	
					路基工程	路面工程	其他工程							%	数量
37	3.0m^3 轮胎式装载机	台班	1051	29.120		29									
38	120kW 以内平地机	台班	1057	282.548	264	19									
39	6~8t 光轮压路机	台班	1075	43.218		43									
40	8~10t 光轮压路机	台班	1076	9.753	10										
41	10~12t 光轮压路机	台班	1077	633.175	633										
42	12~15t 光轮压路机	台班	1078	100.949		101									
43	0.6t 手扶式振动碾	台班	1083	243.132		243									
44	50t/h 以内稳定土厂拌设备	台班	1157												
45	100t/h 以内稳定土厂拌设备	台班	1158												
46	200t/h 以内稳定土厂拌设备	台班	1159												
47	300t/h 以内稳定土厂拌设备	台班	1160	13.283		13									
48	400t/h 以内稳定土厂拌设备	台班	1161												
49	4 000L 以内沥青洒布车	台班	1193	5.109		5									
50	30t/h 以内沥青拌和设备	台班	1201	817.288		817									

续上表

建设项目名称:内蒙古境内×县县际公路

编制范围:K0+000~K8+196　　第4页　共4页　(02表)

序号	规格名称	单位	代号	总数量	分项统计								辅助生产	其他	场外运输损耗	
					路基工程	路面工程	其他工程								%	数量
51	9.0m以内带自动找平沥青混合料摊铺机	台班	1213	4.305		4										
52	16~20t以内轮胎式压路机	台班	1224	1.654		2										
53	20~25t以内轮胎式压路机	台班	1225	2.488		2										
54	250L以内强制式混凝土搅拌机	台班	1272	27.024		27										
55	3t以内自卸汽车	台班	1382	2 490.028		2 490										
56	5t以内自卸汽车	台班	1383	383.818		384										
57	12t以内自卸汽车	台班	1387	1 020.109	1 020											
58	20t平板拖车组	台班	1393	16.830		17										
59	6 000L以内洒水汽车	台班	1405	15.837		16										
60	12t以内汽车式起重机	台班	1451	4.170		4										
61	20t以内汽车式起重机	台班	1453	18.040		18										
62	40t以内汽车式起重机	台班	1456	11.790		12										
63	75t以内汽车式起重机	台班	1458	29.830		30										
64	32kV·A交流电弧焊机	台班	1726	0.974		1										
65	小型机具使用费	元	1998	1 628.816		1 629										

编制:　　复核:

建筑安装工程费计算表

表 7-25

建设项目名称：内蒙古境内×县县际公路

编制范围：K0 + 000 ~ K8 + 196　　　　第 1 页　共 1 页　（03 表）

序号	工程名称	单位	工程量	直接费（元）						间接费（元）	利润（元）费率	税金（元）综合税率	建筑安装工程费	
				直接工程费				其他工程费	合计				合计（元）	单价（元）
				人工费	材料费	机械使用费	合计				7.00%	3.41%		
1	2	3	4	5	6	7	8	9	10	11	12	13	14	15
1	边沟加固	km	8.196	188 726	191 549		380 275	9 189	389 464	74 401	27 319	16 749	507 933	61 973.28
2	挖土方	m^3	154 095.000	69 735		996 660	1 066 395	29 637	1 096 032	29 647	76 894	41 007	1 243 580	8.07
3	路基填方	m^3	157 899.000	23 306		409 200	432 506	17 906	450 412	10 057	31 597	16 779	508 845	3.22
4	整修路基	m^2	69 666.000	64 035		7 512	71 547	2 405	73 952	25 176	5 191	3 557	107 876	1.55
5	软土处理	km	905.000	26 270	40 595		66 865	1 551	68 416	10 385	4 799	2 851	86 451	95.53
6	路面垫层	m^2	55 185.000	102 631	486 223	13 036	601 890	8 636	610 526	40 850	42 795	23 671	717 842	13.01
7	路面基层	m^2	51 087.000	63 079	656 117	877 953	1 597 149	28 397	1 625 546	27 457	113 989	60 254	1 827 246	35.77
8	封层	m^2	51 087.000	13 824	200 036	5 371	219 231	4 886	224 117	5 694	15 709	8 372	253 892	4.97
9	沥青混凝土面层	m^2	49 653.000	482 532	22 825 736	3 023 311	26 331 579	601 702	26 933 281	224 547	1 887 875	990 459	30 036 162	604.92
10	路面附属工程	km	8.196	230 417	121 056	25 735	377 208	9 884	387 092	90 385	27 133	17 208	521 818	63 667.40
11	伐树挖根除草清除表土	m^2	9 570.000	19 644		4 984	24 628	983	25 611	7 718	1 796	1 199	36 324	3.80
12	交工前养护费	公路公里	8.196	24 195			24 195	791	24 986	9 506	1 754	1 236	37 482	4 573.21
	各项费用合计			1 308 394	24 521 312	5 363 762	31 193 468	715 967	31 909 435	555 823	2 236 851	1 183 342	35 885 451	4 378 410

编制：　　　　复核：

其他工程费及间接费综合费率计算表

表 7-26

建设项目名称:内蒙古境内×县县际公路

编制范围:K0+000~K8+196

第 1 页　共 1 页　(04 表)

序号	工程类别	其他工程费费率(%)													间接费费率(%)											
															规费						企业管理费					
		冬季施工增加费	雨季施工增加费	夜间施工增加费	高原地区施工增加费	风沙地区施工增加费	沿海地区工程施工增加费	行车干扰工程施工增加费	安全文明施工措施费	临时设施费	施工辅助费	工地转移费	综合费率		养老保险费	失业保险费	医疗保险费	住房公积金	工伤保险费	综合费率	基本费用	主副食运费补贴	职工探亲路费	职工取暖补贴	财务费用	综合费率
													I	II												
1	2	3	4	5	6	7	8	9	10	11	12	13	14	15	16	17	18	19	20	21	22	23	24	25	26	
1	人工土方	1.440	0.040					1.640				0.150	1.630	1.640	20.000	2.000	8.500	7.000	1.500	39.000		0.280				0.280
2	机械土方	2.210	0.040					1.390				0.500	2.750	1.390	20.000	2.000	8.500	7.000	1.500	39.000		0.215				0.215
3	汽车运输	0.400	0.040					1.360				0.310	0.750	1.360	20.000	2.000	8.500	7.000	1.500	39.000		0.225				0.225
4	人工石方	0.300	0.020					1.660				0.160	0.480	1.660	20.000	2.000	8.500	7.000	1.500	39.000		0.215				0.215
5	机械石方	0.420	0.030					1.160				0.360	0.810	1.160	20.000	2.000	8.500	7.000	1.500	39.000		0.200				0.200
6	高级路面	1.480	0.030					1.240				0.610	2.120	1.240	20.000	2.000	8.500	7.000	1.500	39.000		0.135				0.135
7	其他路面	0.620	0.030					1.170				0.560	1.210	1.170	20.000	2.000	8.500	7.000	1.500	39.000		0.135				0.135
8	构造物 I	1.360	0.030					0.940				0.560	1.950	0.940	20.000	2.000	8.500	7.000	1.500	39.000		0.205				0.205
9	构造物 II	1.670	0.030					0.950				0.660	2.360	0.950	20.000	2.000	8.500	7.000	1.500	39.000		0.225				0.225
10	构造物 III	3.290	0.060					0.950				1.310	4.660	0.950	20.000	2.000	8.500	7.000	1.500	39.000		0.405				0.405
11	技术复杂大桥	1.910	0.030									0.750	2.690		20.000	2.000	8.500	7.000	1.500	39.000		0.180				0.180
12	隧道	0.580										0.520	1.100		20.000	2.000	8.500	7.000	1.500	39.000		0.175				0.175
13	钢材及钢结构	0.150										0.720	0.870		20.000	2.000	8.500	7.000	1.500	39.000		0.180				0.180
14	费率为0																									

编制:　　　　　　　　　　　　　　　　　　复核:

表 7-27

工程建设其他费用及回收金额计算表

建设项目名称:内蒙古境内×县县际公路

编制范围:K0 +000 ~ K8 +196　　　　第 1 页　共 1 页　(06 表)

序　号	费用名称及回收金额项目	说明及计算式	金额(元)	备　注
	第三部分　工程建设其他费用			
	预备费			
	新增加费用项目(不作预备费基数)			
	概(预)算总金额	{一、二、三部分合计}+{预备费}+{新增加费用项目(不作预备费基数)}	35 885 451	35 885 451 +0 +0
	其中:回收金额			
	公路基本造价	{概(预)算总金额}-{其中:回收金额}	35 885 451	35 885 451 -0

编制:　　　　　　　　　　　　　　　　复核:

人工、材料、机械单价汇总表

表 7-28

建设项目名称:内蒙古境内×县县际公路

编制范围:K0 +000 ~ K8 +196

第1页　共2页　(07表)

序号	名　　称	单位	代号	预算单价(元)	备　　注	序号	名　　称	单位	代号	预算单价(元)	备　　注
1	人工	工日	1	49.20		22	粉煤灰	m^3	945	27.91	
2	机械工	工日	2	49.20		23	矿粉	t	949	147.30	
3	锯材	m^3	102	1 255.83		24	碎石(4cm)	m^3	952	107.25	
4	型钢	t	182	3 700.00		25	石屑	m^3	961	122.78	
5	钢板	t	183	4 450.00		26	路面用碎石(1.5cm)	m^3	965	122.78	
6	电焊条	kg	231	4.90		27	块石	m^3	981	80.25	
7	组合钢模板	t	272	5 710.00		28	其他材料费	元	996	1.00	
8	铁件	kg	651	5.97		29	设备摊销费	元	997	1.00	
9	32.5 级水泥	t	832	359.74		30	75kW 以内履带式推土机	台班	1003	541.54	
10	石油沥青	t	851	2 397.89		31	135kW 以内履带式推土机	台班	1006	1 056.30	
11	重油	kg	861	1.68		32	$0.6m^3$ 履带式单斗挖掘机	台班	1027	451.84	
12	汽油	kg	862	4.11		33	$2.0m^3$ 履带式单斗挖掘机	台班	1037	1 285.85	
13	柴油	kg	863	3.60		34	$1.0m^3$ 轮胎式装载机	台班	1048	341.35	
14	煤	t	864	129.61		35	$3.0m^3$ 轮胎式装载机	台班	1051	761.13	
15	电	kW·h	865	0.55		36	120kW 以内平地机	台班	1057	808.83	
16	水	m^3	866	0.50		37	6 ~ 8t 光轮压路机	台班	1075	226.40	
17	生石灰	t	891	79.39		38	8 ~ 10t 光轮压路机	台班	1076	250.27	
18	砂	m^3	897	30.82		39	10 ~ 12t 光轮压路机	台班	1077	317.49	
19	中(粗)砂	m^3	899	30.82		40	12 ~ 15t 光轮压路机	台班	1078	359.26	
20	砂砾	m^3	902	34.51		41	0.6t 手扶式振动碾	台班	1083	97.96	
21	片石	m^3	931	52.07		42	300t/h 以内稳定土厂拌设备	台班	1160	949.20	

续上表

建设项目名称:内蒙古境内×县县际公路

编制范围:K0+000~K8+196

第2页　共2页　(07表)

序号	名　称	单位	代号	预算单价(元)	备　注	序号	名　称	单位	代号	预算单价(元)	备　注
43	4 000L以内沥青洒布车	台班	1193	407.13		52	20t平板拖车组	台班	1393	831.02	
44	30t/h以内沥青拌和设备	台班	1201	3 027.99		53	6 000L以内洒水汽车	台班	1405	502.36	
45	9.0m以内带自动找平沥青混合料摊铺机	台班	1213	2 088.08		54	12t以内汽车式起重机	台班	1451	760.70	
46	16~20t以内轮胎式压路机	台班	1224	563.77		55	20t以内汽车式起重机	台班	1453	1 143.01	
47	20~25t以内轮胎式压路机	台班	1225	694.99		56	40t以内汽车式起重机	台班	1456	2 187.17	
48	250L以内强制式混凝土搅拌机	台班	1272	96.79		57	75t以内汽车式起重机	台班	1458	3 382.40	
49	3t以内自卸汽车	台班	1382	296.93		58	32kV·A交流电弧焊机	台班	1726	104.64	
50	5t以内自卸汽车	台班	1383	389.01		59	小型机具使用费	元	1998	1.00	
51	12t以内自卸汽车	台班	1387	686.56							

编制:　　　　　　　　　　　　　　　　　　　　　　　　复核:

建筑安装工程费计算数据表

表 7-29

建设项目名称:内蒙古境内×县县际公路　　编制范围:K0+000~K8+196　　数据文件编号:　　公路等级:三级公路

路线或桥梁长度(km):8.196　　路基或桥梁宽度(m):0.000　　第1页　共3页　(08-1表)

项的代号	本项目数	目的代号	本目节数	节的代号	本节细目数	细目代号	费率编号	定额个数	定额代号	项或目或节或细目或定额的名称	单位	数量	定额调整情况
二	5									路基工程	km	8.196	
		10						4		边沟加固	km	8.196	
							8		1-2-3-1	浆砌片石边沟、排水沟、截水沟	$10m^3$	131.360	M5,-3.5,M7.5,+3.5
							8		4-1-1-1	人工挖基坑深3m内干处土	$1\,000m^3$	2.579	
							8		4-11-6-17	水泥砂浆抹面(厚2cm)	$100m^2$	17.690	
							8		4-11-5-1	填砂砾(砂)垫层	$10m^3$	85.950	
		20	1							挖方	m^3	154 095.000	
				10				4		挖土方	m^3	154 095.000	
							1		1-1-6-2	人工挖运普通土20m	$1\,000m^3$	3.804	
							2		1-1-9-8	2.0m^3 内挖掘机挖装土方普通土	$1\,000m^3$	154.095	
							2		1-1-12-2	75kW 内推土机 100m 普通土	$1\,000m^3$	7.787	+4×8
							3		1-1-11-17	12t内自卸车运土1km	$1\,000m^3$	154.095	
		30	1							填方	m^3	157 899.000	
				10				1		路基填方	m^3	157 899.000	
							2		1-1-18-11	三、四级公路 10~12t 压路机压土	$1\,000m^3$	157.899	
		35						2		整修路基	m^2	69 666.000	
							2		1-1-20-1	机械整修路拱	$1\,000m^2$	69.666	
							1		1-1-20-4	整修边坡三、四级公路	1km	8.196	
		40	1							特殊路基处理	km	8.196	

续上表

建设项目名称：内蒙古境内×县县际公路　　编制范围：K0+000~K8+196　　数据文件编号：　　公路等级：三级公路

路线或桥梁长度（km）：8.196　　路基或桥梁宽度（m）：0.000　　第2页　共3页　（08-1表）

项的代号	本项目数	目的代号	本目节数	节的代号	本节细目数	细目代号	费率编号	定额个数	定额代号	项或目或节或细目或定额的名称	单位	数量	定额调整情况
				10				1		软土处理	km	905.000	
							8		4-11-5-1	填砂砾（砂）垫层	$10m^3$	90.500	
三	5									路面工程	km	8.196	
		10						1		路面垫层	m^2	55 185.000	
							7		2-1-1-2	人工铺砂砾垫层厚20cm	$1\,000m^2$	55.185	+7×5
		30						4		路面基层	m^2	51 087.000	
							7		2-1-7-29	厂拌灰煤砂砾5:15:80厚度20cm	$1\,000m^2$	51.087	+30×5，8:80:12
							3		2-2-13-1	混合料运输3t内4km	$1\,000m^3$	51.087	+2×6
							7		2-1-9-3	平地机铺筑基层（120kW内）	$1\,000m^2$	51.087	
							7		2-1-10-4	厂拌设备安拆（300t/h内）	1座	1.000	
		40	1							透层、黏层、封层	m^2	51 087.000	
				30				1		封层	m^2	51 087.000	
							6		2-2-16-11	石油沥青层铺法下封层	$1\,000m^2$	51.087	
		50						4		沥青混凝土面层	m^2	49 653.000	
							6		2-2-11-13	细粒沥青混凝土拌和（30t/h内）	$1\,000m^3$	49.653	
							6		2-2-13-1	混合料运输3t内4km	$1\,000m^3$	1.490	+2×6
							6		2-2-14-44	机铺沥青混凝土细粒式160t/h内	$1\,000m^3$	1.490	

续上表

建设项目名称:内蒙古境内×县县际公路　　编制范围:K0+000~K8+196　　数据文件编号:　　公路等级:三级公路

路线或桥梁长度(km):8.196　　路基或桥梁宽度(m):0.000　　第3页　共3页　(08-1表)

项的代号	本项目数	目的代号	本目节数	节的代号	本节细目数	细目代号	费率编号	定额个数	定额代号	项或目或节或细目或定额的名称	单位	数量	定额调整情况
							6		2-2-15-4	混合料拌和设备安拆(160t/h内)	1座	1.000	
		60						2		路面附属工程	km	8.196	
							7		2-3-3-5	培路肩厚度43cm	1 000m²	23.605	+6×23
							6		2-3-4-4	预制安砌混凝土路缘石	10m³	48.686	
四	2									其他工程	km	8.196	
		10						3		伐树挖根除草清除表土	m²	9 570.000	
							1		1-1-1-4	砍挖灌木林(ϕ10cm下)稀	1 000m²	9.570	
							2		1-1-1-12	清除表土(135kW内推土机)	100m³	29.490	
							2		4-11-1-1	场地不碾压	1 000m²	6.667	
		30						1		交工前养护费	公路公里	8.196	
							1		7-1-7-2	三、四级公路交工前养护费	1km·月	8.196	

编制:　　复核:

分项工程预算表

表 7-30

编制范围:K0 + 000 ~ K8 + 196

分项工程名称:边沟加固

第 1 页　共 4 页　(08-2 表)

序号	工程项目	单位	单价(元)	石砌边沟、排水沟、截水沟、急流槽			基础垫层			水泥砂浆勾缝及抹面			人工挖基坑土、石方		
	工程细目			浆砌片石边沟、排水沟、截水沟			填砂砾(砂)垫层			水泥砂浆抹面(厚 2cm)			人工挖基坑深 3m 内干处土		
	定额单位			$10m^3$			$10m^3$			$100m^2$			$1\ 000m^3$		
	工程数量			131.36			85.95			17.69			2.58		
	定额表号			1-2-3-1 改			4-11-5-1			4-11-6-17			4-1-1-1		
	工料机名称	单位	单价(元)	定额	数量	金额	定额	数量	金额	定额	数量	金额	定额	数量	金额
1	人工	工日	49.20	15.80	2 075.49	102 114	5.90	507.11	24 950	5.50	97.30	4 787	448.30	1 155.99	56 875
2	32.5 级水泥	t	359.74	1.04	136.22	49 004				0.84	14.81	5 326			
3	水	m^3	0.50	18.00	2 364.48	1 182				15.00	265.35	133			
4	中(粗)砂	m^3	30.82	4.17	547.11	16 859				2.78	49.18	1 515			
5	砂砾	m^3	34.51				13.00	1 117.35	38 554						
6	片石	m^3	52.07	11.50	1 510.64	78 659									
7	其他材料费	元	1.00	2.40	315.26	315									
8	基价	元	1.00	1 889.00	248 139.04	248 139	693.00	59 563.35	59 563	713.00	12 612.97	12 613	22 056.00	56 873.60	56 874
	直接工程费	元				248 134			63 504			11 762			56 875
	其他工程费 I	元		1.95%		4 839	1.95%		1 238	1.95%		229	1.95%		1 109
	其他工程费 II	元		0.94%		960	0.94%		235	0.94%		45	0.94%		535
	间接费 规费	元		39.00%		39 824	39.00%		9 730	39.00%		1 867	39.00%		22 181
	间接费 企业管理费	元		0.21%		521	0.21%		133	0.21%		25	0.21%		120
	利润及税金	元				28 454			7 265			1 348			7 001
	建筑安装工程费	元				322 731			82 105			15 276			87 821

续上表

编制范围：K0 +000 ~ K8 +196

分项工程名称：边沟加固

第 2 页　共 4 页　（08-2 表）

序号	工程项目												合计	
	工程细目													
	定额单位													
	工程数量													
	定额表号													
	工料机名称	单位	单价(元)	定额	数量	金额	定额	数量	金额	定额	数量	金额	数量	金额
1	人工	工日	49.20										3 835.87	188 725
2	32.5 级水泥	t	359.74										151.03	54 330
3	水	m^3	0.50										2 629.83	1 315
4	中(粗)砂	m^3	30.82										596.29	18 375
5	砂砾	m^3	34.51										1 117.35	38 554
6	片石	m^3	52.07										1 510.64	78 659
7	其他材料费	元	1.00										315.26	315
8	基价	元	1.00										377 188.96	377 189
	直接工程费	元												380 275
	其他工程费 I	元												7 415
	其他工程费 II	元												1 775
	间接费 规费	元												73 602
	间接费 企业管理费	元												799
	利润及税金	元												44 068
	建筑安装工程费	元												507 933

续上表

编制范围:K0+000~K8+196

分项工程名称:挖土方

第3页　共4页　(08-2表)

序号	工程项目			人工挖运土方			挖掘机挖装土、石方			推土机推土			自卸汽车运土、石方		
	工程细目			人工挖运普通土20m			2.0m³ 内挖掘机挖装土方普通土			75kW 内推土机100m 普通土			12t 内自卸车运土1km		
	定额单位			1 000m³			1 000m³			1 000m³			1 000m³		
	工程数量			3.80			154.10			7.79			154.10		
	定额表号			1-1-6-2			1-1-9-8			1-1-12-2+4×8			1-1-11-17		
	工料机名称	单位	单价(元)	定额	数量	金额	定额	数量	金额	定额	数量	金额	定额	数量	金额
1	人工	工日	49.20	181.10	688.90	33 894	4.50	693.43	34 117	4.50	35.04	1724			
2	75kW 以内履带式推土机	台班	541.54				0.25	38.52	20 862	11.28	87.84	47 567			
3	$2.0m^3$ 履带式单斗挖掘机	台班	1 285.85				1.15	177.21	227 865						
4	12t 以内自卸汽车	台班	686.56										6.62	1 020.11	700 366
5	基价	元	1.00	8 910.00	33 893.64	33 894	1 991.00	306 803.15	306 803	7 135.00	55 560.25	55 560	4 124.00	635 487.78	635 488
	直接工程费	元				33 894			282 844			49 291			700 366
	其他工程费 I	元		1.63%		552	2.75%		7 778	2.75%		1 356	0.75%		5 253
	其他工程费 II	元		1.64%		556	1.39%		3 932	1.39%		685	1.36%		9 525
	间接费 规费	元		39.00%		13 219	39.00%		13 306	39.00%		672	39.00%		
	间接费 企业管理费	元		0.28%		98	0.22%		633	0.22%		110	0.22%		1 609
	利润及税金	元				4 188			31 887			5 501			76 325
	建筑安装工程费	元				52 507			340 380			57 615			793 078

续上表

编制范围:K0 +000 ~ K8 +196

分项工程名称:挖土方　　　　第4页　共4页　(08-2表)

序号	工程项目												合计	
	工程细目													
	定额单位													
	工程数量													
	定额表号													
	工料机名称	单位	单价(元)	定额	数量	金额	定额	数量	金额	定额	数量	金额	数量	金额
1	人工	工日	49.20										1 417.37	69 735
2	75kW 以内履带式推土机	台班	541.54										126.36	68 430
3	2.0m^3 履带式单斗挖掘机	台班	1 285.85										177.21	227 865
4	12t 以内自卸汽车	台班	686.56										1 020.11	700 366
5	基价	元	1.00										1 031 744.81	1 031 745
	直接工程费	元												1 066 395
	其他工程费 I	元												14 939
	其他工程费 II	元												14 698
	间接费 规费	元												27 197
	间接费 企业管理费	元												2 450
	利润及税金	元												117 901
	建筑安装工程费	元												1 243 580

编制:　　　　复核:

表 7-31

材料预算单价计算表

建设项目名称：内蒙古境内×县县际公路

编 制 范 围：K0 +000 ~ K8 +196

第 1 页　共 1 页　(09 表)

序号	规格名称	单位	原价(元)	运杂费					原价运费合计(元)	场外运输损耗		采购及保管费		预算单价(元)
				供应地点	运输方式、比重及运距	毛重系数或单位毛重	运杂费构成说明或计算式	单位运费(元)		费率(%)	金额(元)	费率(%)	金额(元)	
1	锯材	m^3	1 200.000	料场-工地	汽车,45km	1.000 000	0.46×45+4.50	25.200	1 225.20			2.500	30.630	1 255.830
2	铁件	kg	5.800	料场-工地	汽车,45km	0.001 100	(0.46×45+4.50)×0.001 1	0.028	5.83			2.500	0.146	5.974
3	32.5 级水泥	t	300.000	料场-工地	汽车,87km	1.010 000	(0.46×87+7.00)×1.01	47.490	347.49	1.00	3.475	2.500	8.774	359.739
4	石油沥青	t	2 300.000	料场-工地	汽车,45km	1.000 000	0.72×45+7.00	39.400	2 339.40			2.500	58.485	2 397.885
5	重油	kg	1.600	料场-工地	汽车,45km	0.001 000	(0.72×45+7.00)×0.001	0.039	1.64			2.500	0.041	1.680
6	汽油	kg	4.000	料场-工地	汽车,10km	0.001 000	(0.72×10+7.00)×0.001	0.014	4.01			2.500	0.100	4.114
7	柴油	kg	3.500	料场-工地	汽车,10km	0.001 000	(0.72×10+7.00)×0.001	0.014	3.51			2.500	0.088	3.602
8	煤	t	100.000	料场-工地	汽车,45km	1.000 000	0.46×45+4.50	25.200	125.20	1.00	1.252	2.500	3.161	129.613
9	生石灰	t	50.000	料场-工地	汽车,45km	1.000 000	0.46×45+4.50	25.200	75.20	3.00	2.256	2.500	1.936	79.392
10	砂	m^3	5.030	料场-工地	汽车,10km	1.500 000	(1.27×10+3.50)×1.5	24.300	29.33	2.50	0.733	2.500	0.752	30.815
11	中(粗)砂	m^3	5.030	料场-工地	汽车,10km	1.500 000	(1.27×10+3.50)×1.5	24.300	29.33	2.50	0.733	2.500	0.752	30.815
12	砂砾	m^3	5.790	料场-工地	汽车,10km	1.700 000	(1.27×10+3.50)×1.7	27.540	33.33	1.00	0.333	2.500	0.842	34.505
13	片石	m^3	24.880	料场-工地	汽车,10km	1.600 000	(1.27×10+3.50)×1.6	25.920	50.80			2.500	1.270	52.070
14	粉煤灰	m^3	3.000	料场-工地	汽车,45km	0.930 000	(0.46×45+4.50)×0.93	23.436	26.44	3.00	0.793	2.500	0.681	27.910
15	矿粉	t	95.000	料场-工地	汽车,87km	1.000 000	0.46×87+4.50	44.520	139.52	3.00	4.186	2.500	3.593	147.298
16	碎石(4cm)	m^3	70.000	料场-工地	汽车,45km	1.500 000	(0.42×45+3.50)×1.5	33.600	103.60	1.00	1.036	2.500	2.616	107.252
17	石屑	m^3	85.000	料场-工地	汽车,45km	1.500 000	(0.42×45+3.50)×1.5	33.600	118.60	1.00	1.186	2.500	2.995	122.781
18	路面用碎石(1.5cm)	m^3	85.000	料场-工地	汽车,45km	1.500 000	(0.42×45+3.50)×1.5	33.600	118.60	1.00	1.186	2.500	2.995	122.781
19	块石	m^3	40.000	料场-工地	汽车,10km	1.850 000	(1.72×10+3.50)×1.85	38.295	78.30			2.500	1.957	80.252

编制：　　　　复核：

机械台班单价计算表

表 7-32

建设项目名称：内蒙古境内×县县际公路

编 制 范 围：K0 + 000 ~ K8 + 196

第 1 页　共 2 页　(11 表)

序号	定额号	机械规格名称	台班单价(元)	不变费用(元)		可变费用																			
				调整系数：1.00		人工：49.20 元/工日		重油：1.68 元/kg		汽油：4.11 元/kg		柴油：3.60 元/kg		煤：129.61 元/t		电：0.55 元/(kW·h)		水：0.50 元/a		木柴：0.49 元/kg		养路费及车船税(元)	可变费用合计(元)
				定额	调整值	定额	费用	定额	费用	定额	费用	定额	费用	定额	费用	定额	费用	定额	费用	定额	费用		
1	1003	75kW 以内履带式推土机	541.54	245.14	245.14	2	98.40					55	198.00										296.40
2	1006	135kW 以内履带式推土机	1 056.30	604.69	604.69	2	98.40					98	353.21										451.61
3	1027	0.6m³ 履带式单斗挖掘机	451.84	219.84	219.84	2	98.40					37	133.60										232.00
4	1037	2.0m³ 履带式单斗挖掘机	1 285.85	855.38	855.38	2	98.40					92	332.07										430.47
5	1048	1.0m³ 轮胎式装载机	341.35	112.92	112.92	1	49.20					49	176.61									2.62	225.81
6	1050	2.0m³ 轮胎式装载机	589.24	200.44	200.44	1	49.20					93	334.48									5.12	383.68
7	1051	3.0m³ 轮胎式装载机	761.13	241.36	241.36	2	98.40					115	414.77									6.60	513.17
8	1057	120kW 以内平地机	808.83	408.05	408.05	2	98.40					82	295.83									6.55	394.23
9	1075	6 ~ 8t 光轮压路机	226.40	107.57	107.57	1	49.20					19	69.63										118.83
10	1076	8 ~ 10t 光轮压路机	250.27	117.50	117.50	1	49.20					23	83.57										132.77
11	1077	10 ~ 12t 光轮压路机	317.49	146.87	146.87	1	49.20					34	121.42										170.62
12	1078	12 ~ 15t 光轮压路机	359.26	164.32	164.32	1	49.20					40	145.74										194.94
13	1083	0.6t 手扶式振动碾	97.96	38.10	38.10	1	49.20					3	10.66										59.86
14	1157	50t/h 以内稳定土厂拌设备	405.43	180.24	180.24	3	147.60									141	77.59						225.19
15	1158	100t/h 以内稳定土厂拌设备	582.64	273.70	273.70	4	196.80									204	112.15						308.95
16	1159	200t/h 以内稳定土厂拌设备	816.28	400.82	400.82	4	196.80									398	218.66						415.46
17	1160	300t/h 以内稳定土厂拌设备	949.20	455.64	455.64	4	196.80									540	296.76						493.56
18	1161	400t/h 以内稳定土厂拌设备	1 100.13	528.48	528.48	4	196.80									682	374.85						571.65

续上表

建设项目名称：内蒙古境内×县县际公路

编 制 范 围：K0+000~K8+196

序号	定额号	机械规格名称	台班单价（元）	不变费用(元)		可变费用																	
				调整系数：1.00		人工：49.20元/工日		重油：1.68元/kg		汽油：4.11元/kg		柴油：3.60元/kg		煤：129.61元/t		电：0.55元/(kW·h)		水：0.50元/a		木柴：0.49元/kg		养路费及车船税(元)	可变费用合计(元)
				定额	调整值	定额	费用	定额	费用	定额	费用	定额	费用	定额	费用	定额	费用	定额	费用	定额	费用		
19	1193	4000L以内沥青洒布车	407.13	179.14	179.14	1	49.20			34	141.03											37.76	190.23
20	1201	30t/h以内沥青拌和设备	3 027.99	940.69	940.69	5	246.00	898	1507.97							606	333.33						2 087.30
21	1213	9.0m以内带自动找平沥青混合料摊铺机	2 088.08	1 592.20	1 592.20	3	147.60					97	348.28										495.88
22	1224	16~20t以内轮胎式压路机	563.77	362.24	362.24	1	49.20					42	152.33										201.53
23	1225	20~25t以内轮胎式压路机	694.99	464.65	464.65	1	49.20					50	181.14										230.34
24	1272	250L以内强制式混凝土搅拌机	96.79	18.58	18.58	1	49.20									53	29.01						78.21
25	1382	3t以内自卸汽车	296.93	67.62	67.62	1	49.20			34	141.03											39.09	190.23
26	1383	5t以内自卸汽车	389.01	103.49	103.49	1	49.20			42	171.27											65.05	220.47
27	1387	12t以内自卸汽车	686.56	271.93	271.93	1	49.20					62	221.88									143.54	271.08
28	1393	20t平板拖车组	831.02	392.89	392.89	2	98.40					45	163.03									176.70	261.43
29	1405	6000L以内洒水汽车	502.36	257.90	257.90	1	49.20					42	152.83									42.43	202.03
30	1451	12t以内汽车式起重机	760.70	387.11	387.11	2	98.40					45	161.91									113.28	260.31
31	1453	20t以内汽车式起重机	1 143.01	672.98	672.98	2	98.40					56	201.71									169.92	300.11
32	1456	40t以内汽车式起重机	2 187.17	1 566.30	1 566.30	2	98.40					74	267.59									254.88	365.99
33	1458	75t以内汽车式起重机	3 382.40	2 501.31	2 501.31	2	98.40					90	322.49									460.20	420.89
34	1726	32kV·A交流电弧焊机	104.64	7.24	7.24	1	49.20									88	48.20						97.40

编制： 复核：

思考题与习题

1. 建设项目管理费的计算内容和计算方法是什么？

2. 建安费的费用组成是什么？其计算表中各栏数据怎么计算？

3. 概预算 03 表和 08-2 表有什么关系？

4. 概预算 02 表和 12 表有什么关系？

5. 某工地需要中粗砂 1 200m^3，设场外运输损耗率为 2%，定额规定每生产 100m^3 中粗砂需消耗人工 86 工日，自然砂 115m^3，计算安排中粗砂生产中，应该安排多少人工工日生产和需要多少自然砂供开采？

附录一 概(预)算表格样式

目 录

(甲组文件)

1. 编制说明
2. 总概(预)算汇总表(01-1表)

总概(预)算汇总表

建设项目名称： 第 页 共 页 01-1表

项 次	工程或费用名称	单 位	总数量	概(预)算金额(元)				技术经济指标	各项费用比例(%)	备 注
							合计			

填表说明：1. 一个建设项目分若干单项工程编制概(预)算时，应通过本表汇总全部建设项目概(预)算金额。

2. 本表反映一个建设项目的各项费用组成，概(预)算总值和技术经济指标。

3. 本表"项次"、"工程或费用名称"、"单位"、"总数量"、"概(预)算金额"应由各单项或单位工程总概(预)算表(01表)转来，"目"、"节"可视需要增减，"项"应保留。

4. "技术经济指标"以各项概(预)算金额汇总合计除以相应总数量计算；"各项费用比例"以汇总的各项目概(预)算金额合计除以总概(预)算金额合计计算。

编制： 复核：

3. 总概(预)算人工、主要材料、机械台班数量汇总表(02-1 表)

总概(预)算人工、主要材料、机械台班数量汇总表

建设项目名称：　　　　　　　　　　　　　　　　　　　　　　　　第　页　共　页　02-1 表

序　号	规格名称	单　位	总数量	编制范围									

填表说明：1. 一个建设项目分若干个单项工程编制概(预)算时，应通过本表汇总全部建设项目的人工、主要材料、机械台班数量。

2. 本表各栏数据均由各单项或单位工程概(预)算中的人工、主要材料、机械台班数量汇总表(02 表)转来，"编制范围"指单项或单位工程。

编制：　　　　　　　　　　　　　　　　　　　　　　　　　　　　复核：

4. 总概(预)算表(01 表)

总概(预)算表

建设项目名称：

编 制 范 围：　　　　　　　　　　　　　　　　　　　　　　　　第　页　共　页　01 表

项	目	节	细目	工程或费用名称	单位	数量	概(预)算金额(元)	技术经济指标	各项费用比例(%)	备注

填表说明：1. 本表反映一个单项或单位工程的各项费用组成、概(预)算金额、技术经济指标等。

2. 本表"项"、"目"、"节"、"细目"、"工程或费用名称"、"单位"等应按概(预)算项目表的序列及内容填写。"目"、"节"、"细目"可视需要增减，但"项"应保留。

3. "数量"、"概(预)算金额"由建筑工程费计算表(03 表)，设备、工具、器具购置费计算表(05 表)、工程建设其他费用及回收金额计算表(06 表)转来。

4. "技术经济指标"以各项目概(预)算金额除以相应数量计算；"各项费用比例"以各项概(预)算金额除以总概(预)算金额计算。

编制：　　　　　　　　　　　　　　　　　　　　　　　　　　　　复核：

5. 人工、主要材料、机械台班数量汇总表(02 表)

人工、主要材料、机械台班数量汇总表

建设项目名称：

编 制 范 围：　　　　　　　　　　　　　　　　　　第　页　　共　页　　02 表

序号	规格名称	单位	总数量	分 项 统 计								场外运输损耗	
												%	数量

填表说明：1. 本表各栏数据由分项工程概(预)算基础数据表(08 表)及辅助生产工、料、机械台班单位数量表(12 表)经分析计算后统计而来。

2. 发生的冬、雨季及夜间施工增工及临时设施用工，根据有关附录规定计算后列入本表有关项目内。

编制：　　　　　　　　　　　　　　　　　　　　　　　　复核：

6. 建筑安装工程费计算表(03 表)

建筑安装工程费计算表

建设项目名称：

编 制 范 围：　　　　　　　　　　　　　　　　　　第　页　　共　页　　03 表

序号	工程名称	单位	工程量	直接费(元)						间接费(元)	利润(元)费率%	税金(元)综合税率%	建筑安装工程费	
				直接工程费				其他工程费	合计				合计(元)	单价(元)
				人工费	材料费	机械使用费	合计							
1	2	3	4	5	6	7	8	9	10	11	12	13	14	15

填表说明：本表各栏数据之间关系，5 ~ 7 均由 08 表经计算转来；8 = 5 + 6 + 7；9 = 8 × 9 的费率或(5 + 7) × 9 的费率；10 = 8 + 9；11 = 5 × 规费综合费率 + 10 × 企业管理费综合费率；12 = (10 + 11 − 规费) × 12 的费率；13 = (10 + 11 + 12) × 综合税率；14 = 10 + 11 + 12 + 13；15 = 14 ÷ 4。

编制：　　　　　　　　　　　　　　　　　　　　　　　　复核：

7. 其他工程费及间接费综合费率计算表(04 表)

其他工程费及间接费综合费率计算表

建设项目名称:

编 制 范 围: 第 页 共 页 04 表

序号	工程类别	其他工程费费率(%)													间接费费率(%)											
		冬季施工增加费	雨季施工增加费	夜间施工增加费	高原地区施工增加费	风沙地区施工增加费	沿海地区施工增加费	行车干扰工程施工增加费	安全及文明施工措施费	临时设施费	施工辅助费	工地转移费	综合费率		规费						企业管理费					
													I	II	养老保险费	失业保险费	医疗保险费	住房公积金	工伤保险费	综合费率	基本费用	主副食运费补贴	职工探亲路费	职工取暖补贴	财务费用	综合费率
1	2	3	4	5	6	7	8	9	10	11	12	13	14	15	16	17	18	19	20	21	22	23	24	25	26	27

填表说明:本表应根据建设工程项目具体情况,按概(预)算编制办法有关规定填入数据计算。其中:14 = 3 + 4 + 5 + 8 + 10 + 11 + 12 + 13; 15 = 6 + 7 + 9;21 = 16 + 17 + 18 + 19 + 20;27 = 22 + 23 + 24 + 25 + 26。

编制: 复核:

8. 设备、工具、器具购置费计算表(05 表)

设备、工具、器具购置费计算表

建设项目名称:

编 制 范 围: 第 页 共 页 05 表

序号	设备、工具、器具规格名称	单位	数量	单价(元)	金额(元)	说 明

填表说明:本表应根据具体的设备、工具、器具购置清单进行计算,包括设备规格、单位、数量、单价以及需要说明的有关问题。

编制: 复核:

9. 工程建设其他费用及回收金额计算表(06 表)

工程建设其他费用及回收金额计算表

建设项目名称:

编 制 范 围:　　　　　　　　　　　　　　　　第 页　共 页　06 表

序号	费用名称及回收金额项目	说明及计算式	金额(元)	备　注

填表说明:本表应按具体发生的工程建设其他费用项目填写,需要说明和具体计算的费用项目依次相应在说明及计算式栏内填写或具体计算,各项费用具体填写如下:

1. 土地征用及拆迁补偿费应填写土地补偿单价、数量和安置补助费标准、数量等,列式计算所需费用,填入金额栏。
2. 建设项目管理费包括建设单位(业主)管理费、工程质量监督费、工程监理费、工程定额测定费、设计文件审查费、竣(交)工验收试验检测费,按“建筑安装工程费×费率”或有关定额列式计算。
3. 研究试验费应根据设计需要进行研究试验的项目分别填写项目名称及金额,或列式计算或进行说明。
4. 建设项目前期工作费按国家有关规定填入本表,列式计算。
5. 其余有关工程建设其他费用的填入和计算方法,根据规定依此类推。

编制:　　　　　　　　　　　　　　　　　　　　复核:

10. 人工、材料、机械台班单价汇总表(07 表)

人工、材料、机械台班单价汇总表

建设项目名称:

编 制 范 围:　　　　　　　　　　　　　　　　第 页　共 页　07 表

序号	名称	单位	代号	预算单价(元)	备注	序号	名称	单位	代号	预算单价(元)	备注

填表说明:本表预算单价主要由材料预算单价计算表(09 表)和机械台班单价计算表(11 表)转来。

编制:　　　　　　　　　　　　　　　　　　　　复核:

目　录

（乙组文件）

1. 建筑安装工程费计算数据表(08-1 表)

建筑安装工程费计算数据表

建设项目名称：　　　　编制范围：　　　　数据文件编号：　　　　公路等级：

路线或桥梁长度(km)：　　　　路基或桥梁宽度(m)：　　　　第　页　共　页　08-1 表

项的代号	本项目数	目的代号	本目节数	节的代号	本节细目数	细目的代号	费率编号	定额个数	定额代号	项或目或节或细目或定额的名称	单位	数量	定额调整情况

填表说明：1. 本表应逐行从左到右横向跨栏填写。

2. “项”、“目”、“节”、“细目”、“定额”等的代号应根据实际需要按本办法附录四“概、预算项目表”及现行《公路工程概算定额》(JTG/T B06-01)、《公路工程预算定额》(JTG/T B06-02)的序列及内容填写。

3. 本表主要是为利用计算机软件编制概、预算提供基础数据，具体填表规则由软件用户手册详细制定。

编制：　　　　复核：

2. 分项工程概(预)算表(08-2 表)

分项工程概(预)算表

编制范围：

工程名称：　　　　第　页　共　页　08-2 表

编号	工程项目												合计	
	工程细目													
	定额单位													
	工程数量													
	定额表号													
	工、料、机名称	单位	单价(元)	定额	数量	金额(元)	定额	数量	金额(元)	定额	数量	金额(元)	数量	金额(元)
1	人工	工日												
2	……													
	定额基价	元												
	直接工程费	元												
	其他工程费 Ⅰ	元												
	其他工程费 Ⅱ	元												
	间接费 规费	元												
	间接费 企业管理费	元												
	利润及税金	元												
	建筑安装工程费	元												

填表说明：1. 本表按具体分项工程项目数量、对应概(预)算定额子目填写，单价由 07 表转来，金额 = 工、料、机各项的单价 × 数量，其中，数量 = 定额 × 工程数量。

2. 其他工程费按相应项目的直接工程费或人工费与施工机械使用费之和 × 规定费率计算。

3. 规费按相应项目的人工费 × 规定费率计算。

4. 企业管理费按相应项目的直接费 × 规定费率计算。

5. 利润按相应项目的(直接费 + 间接费 - 规费) × 利润率计算。

6. 税金按相应项目的(直接费 + 间接费 + 利润) × 税率计算。

编制：　　　　复核：

3. 材料预算单价计算表(09表)

材料预算单价计算表

建设项目名称:

编 制 范 围: 第 页 共 页 09表

序号	规格名称	单位	原价(元)	运杂费					原价运费合计(元)	场外运输损耗		采购及保管费		预算单价(元)
				供应地点	运输方式、比重及运距	毛重系数或单位毛重	运杂费构成说明或计算式	单位运费(元)		费率(%)	金额(元)	费率(%)	金额(元)	

填表说明:1. 本表计算各种材料自供应地点或料场至工地的全部运杂费与材料原价及其他费用组成预算单价。
2. 运输方式按火车、汽车、船舶等及所占运输比重填写。
3. 毛重系数、场外运输损耗、采购及保管费按规定填写。
4. 根据材料供应地点、运输方式、运输单价、毛重系数等,通过运杂费构成说明或计算式,计算得出材料单位运费。
5. 材料原价与单位运费、场外运输损耗、采购及保管费组成材料预算单价。

编制: 复核:

4. 自采材料料场价格计算表(10表)

自采材料料场价格计算表

建设项目名称:

编 制 范 围: 第 页 共 页 10表

序号	定额号	材料规格名称	单位	料场价格(元)	人工(工日)单价 (元)		间接费(元)(占人工费 %)	( )单价 (元)		( )单价 (元)		( )单价 (元)		( )单价 (元)	
					定额	金额		定额	金额	定额	金额	定额	金额	定额	金额

填表说明:1. 本表主要用于分析计算自采材料料场价格,应将选用的定额人工、材料、机械台班数量全部列出,包括相应的工、料、机单价。
2. 材料规格用途相同而生产方式(如人工捶碎石、机械轧碎石)不同时,应分别计算单价,再以各种生产方式所占比重根据合计价格加权平均计算料场价格。
3. 定额中机械台班有调整系数时,应在本表内计算。

编制: 复核:

5. 机械台班单价计算表(11 表)

机械台班单价计算表

建设项目名称:

编 制 范 围: 第 页 共 页 11 表

序号	定额号	机械规格名称	台班单价(元)	不变费用(元) 调整系数:		可变费用(元) 人工:(元/工日)		汽油:(元/kg)		柴油:(元/kg)		……		合计
				定额	调整值	定额	金额	定额	金额	定额	金额	定额	金额	

填表说明:1. 本表应根据公路工程机械台班费用定额进行计算。不变费用如有调整系数,应填入调整值;可变费用各栏填入定额数量。

2. 人工、动力燃料的单价由材料预算单价计算表(09 表)中转来。

编制: 复核:

6. 辅助生产工、料、机械台班单位数量表(12 表)

辅助生产工、料、机械台班单位数量表

建设项目名称:

编 制 范 围: 第 页 共 页 12 表

序号	规格名称	单位	人工(工日)						

填表说明:本表各栏数据由自采材料料场价格计算表(10 表)统计而来。

编制: 复核:

附录二　全国冬季施工气温区划分表

全国冬季施工气温区划分表

省、自治区、直辖市	地区、市、自治州、盟（县）	气温区	
北京	全境	冬二	Ⅰ
天津	全境	冬二	Ⅰ
河北	石家庄、邢台、邯郸、衡水市（冀州市、枣强县、故城县）	冬一	Ⅱ
	廊坊、保定（涞源县及以北除外）、衡水（冀州市、枣强县、故城县除外）、沧州市	冬二	Ⅰ
	唐山、秦皇岛市		Ⅱ
	承德（围场县除外）、张家口（沽源县、张北县、尚义县、康保县除外）、保定市（涞源县及以北）	冬三	
	承德（围场县）、张家口市（沽源县、张北县、尚义县、康保县）	冬四	
山西	运城市（万荣县、夏县、绛县、新绛县、稷山县、闻喜县除外）	冬一	Ⅱ
	运城（万荣县、夏县、绛县、新绛县、稷山县、闻喜县）、临汾（尧都区、侯马市、曲沃县、翼城县、襄汾县、洪洞县）、阳泉（盂县除外）、长治（黎城县）、晋城市（城区、泽州县、沁水县、阳城县）	冬二	Ⅰ
	太原（娄烦县除外）、阳泉（盂县）、长治（黎城县除外）、晋城（城区、泽州县、沁水县，阳城县除外）、晋中（寿阳县、和顺县、左权县除外）、临汾（尧都区、侯马市、曲沃县、翼城县、襄汾县、洪洞县除外）、吕梁市（孝义市、汾阳市、文水县、交城县、柳林县、石楼县、交口县、中阳县）		Ⅱ
	太原（娄烦县）、大同（左云县除外）、朔州（右玉县除外）、晋中（寿阳县、和顺县、左权县）、忻州、吕梁市（离石区、临县、岚县、方山县、兴县）	冬三	
	大同（左云县）、朔州市（右玉县）	冬四	
内蒙古	乌海市，阿拉善盟（阿拉善左旗、阿拉善右旗）	冬二	Ⅰ
	呼和浩特（武川县除外）、包头（固阳县除外）、赤峰、鄂尔多斯、巴彦淖尔、乌兰察布市（察哈尔右翼中旗除外），阿拉善盟（额济纳旗）	冬三	
	呼和浩特（武川县）、包头（固阳县）、通辽、乌兰察布市（察哈尔右翼中旗），锡林郭勒（苏尼特右旗、多伦县）、兴安盟（阿尔山市除外）	冬四	
	呼伦贝尔市（海拉尔区、新巴尔虎右旗、阿荣旗），兴安（阿尔山市）、锡林郭勒盟（冬四区以外各地）	冬五	
	呼伦贝尔市（冬五区以外各地）	冬六	
辽宁	大连（瓦房店市、普兰店市、庄河市除外）、葫芦岛市（绥中县）	冬二	Ⅰ
	沈阳（康平县、法库县除外）、大连（瓦房店市、普兰店市、庄河市）、鞍山、本溪（桓仁县除外）、丹东、锦州、阜新、营口、辽阳、朝阳（建平县除外）、葫芦岛（绥中县除外）、盘锦市	冬三	
	沈阳（康平县、法库县）、抚顺、本溪（桓仁县）、朝阳（建平县）、铁岭市	冬四	

续上表

省、自治区、直辖市	地区、市、自治州、盟（县）	气温区	
吉林	长春（榆树市除外）、四平、通化（辉南县除外）、辽源、白山（靖宇县、抚松县、长白县除外）、松原（长岭县）、白城市（通榆县），延边自治州（敦化市、汪清县、安图县除外）	冬四	
	长春（榆树市）、吉林、通化（辉南县）、白山（靖宇县、抚松县、长白县）、白城（通榆县除外）、松原市（长岭县除外），延边自治州（敦化市、汪清县、安图县）	冬五	
黑龙江	牡丹江市（绥芬河市、东宁县）	冬四	
	哈尔滨（依兰县除外）、齐齐哈尔（讷河市、依安县、富裕县、克山县、克东县、拜泉县除外）、绥化（安达市、肇东市、兰西县）、牡丹江（绥芬河市、东宁县除外）、双鸭山（宝清县）、佳木斯（桦南县）、鸡西、七台河、大庆市	冬五	
	哈尔滨（依兰县）、佳木斯（桦南县除外）、双鸭山（宝清县除外）、绥化（安达市、肇东市、兰西县除外）、齐齐哈尔（讷河市、依安县、富裕县、克山县、克东县、拜泉县）、黑河、鹤岗、伊春市，大兴安岭地区	冬六	
上海	全境	准二	
江苏	徐州、连云港市	冬一	I
	南京、无锡、常州、淮安、盐城、宿迁、扬州、泰州、南通、镇江、苏州市	准二	
浙江	杭州、嘉兴、绍兴、宁波、湖州、衢州、舟山、金华、温州、台州、丽水市	准二	
安徽	亳州市	冬一	I
	阜阳、蚌埠、淮南、滁州、合肥、六安、马鞍山、巢湖、芜湖、铜陵、池州、宣城、黄山市	准一	
	淮北、宿州市	准二	
福建	宁德（寿宁县、周宁县、屏南县）、三明市	准一	
江西	南昌、萍乡、景德镇、九江、新余、上饶、抚州、宜春市	准一	
山东	全境	冬一	I
河南	安阳、商丘、周口（西华县、淮阳县、鹿邑县、扶沟县、太康县）、新乡、三门峡、洛阳、郑州、开封、鹤壁、焦作、济源、濮阳、许昌市	冬一	I
	驻马店、信阳、南阳、周口（西华县、淮阳县、鹿邑县、扶沟县、太康县除外）、平顶山、漯河市	准二	
湖北	武汉、黄石、荆州、荆门、鄂州、宜昌、咸宁、黄岗、天门、潜江、仙桃市，恩施自治州	准一	
	孝感、十堰、襄樊、随州市，神农架林区	准二	
湖南	全境	准一	
四川	阿坝（黑水县）、甘孜自治州（新龙县、道浮县、泸定县）	冬一	II
	甘孜自治州（甘孜县、康定县、白玉县、炉霍县）	冬二	I
	阿坝（壤塘县、红原县、松潘县）、甘孜自治州（德格县）		II
	阿坝（阿坝县、若尔盖县、九寨沟县）、甘孜自治州（石渠县、色达县）	冬三	
	广元市（青川县），阿坝（汶川县、小金县、茂县、理县）、甘孜（巴塘县、雅江县、得荣县、九龙县、理塘县、乡城县、稻城县）、凉山自治州（盐源县、木里县）	准一	
	阿坝（马尔康县、金川县）、甘孜自治州（丹巴县）	准二	

续上表

省、自治区、直辖市	地区、市、自治州、盟(县)	气温区	
贵州	贵阳、遵义(赤水市除外)、安顺市,黔东南、黔南、黔西南自治州	准一	
	六盘水市,毕节地区	准二	
云南	迪庆自治州(德钦县、香格里拉县)	冬一	Ⅱ
	曲靖(宣威市、会泽县)、丽江(玉龙县、宁蒗县)、昭通市(昭阳区、大关县、威信县、彝良县、镇雄县、鲁甸县),迪庆(维西县)、怒江(兰坪县)、大理自治州(剑川县)	准一	
西藏	拉萨市(当雄县除外),日喀则(拉孜县)、山南(浪卡子县、错那县、隆子县除外)、昌都(芒康县、左贡县、类乌齐县、丁青县、洛隆县除外)、林芝地区	冬一	Ⅰ
	山南(隆子县)、日喀则地区(定日县、聂拉木县、亚东县、拉孜县除外)		Ⅱ
	昌都地区(洛隆县)	冬二	Ⅰ
	昌都(芒康县、左贡县、类乌齐县、丁青县)、山南(浪卡子县)、日喀则(定日县、聂拉木县)、阿里地区(普兰县)		Ⅱ
	拉萨市(当雄县),那曲(安多县除外)、山南(错那县)、日喀则(亚东县)、阿里地区(普兰县除外)	冬三	
	那曲地区(安多县)	冬四	
陕西	西安、宝鸡、渭南、咸阳(彬县、旬邑县、长武县除外)、汉中(留坝县、佛坪县)、铜川市(耀州区)	冬一	Ⅰ
	铜川(印台区、王益区)、咸阳市(彬县、旬邑县、长武县)		Ⅱ
	延安(吴起县除外)、榆林(清涧县)、铜川市(宜君县)	冬二	Ⅱ
	延安(吴起县)、榆林市(清涧县除外)	冬三	
	商洛、安康、汉中市(留坝县、佛坪县除外)	准二	
甘肃	陇南市(两当县、徽县)	冬一	Ⅱ
	兰州、天水、白银(会宁县、靖远县)、定西、平凉、庆阳、陇南市(西和县、礼县、宕昌县),临夏、甘南自治州(舟曲县)	冬二	Ⅱ
	嘉峪关、金昌、白银(白银区、平川区、景泰县)、酒泉、张掖、武威市,甘南自治州(舟曲县除外)	冬三	
	陇南市(武都区、文县)	准一	
	陇南市(成县、康县)	准二	
青海	海东地区(民和县)	冬二	Ⅱ
	西宁市,海东地区(民和县除外),黄南(泽库县除外)、海南、果洛(班玛县、达日县、久治县)、玉树(囊谦县、杂多县、称多县、玉树县)、海西自治州(德令哈市、格尔木市、都兰县、乌兰县)	冬三	
	海北(野牛沟、托勒除外)、黄南(泽库县)、果洛(玛沁县、甘德县、玛多县)、玉树(曲麻莱县、治多县)、海西自治州(冷湖、茫崖、大柴旦、天峻县)	冬四	
	海北(野牛沟、托勒)、玉树(清水河)、海西自治州(唐古拉山区)	冬五	
宁夏	全境	冬二	Ⅱ

续上表

<table>
<tr><th>省、自治区、直辖市</th><th>地区、市、自治州、盟(县)</th><th colspan="2">气温区</th></tr>
<tr><td rowspan="5">新疆</td><td>阿拉尔市,喀什(喀什市、伽师县、巴楚县、英吉沙县、麦盖提县、莎车县、叶城县、泽普县)、哈密(哈密市泌城镇)、阿克苏(沙雅县、阿瓦提县)、和田地区,伊犁(伊宁市、新源县、霍城县霍尔果斯镇)、巴音郭楞(库尔勒市、若羌县、且末县、尉犁县铁干里可)、克孜勒苏自治州(阿图什市、阿克陶县)</td><td rowspan="2">冬二</td><td>I</td></tr>
<tr><td>喀什地区(岳普湖县)</td><td>II</td></tr>
<tr><td>乌鲁木齐市(牧业气象试验站、达板城区、乌鲁木齐县小渠子乡),塔城(乌苏市、沙湾县、额敏县除外)、阿克苏(沙雅县、阿瓦提县除外)、哈密(哈密市十三间房、哈密市红柳河、伊吾县淖毛湖)、喀什(塔什库尔干县)、吐鲁番地区,克孜勒苏(乌恰县、阿合奇县)、巴音郭楞(和静县、焉耆县、和硕县、轮台县、尉犁县、且末县塔中)、伊犁自治州(伊宁市、霍城县、察布查尔县、尼勒克县、巩留县、昭苏县、特克斯县)</td><td colspan="2">冬三</td></tr>
<tr><td>乌鲁木齐市(冬三区以外各地),塔城(额敏县、乌苏县)、阿勒泰(阿勒泰市、哈巴河县、吉木乃县)、哈密地区(巴里坤县),昌吉(昌吉市、米泉市、木垒县、奇台县北塔山镇、阜康市天池)、博尔塔拉(温泉县、精河县、阿拉山口口岸)、克孜勒苏自治州(乌恰县吐尔尕特口岸)</td><td colspan="2">冬四</td></tr>
<tr><td>克拉玛依、石河子市,塔城(沙湾县)、阿勒泰地区(布尔津县、福海县、富蕴县、青河县),博尔塔拉(博乐市)、昌吉(阜康市、玛纳斯县、呼图壁县、吉木萨尔县、奇台县、米泉市蔡家湖)、巴音郭楞自治州(和静县巴音布鲁克乡)</td><td colspan="2">冬五</td></tr>
</table>

注:表中行政区划以2006年地图出版社出版的《中华人民共和国行政区划简册》为准。为避免繁冗,各民族自治州名称予以简化,如青海省的“海西蒙古族藏族自治州”简化为“海西自治州”。

附录三　全国雨季施工雨量区及雨季期划分表

全国雨季施工雨量区及雨季期划分表

<table>
<tr><th>省、自治区、直辖市</th><th>地区、市、自治州、盟(县)</th><th>雨量区</th><th>雨季期(月数)</th></tr>
<tr><td>北京</td><td>全境</td><td>II</td><td>2</td></tr>
<tr><td>天津</td><td>全境</td><td>I</td><td>2</td></tr>
<tr><td rowspan="2">河北</td><td>张家口、承德市(围场县)</td><td>I</td><td>1.5</td></tr>
<tr><td>承德(围场县除外)、保定、沧州、石家庄、廊坊、邢台、衡水、邯郸、唐山、秦皇岛市</td><td>II</td><td>2</td></tr>
<tr><td>山西</td><td>全境</td><td>I</td><td>1.5</td></tr>
<tr><td rowspan="2">内蒙古</td><td>呼和浩特、通辽、呼伦贝尔(海拉尔区、满洲里市、陈巴尔虎旗、鄂温克旗)、鄂尔多斯(东胜区、准格尔旗、伊金霍洛旗、达拉特旗、乌审旗)、赤峰、包头、乌兰察布市(集宁区、化德县、商都县、兴和县、四子王旗、察哈尔右翼中旗、察哈尔右翼后旗、卓资县及以南),锡林郭勒盟(锡林浩特市、多伦县、太仆寺旗、西乌珠穆沁旗、正蓝旗、正镶白旗)</td><td rowspan="2">I</td><td>1</td></tr>
<tr><td>呼伦贝尔市(牙克石市、额尔古纳市、鄂伦春旗、扎兰屯市及以东),兴安盟</td><td>2</td></tr>
<tr><td rowspan="8">辽宁</td><td>大连(长海县、瓦房店市、普兰店市、庄河市除外)、朝阳市(建平县)</td><td rowspan="4">I</td><td>2</td></tr>
<tr><td>沈阳(康平县)、大连(长海县)、锦州(北宁市除外)、营口(盖州市)、朝阳市(凌原市、建平县除外)</td><td>2.5</td></tr>
<tr><td>沈阳(康平县、辽中县除外)、大连(瓦房店市)、鞍山(海城市、台安县、岫岩县除外)、锦州(北宁市)、阜新、朝阳(凌原市)、盘锦、葫芦岛(建昌县)、铁岭市</td><td>3</td></tr>
<tr><td>抚顺(新宾县)、辽阳市</td><td>3.5</td></tr>
<tr><td>沈阳(辽中县)、鞍山(海城市、台安县)、营口(盖州市除外)、葫芦岛市(兴城市)</td><td rowspan="4">II</td><td>2.5</td></tr>
<tr><td>大连(普兰店市)、葫芦岛市(兴城市、建昌县除外)</td><td>3</td></tr>
<tr><td>大连(庄河市)、鞍山(岫岩县)、抚顺(新宾县除外)、丹东(凤城市、宽甸县除外)、本溪市</td><td>3.5</td></tr>
<tr><td>丹东市(凤城市、宽甸县)</td><td>4</td></tr>
<tr><td rowspan="3">吉林</td><td>辽源、四平(双辽市)、白城、松原市</td><td>I</td><td>2</td></tr>
<tr><td>吉林、长春、四平(双辽市除外)、白山市,延边自治州</td><td rowspan="2">II</td><td>2</td></tr>
<tr><td>通化市</td><td>3</td></tr>
<tr><td rowspan="2">黑龙江</td><td>哈尔滨(市区、呼兰区、五常市、阿城市、双城市)、佳木斯(抚远县)、双鸭山(市区、集贤县除外)、齐齐哈尔(拜泉县、克东县除外)、黑河(五大连池市、嫩江县)、绥化(北林区、海伦市、望奎县、绥棱县、庆安县除外)、牡丹江、大庆、鸡西、七台河市,大兴安岭地区(呼玛县除外)</td><td>I</td><td>2</td></tr>
<tr><td>哈尔滨(市区、呼兰区、五常市、阿城市、双城市除外)、佳木斯(抚远县除外)、双鸭山(市区、集贤县)、齐齐哈尔(拜泉县、克东县)、黑河(五大连池市、嫩江县除外)、绥化(北林区、海伦市、望奎县、绥棱县、庆安县)、鹤岗、伊春市,大兴安岭地区(呼玛县)</td><td>II</td><td>2</td></tr>
</table>

续上表

省、自治区、直辖市	地区、市、自治州、盟(县)	雨量区	雨季期(月数)
上海	全境	Ⅱ	4
江苏	徐州、连云港市	Ⅱ	2
	盐城市		3
	南京、镇江、淮安、南通、宿迁、扬州、常州、泰州市		4
	无锡、苏州市		4.5
浙江	舟山市	Ⅱ	4
	嘉兴、湖州市		4.5
	宁波、绍兴市		6
	杭州、金华、温州、衢州、台州、丽水市		7
安徽	亳州、淮北、宿州、蚌埠、淮南、六安、合肥市	Ⅱ	1
	阜阳市		2
	滁州、巢湖、马鞍山、芜湖、铜陵、宣城市		3
	池州市		4
	安庆、黄山市		5
福建	泉州市(惠安县崇武)	Ⅰ	4
	福州(平潭县)、泉州(晋江市)、厦门(同安区除外)、漳州市(东山县)		5
	三明(永安市)、福州(市区、长乐市)、莆田市(仙游县除外)		6
	南平(顺昌县除外)、宁德(福鼎市、霞浦县)、三明(永安市、尤溪县、大田县除外)、福州(市区、长乐市、平潭县除外)、龙岩(长汀县、连城县)、泉州(晋江市、惠安县崇武、德化县除外)、莆田(仙游县)、厦门(同安区)、漳州市(东山县除外)	Ⅱ	7
	南平(顺昌县)、宁德(福鼎市、霞浦县除外)、三明(尤溪县、大田县)、龙岩(长汀县、连城县除外)、泉州市(德化县)		8
江西	南昌、九江、吉安市	Ⅱ	6
	萍乡、景德镇、新余、鹰潭、上饶、抚州、宜春、赣州市		7
山东	济南、潍坊、聊城市	Ⅰ	3
	淄博、东营、烟台、济宁、威海、德州、滨州市		4
	枣庄、泰安、莱芜、临沂、菏泽市		5
	青岛市	Ⅱ	3
	日照市		4
河南	郑州、许昌、洛阳、济源、新乡、焦作、三门峡、开封、濮阳、鹤壁市	Ⅰ	2
	周口、驻马店、漯河、平顶山、安阳、商丘市		3
	南阳市		4
	信阳市	Ⅱ	2

续上表

省、自治区、直辖市	地区、市、自治州、盟(县)	雨量区	雨季期(月数)
湖北	十堰、襄樊、随州市，神农架林区	Ⅰ	3
	宜昌(秭归县、远安县、兴山县)、荆门市(钟祥市、京山县)		2
	武汉、黄石、荆州、孝感、黄岗、咸宁、荆门(钟祥市、京山县除外)、天门、潜江、仙桃、鄂州、宜昌市(秭归县、远安县、兴山县除外)，恩施自治州	Ⅱ	6
湖南	全境	Ⅱ	6
广东	茂名、中山、汕头、潮州市	Ⅰ	5
	广州、江门、肇庆、顺德、湛江、东莞市		6
	珠海市	Ⅱ	5
	深圳、阳江、汕尾、佛山、河源、梅州、揭阳、惠州、云浮、韶关市		6
	清远市		7
广西	百色、河池、南宁、崇左市	Ⅱ	5
	桂林、玉林、梧州、北海、贵港、钦州、防城港、贺州、柳州、来宾市		6
海南	全境	Ⅱ	6
重庆	全境	Ⅱ	4
四川	甘孜自治州(巴塘县)	Ⅰ	1
	阿坝(若尔盖县)、甘孜自治州(石渠县)		2
	乐山(峨边县)、雅安市(汉源县)，甘孜自治州(甘孜县、色达县)		3
	雅安(石棉县)、绵阳(干武县)、泸州(古蔺县)、遂宁市，阿坝(若尔盖县、汶川县除外)、甘孜自治州(巴塘县、石渠县、甘孜县、色达县、九龙县、得荣县除外)		4
	南充(高坪区)、资阳市(安岳县)		5
	宜宾市(高县)，凉山自治州(雷波县)		3
	成都、乐山(峨边县、马边县除外)、德阳、南充(南部县)、绵阳(平武县除外)、资阳(安岳县除外)、广元、自贡、攀枝花、眉山市，凉山(雷波县除外)、甘孜自治州(九龙县)	Ⅱ	4
	乐山(马边县)、南充(高坪区、南部县除外)、雅安(汉源县、石棉县除外)、广安(邻水县除外)、巴中、宜宾(高县除外)、泸州(古蔺县除外)、内江市		5
	广安(邻水县)、达州市		6
贵州	贵阳、遵义市，毕节地区	Ⅱ	4
	安顺市，铜仁地区，黔东南自治州		5
	黔西南自治州		6
	黔南自治州		7

续上表

省、自治区、直辖市	地区、市、自治州、盟（县）	雨量区	雨季期（月数）
云南	昆明（市区、嵩明县除外）、玉溪、曲靖（富源县、师宗县、罗平县除外）、丽江（宁蒗县、永胜县）、思茅（墨江县）、昭通市，怒江（兰坪县、泸水县六库镇）、大理（大理市、漾濞县除外）、红河（个旧市、开远市、蒙自县、红河县、石屏县、建水县、弥勒县、泸西县）、迪庆、楚雄自治州	I	5
	保山（腾冲县、龙陵县除外）、临沧市（凤庆县、云县、永德县、镇康县），怒江（福贡县、泸水县）、红河自治州（元阳县）		6
	昆明（市区、嵩明县）、曲靖（富源县、师宗县、罗平县）、丽江（古城区、华坪县）、思茅市（翠云区、景东县、镇沅县、普洱县、景谷县），大理（大理市、漾濞县）、文山自治州	II	5
	保山（腾冲县、龙陵县）、临沧（临祥区、双江县、耿马县、沧源县）、思茅市（西盟县、澜沧县、孟连县、江城县），怒江（贡山县）、德宏、红河（绿春县、金平县、屏边县、河口县）、西双版纳自治州		6
西藏	那曲（索县除外）、山南（加查县除外）、日喀则（定日县）、阿里地区	I	1
	拉萨市，那曲（索县）、昌都（类乌齐县、丁青县、芒康县除外）、日喀则（拉孜县）、林芝地区（察隅县）		2
	昌都（类乌齐县）、林芝地区（米林县）		3
	昌都（丁青县）、林芝地区（米林县、波密县、察隅县除外）		4
	林芝地区（波密县）		5
	山南（加查县）、日喀则地区（定日县、拉孜县除外）	II	1
	昌都地区（芒康县）		2
陕西	榆林、延安市	I	1.5
	铜川、西安、宝鸡、咸阳、渭南市，杨凌区		2
	商洛、安康、汉中市		3
甘肃	天水（甘谷县、武山县）、陇南市（武都区、文县、礼县），临夏（康乐县、广河县、永靖县）、甘南自治州（夏河县）	I	1
	天水（北道区、秦城区）、定西（渭源县）、庆阳（西峰区）、陇南市（西和县），临夏（临夏市）、甘南自治州（临潭县、卓尼县）		1.5
	天水（秦安县）、定西（临洮县、岷县）、平凉（崆峒区）、庆阳（华池县、宁县、环县）、陇南市（宕昌县），临夏（临夏县、东乡县、积石山县）、甘南自治州（合作市）		2
	天水（张家川县）、平凉（静宁县、庄浪县）、庆阳（镇原县）、陇南市（两当县），临夏（和政县）、甘南自治州（玛曲县）		2.5
	天水（清水县）、平凉（泾川县、灵台县、华亭县、崇信县）、庆阳（西峰区、合水县、正宁县）、陇南市（徽县、成县、康县），甘南自治州（碌曲县、迭部县）		3

续上表

省、自治区、直辖市	地区、市、自治州、盟(县)	雨量区	雨季期(月数)
青海	西宁市(湟源县),海东地区(平安县、乐都县、民和县、化隆县),海北(海晏县、祁连县、刚察县、托勒)、海南(同德县、贵南县)、黄南(泽库县、同仁县)、海西自治州(天峻县)	I	1
	西宁市(湟源县除外),海东地区(互助县),海北(门源县)、果洛(达日县、久治县、班玛县)、玉树自治州(称多县、杂多县、囊谦县、玉树县),河南自治县		1.5
宁夏	固原地区(隆德县、泾源县)	I	2
新疆	乌鲁木齐市(小渠子乡、牧业气象试验站、大西沟乡),昌吉地区(阜康市天池),克孜勒苏(吐尔尕特、托云、巴音库鲁提)、伊犁自治州(昭苏县、霍城县二台、松树头)	I	1
台湾	(资料暂缺)		

注:1. 表中未列的地区除西藏林芝地区墨脱县因无资料未划分外,其余地区均因降雨天数或平均日降雨量未达到计算雨季施工增加费的标准,故未划分雨量区及雨季期。

2. 行政区划依据资料及自治州、市的名称列法同冬季施工气温区划分说明。

参考教学大纲

第 一 部 分

一、课程的性质

本课程是公路工程造价专业一门重要的专业课程。

本课程主要讲授公路工程造价基本概念、公路工程定额、公路工程投资估算、公路工程概预算、公路工程计量、工程决算、公路工程造价系统应用及可行性研究报告投资估算和施工图预算示例等内容。

二、教学的基本要求

在学完本课程之后，学生应能够：

1. 了解公路工程造价的基本概念。
2. 熟练地应用公路工程定额。
3. 掌握公路工程投资估算的编制方法。
4. 应用公路工程造价系统独立编制公路工程概预算。
5. 熟悉工程决算和项目后评价的基本内容。

三、适用专业与学时数

本教学大纲是针对公路工程造价专业编制的，其他专业也可参照使用。

本课程教学时数分配如下：

课程教学时数分配表

课程内容	学时数	小计
1. 绪论	2	2
2. 公路工程定额	8	8
3. 定额工程量计算	4	4
4. 公路工程概、预算	16	16
5. 公路工程投资估算	8	8
6. 公路工程竣工决算	6	6
7. 公路工程投资估算、预算编制实例	8	8
总计		52

四、主要教学方法与媒体要求

本课程应以课堂教学为主，可以采用多媒体教学手段。教学应选取适当的典型实例。

第 二 部 分

第一章　绪论(2 学时)

1. 基本要求和基本知识点

(1) 基本要求

了解工程造价的含义，我国工程造价管理体制的发展过程，熟悉公路工程基本建设程序和投资额测算体系。

(2) 基本知识点

工程造价;工程造价管理;公路工程基本建设程序;投资额测算体系。

2. 应掌握的基本概念、理论、原理

工程造价的含义、公路工程基本建设程序和投资额测算体系。

3. 教学重点和难点

公路工程基本建设程序和投资额测算体系。

第二章　公路工程定额(8 学时)

1. 基本要求和基本知识点

(1) 基本要求

熟悉公路工程定额的概念、作用与分类,熟练掌握公路工程定额的运用。

(2) 基本知识点

定额的概念;定额的发展与作用;定额的制订;定额的分类;定额的运用。

2. 应掌握的基本概念、理论、原理

定额分类方法;定额的运用。

3. 教学重点和难点

公路工程定额的运用。

第三章　定额工程量计算(4 学时)

1. 基本要求和基本知识点

(1)基本要求

熟悉公路工程数量计算的内容、方法以及计算规则。

(2)基本知识点

路基工程数量计算;路面工程数量计算;桥涵工程数量计算;隧道工程数量计算;沿线设施及其他工程数量计算。

2. 应掌握的基本概念、理论、原理

路基工程、路面工程、桥涵工程、隧道工程、沿线设施及其他工程数量计算的内容、方法和计算规则。

3. 教学重点和难点

公路工程数量计算方法和计算规则。

第四章　公路工程概、预算(16 学时)

1. 基本要求和基本知识点

(1)基本要求

熟悉公路工程基本建设概预算的文件组成,掌握概预算费用的计算方法,独立编制公路工程概预算。

(2)基本知识点

概预算文件及费用的组成;编制概算文件的准备工作;概预算费用的计算;初步设计概算的编制;技术设计修正概算的编制;施工图预算的编制。

2. 应掌握的基本概念、理论、原理

概预算的文件组成,概预算费用的计算方法,公路工程概预算编制程序和方法。

3. 教学重点和难点

概预算费用的计算;公路工程概预算编制程序和方法。

第五章　公路工程投资估算(8 学时)

1. 基本要求和基本知识点

(1)基本要求

熟悉项目建议书投资估算和可行性研究报告投资估算的文件组成、项目表的使用,掌握其费用的计算和投资估算编制方法。

(2)基本知识点

项目建议书投资估算的编制;可行性研究报告投资估算的编制。

2. 应掌握的基本概念、理论、原理

投资估算的文件组成,项目表,费用的计算和投资估算编制方法。

3. 教学重点和难点

项目建议书投资估算和可行性研究报告投资估算的费用计算和编制方法。

第六章　公路工程竣工决算(6 学时)

1. 基本要求和基本知识点

(1)基本要求

了解竣工决算的概念、作用和内容,掌握竣工决算的编制步骤和编制方法。

(2)基本知识点

概述;编制竣工决算报告的依据;竣工决算报告的内容及编制方法;竣工决算的编制实例。

2. 应掌握的基本概念、理论、原理

竣工决算的概念、作用和内容,竣工决算的编制步骤和编制方法。

3. 教学重点和难点

竣工决算的编制步骤和编制方法。

第七章　公路工程投资估算、预算编制实例(8 学时)

1. 基本要求和基本知识点

(1)基本要求

掌握公路工程造价软件编制投资估算、预算的方法。

(2)基本知识点

用公路工程造价软件编制公路工程造价文件;公路工程可行性研究报告投资估算编制实例;公路工程施工图预算编制实例。

2. 应掌握的基本概念、理论、原理

公路工程造价软件编制造价文件的方法,可行性研究报告投资估算编制实例,施工图预算编制实例。

3. 教学重点和难点

公路工程造价软件编制造价文件的方法。

参 考 文 献

[1] 中华人民共和国交通部. 公路基本建设工程投资估算编制办法. 北京:人民交通出版社, 1996.

[2] 中华人民共和国行业标准. JTG B06—2007 公路工程基本建设项目概算预算编制办法. 北京:人民交通出版社,2007.

[3] 中华人民共和国行业标准. JTG/T B06-03—2007 公路工程机械台班费用定额. 北京:人民交通出版社,2007.

[4] 中华人民共和国行业标准. JTG/T B06-01—2007 公路工程概算定额. 北京:人民交通出版社,2007.

[5] 中华人民共和国行业标准. JTG/T B06-02—2007 公路工程预算定额. 北京:人民交通出版社,2007.

[6] 中华人民共和国行业标准. 公路工程估算指标. 北京:人民交通出版社,1996.

[7] 中华人民共和国交通部公路工程定额站. 公路工程造价编制与项目经济评价. 北京:人民交通出版社,2002.

[8] 中华人民共和国交通部. 公路基本建设项目设计文件编制办法. 北京:人民交通出版社, 1996.

[9] 中华人民共和国交通部公路工程定额站,湖南省交通厅. 公路工程工程量清单计量规则. 北京:人民交通出版社,2005.

[10] 张起森. 公路施工组织及概预算. 北京:人民交通出版社,2004.

[11] 王首绪,等. 公路施工组织及概预算. 北京:人民交通出版社,2007.

[12] 杨子敏. 公路工程造价指南. 北京:人民交通出版社,2000.

[13] 邢凤歧. 公路工程投资估算与概预算编制实例. 北京:人民交通出版社,1998.

[14] 张丽华. 公路工程概、预算编制指南. 北京:人民交通出版社,2002.

[15] 梁金江. 公路工程管理. 北京:人民交通出版社,2005.

[16] 沈其明,刘燕. 公路工程造价编制与管理. 北京:人民交通出版社,2002.

[17] 石勇. 公路工程定额原理与估价. 北京:人民交通出版社,2004.

[18] 陆春其. 公路工程造价. 第2版. 北京:人民交通出版社,2007.

参考文献

[1] [illegible]1995.

[2] [illegible] 2007.

[3] [illegible] 2007.

[4] [illegible] 2006.

[5] [illegible] 2007.

[6] [illegible] 1996.

[7] [illegible] 2007.

[8] [illegible] 1995.

[9] [illegible] 2003.

[10] [illegible] 人民交通出版社,2008.

[11] [illegible] 人民交通出版社,2007.

[12] [illegible] 人民交通出版社,2000.

[13] [illegible] 1997.

[14] [illegible] 人民交通出版社,2002.

[15] [illegible]

[16] [illegible] 人民交通出版社,2002.

[17] [illegible] 2006.

[18] [illegible] 人民交通出版社,2007.